Hans-Georg Albers

Sibylle Bolton

Unter Mitarbeit von
Eva-Maria Jenkins

Testen und Prüfen in der Grundstufe

Einstufungstests und Sprachstandsprüfungen

Fernstudieneinheit 7

Fernstudienprojekt
zur Fort- und Weiterbildung
im Bereich Germanistik
und Deutsch als Fremdsprache

Teilbereich Deutsch als Fremdsprache

Kassel · München · Tübingen

Langenscheidt

Berlin · München · Wien · Zürich · New York

Fernstudienprojekt des DIFF, der GhK und des GI
allgemeiner Herausgeber: Prof. Dr. Gerhard Neuner

Herausgeber dieser Fernstudieneinheit:
Dr. Swantje Ehlers, Goethe-Institut Moskau
Uwe Lehners, Goethe-Institut München

Redaktion: Eva-Maria Jenkins

Im Fernstudienprojekt „Deutsch als Fremdsprache und Germanistik" arbeiten das
Deutsche Institut für Fernstudien an der Universität Tübingen (DIFF), die Universität
Gesamthochschule Kassel (GhK) und das Goethe-Institut München (GI) unter Betei-
ligung des Deutschen Akademischen Austauschdienstes (DAAD) und der Zentralstelle
für das Auslandsschulwesen (ZfA) zusammen.

Das Projekt wird vom Bundesminister für Bildung und Wissenschaft (BMBW) und
dem Auswärtigen Amt (AA) gefördert.

Dieses Symbol bedeutet „Verweis auf andere Fernstudieneinheiten"

*   Mit diesem Zeichen versehene Begriffe werden im Glossar erklärt

Die Test- und Prüfungsblätter werden in dieser Fernstudieneinheit aus Platzgründen
nicht immer im Original-Layout wiedergegeben. Die Abbildungen auf diesen Test-
und Prüfungsblättern sind teilweise schon im Original von recht mangelhafter Qualität.
Wir bitten um Verständnis, daß der Qualitätsstandard der Illustrationen in dieser
Fernstudieneinheit deshalb nicht den sonst üblichen Ansprüchen genügen kann.

Druck:	6.	5.	4.	3.	Letzte Zahlen
	05	04	03		maßgeblich

Verlagsredaktion: Manuela Beisswenger, Mechthild Gerdes

Titelgrafik: Theo Scherling
Satz und Gestaltung (DTP): Uli Olschewski, Yen-lin Hung
Druck: Druckhaus Langenscheidt, Berlin
Printed in Germany: ISBN 3 – 468 – **49673** – 7

Inhalt

Einleitung

Zielsetzung

Die vorliegende Studieneinheit zum Thema *Testen und Prüfen in der Grundstufe* hat mehrere Zielsetzungen:

➤ Sie soll Sie erstens mit der Theorie des Testens und Prüfens im Bereich Deutsch als Fremdsprache vertraut machen.

➤ Zweitens wollen wir Ihnen die wichtigsten Prüfungen für Deutsch als Fremdsprache vorstellen, die im Grundstufenbereich (Erwachsene und Jugendliche) angesiedelt sind und international eingesetzt werden.

➤ Schließlich wollen wir mit Ihnen einige interessante Prüfungen aus dem Sekundarschulbereich verschiedener Länder (Frankreich, Dänemark, Indonesien) betrachten.

Wir haben dazu in unsere Darstellung so viele praktische Hinweise und Prüfungsbeispiele wie möglich integriert. Wenn die Prüfungsteile zu umfangreich sind, um sie in den Text aufzunehmen, haben wir sie in den **Anhang** (Kapitel 4) verlagert.

Ein wesentlicher Bestandteil der Studieneinheit sind die **Aufgaben**, die sehr unterschiedliche Funktionen haben können. Es gibt Aufgaben, die Sie dazu einladen wollen, sich mit den Inhalten der Studieneinheit intensiv auseinanderzusetzen, Problemlösungen zu finden oder das Gesagte auf Ihre eigene Unterrichtssituation zu beziehen. Es gibt Aufgaben, die Sie dazu auffordern, verschiedene Teile der Studieneinheit noch einmal zu lesen und aufeinander zu beziehen oder sich selbst Gedanken zu einem bestimmten Aspekt zu machen. Ein großer Teil der Aufgaben bezieht sich auf die in dieser Studieneinheit vorgestellten Tests und Prüfungen. Dabei bitten wir Sie jeweils, die Perspektive der Testkandidaten zu übernehmen, in deren Rolle zu schlüpfen und die Bearbeitung der Prüfungs- oder Testaufgaben zu simulieren. Auf diese Weise können Sie die Erfahrungen, die Schüler bei Tests und Prüfungen machen, am besten nachvollziehen. Im Anschluß an solche **Simulation**sphasen werden wir mit Ihnen in Ihre vertraute Lehrerrolle zurückkehren, um in einer **Reflexion**sphase die Erfahrungen, die Sie in der Schülerrolle gemacht haben, und die Prüfungsaufgaben und -ergebnisse zu analysieren und Schlußfolgerungen daraus zu ziehen. Auf diese Weise arbeiten wir immer wieder auf zwei Ebenen: In der **Simulation**sphase erfahren Sie als „Schüler", welche Anforderungen die Tests und Prüfungen an diese stellen. In der **Reflexion**sphase reflektieren Sie als Lehrer die Prüfungsinhalte, die Prüfungsformen und die Bewertung der Prüfungsergebnisse.

Lösungen oder Lösungsvorschläge zu den Aufgaben finden Sie in Kapitel 5. Versuchen Sie aber bitte, die Aufgaben zunächst allein oder in Ihrer Gruppe zu bearbeiten, bevor Sie sich die Lösungen ansehen.

Im **Glossar** finden Sie eine Definition der wichtigsten Fachausdrücke, die zum Thema *Methodik/Didaktik Deutsch als Fremdsprache* und insbesondere zum Thema *Testen und Prüfen* in dieser Fernstudieneinheit vorkommen.

Marginalien am Rand sollen Ihnen bei der Orientierung in der Studieneinheit helfen: sie halten die wichtigsten Punkte in Form von Stichwörtern fest oder weisen Sie auf andere Teile dieser Studieneinheit oder auf andere Studieneinheiten hin.

Im Kapitel 7 haben wir die **Literatur** und die **Materialien** zusammengestellt, die wir in dieser Studieneinheit zitiert beziehungsweise verwendet haben. Daneben nennen wir noch einige weitere Titel, die Ihnen helfen können, wenn Sie sich noch intensiver mit Testen und Prüfen befassen wollen.

Der für Ihren Unterricht wichtige Bereich, nämlich die Erstellung von Lernfortschrittstests, wird in einer eigenständigen Studieneinheit *Probleme der Leistungsmessung, Lernfortschrittstests* ausführlich behandelt. Ferner beschäftigt sich eine andere Fernstudieneinheit mit dem Thema *Testen und Prüfen in der Mittel- und Oberstufe*.

1 Zur Einführung

1.1 Funktion und Stellenwert von Tests und Prüfungen im Fremdsprachenunterricht

Prüfungen und Tests gehören zu den weniger beliebten Aspekten des Fremdsprachenunterrichts. Dies gilt sicherlich für die Lernenden, die sich Prüfungen oder Tests unterziehen müssen, aber auch für die Lehrenden, die ihre Schülerinnen und Schüler auf Prüfungen vorbereiten, die Prüfung selbst abnehmen müssen oder die selbst Tests vorbereiten, durchführen und auswerten sollen.

Nicht selten entscheidet das Ergebnis einer Prüfung für die Lernenden darüber, ob die Mühe mehrerer Monate oder Jahre, in denen sie Deutsch als Fremdsprache gelernt haben, von Erfolg gekrönt ist oder nicht; häufig geht es auch darum, ob das Ergebnis der Prüfung dazu berechtigt, einen fortgeschritteneren Abschnitt der Ausbildung zu beginnen oder eine bestimmte Funktion oder Stelle zu übernehmen.

Auch für Sie als Lehrer oder Lehrerin kann das Abschneiden „Ihrer" Schülerinnen und Schüler in einer Prüfung von Bedeutung sein; jedenfalls sollte es Sie nicht gleichgültig lassen.

Zielsetzung der Studieneinheit

Wir wollen in dieser Studieneinheit versuchen, diesem Teil des Unterrichts Deutsch als Fremdsprache einiges von seinem Schrecken zu nehmen, indem wir Ihnen Informationen zu den folgenden Fragen vermitteln:

➤ Welche Funktion und welchen Stellenwert haben Tests/Prüfungen im Unterricht Deutsch als Fremdsprache?

➤ Welche Arten von Tests/Prüfungen gibt es, und an welcher Stelle im Unterricht sind sie einzusetzen?

➤ Wie sind Tests/Prüfungen aufgebaut, wie werden sie durchgeführt und ausgewertet?

➤ Welche wichtigen formellen Prüfungen* für Jugendliche und Erwachsene gibt es im Grundstufenbereich*? Für wen sind sie gemacht, was prüfen sie und was sagen sie aus?

➤ Wie können Sie als Lehrer oder Lehrerin selbst ähnliche Tests oder Prüfungen für Ihre jeweils besonderen Zwecke herstellen und einsetzen?

Bei der Beantwortung dieser Fragen liegt der Schwerpunkt in dieser Studieneinheit auf der Darstellung der praktischen Aspekte von Prüfungen und Tests im Unterricht Deutsch als Fremdsprache.

1.2 Der curriculare Rahmen des Unterrichts Deutsch als Fremdsprache

Zusammenhang zwischen Prüfungen und Unterricht

Wir wollen uns zunächst etwas näher mit der Frage beschäftigen, in welchem Zusammenhang Prüfungen und Tests mit dem Unterricht des Deutschen als Fremdsprache stehen. Diesen Zusammenhang sehen nicht nur die Lernenden, sondern auch die Lehrkräfte nicht immer deutlich genug, obwohl gerade darin eine der Hauptquellen für Prüfungsangst und Versagen in der Prüfung liegt. Klarheit über diesen Zusammenhang kann also schon ein erster Schritt zur Überwindung der Angst vor der Prüfung und zur Erhöhung der Erfolgsaussichten sein.

Curriculum

Der Unterricht Deutsch als Fremdsprache ist an bestimmte Bedingungen und Zielvorstellungen gebunden, die in der Regel im Rahmen eines Curriculums* beschrieben werden. Dieses Curriculum gibt Auskunft über die lernzielorientierte Planung des Unterrichts für einen bestimmten Zeitraum. Dabei muß das Curriculum Angaben enthalten über

➤ den Stand der Kenntnisse und Fertigkeiten* der Lernenden zu Beginn des Unterrichts,

➤ die Lernziele* (das Soll) des Unterrichts,

➤ die (methodischen) Lernschritte*, mit denen die Lernziele erreicht werden sollen, und

➤ die Art und Weise der Lernkontrollen, mit deren Hilfe überprüft werden soll, ob die Lernenden diese Ziele erreicht haben.

Wenn Sie sich ausführlicher über den Zusammenhang zwischen Curriculum und Unterrichtsplanung informieren möchten, empfehlen wir Ihnen die Fernstudieneinheiten *Methoden des fremdsprachlichen Deutschunterrichts* und *Arbeit mit Lehrwerklektionen*.

⟹

Hinweis

Unter günstigen Bedingungen haben die Lehrkräfte oder hat die Schule Möglichkeiten, auf einige oder alle der am Curriculum beteiligten Größen einen gewissen Einfluß auszuüben. Wir werden diese verschiedenen Aspekte in den Kapiteln 1.3 und 1.4 genauer betrachten. Zuvor möchten wir Ihnen zeigen, an welchen Stellen des Curriculums Tests oder Prüfungen für Sie und Ihre Schülerinnen und Schüler von Bedeutung sein können.

Aufgabe 1

Erinnern Sie sich doch bitte einmal an Ihre eigene Schulzeit, und überlegen Sie:

– *Wann haben Sie selbst Tests oder Prüfungen im Fach Deutsch als Fremdsprache abgelegt?*

– *Was sollte mit diesen Prüfungen geprüft werden?*

– *Welche Bedeutung hatten die Ergebnisse dieser Tests/Prüfungen jeweils für Sie?*

1.2.1 Informationen über den Kenntnisstand zu Beginn eines Kurses

Beginnen wir mit der Überlegung, wie der Kenntnis- und Fertigkeitsstand der Lernenden zu Beginn des Unterrichts oder eines Unterrichtsabschnitts festgestellt werden kann. Im regulären Schulunterricht haben Sie es in der Regel mit relativ homogenen* (Alter, Nationalität) und bereits festgelegten Lernergruppen zu tun. Was das sprachliche Niveau der Lerngruppe betrifft, so gibt es häufig recht große Unterschiede, die der Lehrer durch eine entsprechende Unterrichtsplanung ausbalancieren kann. In Kapitel 3.1.2 stellen wir Ihnen einen Einstufungstest* aus Frankreich vor, der dazu dient, das sprachliche Niveau jedes einzelnen Schülers, jeder einzelnen Schülerin bei Eintritt in die Sekundarstufe 2 (gymnasiale Oberstufe) möglichst genau zu erfassen, so daß der Lehrer seinen Unterricht entsprechend planen und durchführen kann.

Schulunterricht

Hinweis

Anders als im Schulunterricht stellt sich im Unterricht mit Erwachsenen die Frage, ob Sie als Lehrer bzw. Lehrerin (oder Ihre Lehrinstitution) Einfluß auf die Zusammenstellung der Lerngruppen nehmen können. Dies kann z.B. geschehen, indem aus einer größeren Anzahl von Bewerbern nur einige ausgewählt werden oder indem alle Bewerber auf verschiedene (Niveau-)Gruppen verteilt werden. In beiden Fällen braucht derjenige, der diese Entscheidung zu treffen hat, Auswahlkriterien und Informationen.

Unterricht mit Erwachsenen

Diese Informationen können entweder andere Institutionen (z.B. Lehrkräfte der vorher besuchten Schulen oder Stufen) liefern, oder Sie können sie durch einen Test selbst sammeln. Wenn irgend möglich, sollten Sie eigene Informationen vorziehen, da Sie diese nach von Ihnen ausgewählten einheitlichen Fragestellungen, mit gleichartigen Mitteln und gezielt für Ihre Zwecke gewinnen können. Informationen aus fremden Quellen sind dagegen oft sehr unterschiedlich zu bewerten und nur schwer zu kontrollieren.

Selbst wenn Sie keine Auswahl oder Differenzierung unter den Bewerbern treffen können, sollten Sie oder Ihre Institution sich durch eine Prüfung zu Beginn einen Überblick über die Kenntnisse und Fähigkeiten der Teilnehmer verschaffen, um damit eine bessere Grundlage für die Curriculumplanung zu bekommen.

Haben Sie selbst schon einmal ein Curriculum entwerfen müssen, oder werden Sie sich in naher Zukunft bei der Curriculumentwicklung für den Deutschunterricht in einer Institution Ihres Landes engagieren? Welche Elemente sind Ihrer Meinung nach unter den Bedingungen Ihres Landes bei der curricularen Planung wichtig?

Aufgabe 2

Bitte notieren Sie ein paar Stichworte, bevor Sie weiterlesen.

Wichtige Elemente bei der curricularen Planung:

- *Vorkenntnisse der Studenten / Schulbildung*
- *(Nicht-) Wissen über Deutschland /Ö/ Sch*
- *Lernziele: Ende 1. Jahr B1*
- *Ende 2. Jahr B2*
- *Ende 4. Jahr C2 ???*

(handschriftliche Notiz am Rand:) für unsere Gruppen ausarbeiten und präsentieren → Website/Handbook Dep.

1.2.2 Bedingungen für die Formulierung der Lernziele

Im folgenden möchten wir einige wesentliche Aspekte curricularer Planung ausführlicher darstellen.

Lernziele

Der vielleicht wichtigste Teil der curricularen Planung ist die Auswahl und Formulierung der Lernziele. Hierbei spielen zwei wichtige Faktoren eine Rolle: die Ausgangsbasis der Lernenden und die Vorstellung darüber, was sie am Ende des Kurses können und wissen sollen. Den ersten Faktor können Sie nicht mehr verändern. Es ist jedoch wichtig, möglichst viele Informationen zu bekommen, die Sie für die Festlegung der Lernziele und Lehrmethoden brauchen. Hierbei können Ihnen Tests bzw. Prüfungen gute Dienste leisten.

übergeordnete Instanzen/Lehrpläne

Über die Lernziele können Lehrende (oder Lernende) vor allem im Schulbereich selten ganz frei entscheiden (das ist in der Erwachsenenbildung eher möglich). Oft werden Lernziele von übergeordneten Instanzen oder durch vorformulierte Lehrpläne festgelegt. Ihre Aufgabe als Lehrer bzw. Lehrerin besteht dann darin, die individuellen Voraussetzungen Ihrer Schülerinnen und Schüler mit diesen generellen Vorgaben in Einklang zu bringen. Auch bei dieser Aufgabe hilft es Ihnen, wenn Sie möglichst genau wissen, was die Schüler (schon oder noch nicht) können und wissen.

1.2.3 Bestimmung der Lernschritte

Lernschritte

Nach der Festlegung der Lernziele müssen Sie die einzelnen Lernschritte bestimmen, mit denen die Lernziele realisiert werden sollen. Hierbei sind Sie als Lehrer oder Lehrerin mehr oder weniger stark eingeengt, wenn z. B. das Lehrbuch durch eine übergeordnete Stelle vorgeschrieben wird (oder überhaupt nur **ein** Lehrbuch zur Verfügung steht). Auch andere institutionelle oder praktische Beschränkungen wie etwa die einsetzbaren Medien, die Stundenzahl, die Größe der Lernergruppe usw. können hier Ihre Gestaltungsmöglichkeiten erheblich einschränken. Dennoch bleibt ein gewisser Spielraum bei der konkreten Durchführung des Unterrichts immer erhalten. Diesen können Sie um so besser nutzen, je mehr Sie über die methodische Vielfalt und über Abwechslungsmöglichkeiten des Unterrichts wissen.

Bezug zu Prüfungen

Wichtig für die Festlegung der Lernziele sind auch Ihre Kenntnisse über die Prüfungen und Tests, die Ihre Schülerinnen und Schüler etwa

➤ im Laufe und/oder am Ende des Kurses,

➤ beim Beginn eines neuen Kurses oder

➤ bei einer Bewerbung

ablegen müssen. Je besser Sie die Inhalte und Formen solcher Tests und Prüfungen kennen und je stärker Sie sie übungsweise in den Unterricht einbeziehen, desto leichter wird Ihren Schülern die Vorbereitung auf die Prüfung fallen und desto höher werden ihre Erfolgsaussichten sein. Ideal wäre es natürlich, wenn die Prüfungen auf dem Curriculum für die vorangehenden Kurse aufbauen würden und die zur Prüfung führenden Lehrbücher und das Curriculum eng aufeinander bezogen wären.

Es gibt also einen engen Wechselbezug zwischen anstehenden Prüfungen und gut geplantem Unterricht – im positiven Fall, ohne daß Sie als Lehrer oder Lehrerin zur „Motivation" ständig auf die drohende Prüfung hinweisen müssen.

1.2.4 Lernkontrollen

Aus Ihrer eigenen Unterrichtserfahrung wissen Sie, wie wichtig regelmäßige Lernkontrollen für den Lernprozeß sind: In einem gut geplanten Unterricht versuchen Sie, sich regelmäßig in kürzeren Abständen zu versichern, wie (und ob überhaupt) die Mehrzahl Ihrer Schüler die Lernziele auch tatsächlich erreicht. Nur dann können diese die nächsten Lernschritte erfolgreich absolvieren. Einzelne Schülerinnen und Schüler, die ein Lernziel nicht erreicht haben, können – wenn Sie dies schnell genug bemerken – durch Wiederholung und besondere Hilfestellung gefördert und an den Lernstand der Gruppe wieder herangeführt werden.

Bisweilen zeigt es sich auch, daß der größere Teil der Gruppe ein bestimmtes Lernziel nicht erreicht hat.

> *Wenn Sie schon länger Deutsch unterrichten, haben Sie sicher schon öfters die Erfahrung machen müssen, daß Ihre Lerngruppe das von Ihnen/vom Lehrplan/vom Lehrbuch gesetzte Lernziel nicht erreicht hat. Welche Fragen stellen Sie sich dann?*
>
> *Bitte notieren Sie Fragen, die Sie sich bei mangelndem Lernerfolg stellen, in bezug*
>
> ***auf den Unterricht:***
>
> _____
>
> _____
>
> _____
>
> ***auf das Lernziel selbst:***
>
> _____
>
> _____
>
> _____

Die Antworten auf die Fragen, die Sie sich gestellt haben, helfen Ihnen, die Lernziele des Unterrichts und die bisherigen Lernschritte zu überprüfen und gegebenenfalls abzuändern.

Die zunächst sehr allgemein gehaltenen Hinweise in den Kapiteln 1.2.1 – 1.2.4 sollten Ihnen zeigen, daß Tests und Prüfungen keineswegs – wie dies vielfach eingeschätzt wird – ungeliebte und eigentlich mit dem Unterricht unverbundene Fremdkörper sein

9

müssen, sondern daß sie bei der Planung, Durchführung und Erfolgskontrolle des Unterrichts eine wichtige Rolle spielen. Mit den einzelnen Aspekten dieser Rolle werden wir uns in Kapitel 1.5 ausführlicher beschäftigen.

Im Kapitel 1.2 haben wir vier elementare Bestandteile eines Curriculums unterschieden. Diesen entsprechen drei Arten von Tests/Prüfungen, die für folgende Zwecke verwendet werden:

1. Einstufung*
2. Messung des Lernfortschritts* (Lernfortschrittsmessung)
3. Feststellung des (erreichten) Sprachstands* (Sprachstandsfeststellung).

Diesen Bezeichnungen können Sie schon entnehmen, an welchem Punkt eines Curriculums die genannten Tests und Prüfungen wichtig sein könnten.

Mit der folgenden Aufgabe wird dies noch deutlicher.

Versuchen Sie bitte, in dem Schema anzukreuzen, mit welchem Teil eines Curriculums die folgenden drei Ziele von Tests/Prüfungen verbunden sein könnten.

Curriculum	Ziel des Tests oder der Prüfung		
	Einstufung	*Messung des Lernfortschritts*	*Messung des Sprachstands*
Kenntnisse und Fertigkeiten zu Beginn des Unterrichts	✓		(✓)
Lernziele des Unterrichts		✓	
methodische Lernschritte		✓	
Lernkontrolle		✓	✓

1.3 Rahmenbedingungen des Unterrichts Deutsch als Fremdsprache

Was verstehen wir hier unter „Rahmenbedingungen" des Unterrichts Deutsch als Fremdsprache, und welche Bezüge bestehen zu unserem Thema *Testen und Prüfen in der Grundstufe*? Diese Rahmenbedingungen sollten bei der Anlage und Durchführung von Tests und Prüfungen mit berücksichtigt werden. Zu ihnen kann zum Beispiel die Frage gehören, ob die Deutschlernenden den Unterricht besuchen „müssen" (Schule) oder ob sie aus eigenem Antrieb, also freiwillig, „in ihrer Freizeit", Deutsch lernen.

Wie ist es in Ihrem Unterricht? Lernen Ihre Schülerinnen und Schüler „freiwillig" Deutsch oder „unfreiwillig"? Haben Sie Schüler verschiedener Nationalitäten/Ausgangssprachen, oder ist Ihre Klasse von der Ausgangssprache her homogen?

> *Nennen Sie einige Rahmenbedingungen, die nach Ihrer Meinung den Deutschunterricht, den Sie erteilen, charakterisieren.*
>
> 1. _Heterogene Gruppen, aber mit großem Anteil an_ engl. Muttersprachler
> 2. _Freiwilligkeit? schwer zu sagen, die meisten ja_, aber längst nicht alle
> 3. _Studium „drum herum", was z.T. sehr gut ist, z._ T. auch nicht
>   → wenig Deutschlernen?
>   → bissche Literatur auf Deutsch

Zunächst betrachten Sie vielleicht die Bedingungen, unter denen Sie selbst Deutsch als Fremdsprache unterrichten, als „normal". Erst wenn Sie einmal – z.B. durch die Lehrerfortbildung – mit Kollegen und Kolleginnen von anderen Institutionen oder aus anderen Ländern Erfahrungen ausgetauscht haben, stellen Sie fest, wie verschieden Unterricht in Deutsch als Fremdsprache sein kann. Diese Unterschiede können wir beschreiben, wenn wir die Rahmenbedingungen des Unterrichts betrachten.

1.3.1 Wo findet der Unterricht statt?

Als erstes ist zu unterscheiden, wo der Unterricht stattfindet: im **Zielsprachenland** oder außerhalb, d.h. im **Heimatland** der Deutschlernenden?

Bevor wir jedoch über den Zusammenhang zwischen dem Ort, an dem der Unterricht stattfindet, und verschiedenen Prüfungen sprechen, möchten wir Sie bitten, zu der folgenden Frage einige Stichwörter zu notieren:

> *Sehen Sie grundsätzliche Unterschiede zwischen dem Deutschunterricht im Zielsprachenland und dem Deutschunterricht im Heimatland der Deutschlernenden? Wenn ja, welche?*
>
> ***Charakteristika für das Lernen im Zielsprachenland:***
>
> - _tägliche Benutzung der Sprache im Alltag_
> - _sofortige Überprüfung / Anwendung des Gelernten_
> - _viel mehr Input, aber auch viel mehr aktive_ Sprachverwendung
> - _hohe Motivation zum Lernen, da sofortige Nutzen spürbar_
> - _kultureller Input_
>
> ***Charakteristika für das Lernen im Heimatland:***
>
> - _wenig Kommunikation, normalerweise nur mit_
> - _dem Lehrer_
> - _Lernmaterialien eingeschränkt, wenig Authentizität_ (Buch-fokussiert)
> - _viel weniger Sprachkontakt_
> - _Rückfall in Muttersprache jederzeit möglich_

Die Frage nach dem Ort des Unterrichts erhält besonders dann große Bedeutung, wenn die Lernenden (in ihrem eigenen Land oder in der Bundesrepublik Deutschland) Prüfungen wie z.B. *Das Zertifikat Deutsch als Fremdsprache* ablegen wollen oder müssen. Diese Prüfung, die wir in dieser Studieneinheit in Kapitel 3.5 ausführlich behandeln werden, setzt zum Beispiel eine mehr oder weniger große Vertrautheit mit dem Zielsprachenland voraus. Ihre Aufgabe als Lehrer ist es zu überprüfen, ob die von Ihnen eingesetzten Lehrmittel diese notwendigen Kenntnisse auch wirklich vermitteln.

Einige Lehrbücher für Deutsch als Fremdsprache, die in der Bundesrepublik erschienen sind, berücksichtigen diesen fundamentalen Unterschied zwischen Lernen im Zielsprachenland und Lernen im Heimatland. So gibt es z.B. beim Verlag Klett Edition Deutsch zwei Lehrwerke mit ganz unterschiedlichen Konzeptionen:

Stufen für den Unterricht im Zielsprachengebiet, *Sprachbrücke* für den Unterricht außerhalb des Zielsprachengebiets mit kontrastiven* Arbeitsbüchern für Brasilien und den spanischsprachigen Raum.

Andere Verlage, wie z.B. Hueber, Langenscheidt, Diesterweg, bieten ihre Lehrwerke für den Einsatz im In- und Ausland gleichermaßen an. Teilweise wird dabei versucht, dem Aspekt des Einsatzortes dadurch Rechnung zu tragen, daß unterschiedliche Zusatzmaterialien zu den Lehrbüchern angeboten werden. Beispiele hierfür sind:

Deutsch konkret: Es gibt ein allgemeines Arbeitsbuch und „regionalisierte" Fassungen z.B. für den Einsatz in englischsprachigen Ländern mit weiteren Differenzierungen für Großbritannien, Australien und Neuseeland. Es existieren ferner Fassungen für Frankreich, die Niederlande, Italien, Griechenland, Dänemark usw., weitere sind in Arbeit (z.B. für Polen, Ungarn usw.).

Themen: Es gibt ein Arbeitsbuch Inland und ein Arbeitsbuch Ausland, die sich allerdings nur in der Auswahl einiger Lesetexte unterscheiden, sowie verschiedene Glossare. Bei *Themen neu* wurde die Unterscheidung in Inland/Ausland nicht beibehalten.

Im Gegensatz dazu beschränkt sich die Berücksichtigung regionaler Aspekte bei anderen Lehrwerken aus der Bundesrepublik (z.B. *Deutsch aktiv* und *Deutsch aktiv NEU, Sprachkurs Deutsch*, um nur die am weitesten verbreiteten modernen Lehrwerke für Deutsch als Fremdsprache auf dem Niveau der Grundstufe zu nennen, meist auf das Angebot von zweisprachigen Glossaren für verschiedene Sprachen.

Ganz anders verhält es sich natürlich bei den vielen Lehrwerken, die in den Ländern selbst erschienen sind, in denen sie verwendet werden. Hierüber können Sie sich am besten ein Bild machen, indem Sie das entsprechende Lehrbuch, das Sie selbst im Unterricht benutzen, analysieren und vielleicht auch mit den in der Bundesrepublik Deutschland entwickelten Lehrbüchern vergleichen.

Prüfen Sie bitte Ihr eigenes Lehrbuch/Ihre eigenen Lehrbücher unter folgenden Gesichtspunkten:

- *Welche Beziehung zur Realität der Zielsprachenländer wird hergestellt?*

- *Wie viele und welche authentischen Materialien aus den Zielsprachenländern werden verwendet?*

- *Welche landes- und kulturkundlichen Informationen über Vergangenheit und Gegenwart der Zielsprachenländer enthalten sie?*

- *Spielt das gegenwärtige Leben der Menschen in den Zielsprachenländern eine (genügend) große Rolle? Was erfahren die Lernenden darüber? Wie können diese sich selbst ein Bild davon machen?*

- *Was nützen den Lernenden diese Informationen in ihrem Land?*

- *Werden die Realitäten im Zielsprachenland mit den Realitäten in Ihrem Heimatland verglichen, werden Unterschiede bzw. Übereinstimmungen bewußtgemacht und problematisiert?*

1.3.2 Der Stellenwert von Deutsch als Fremdsprache innerhalb des Bildungssystems eines Landes

An die Frage nach dem Ort des Unterrichts schließt sich die Frage nach seinem Stellenwert im jeweiligen Land an. Bezogen auf Prüfungen ist es wichtig zu wissen,

➤ in welcher Art von Institution der Unterricht stattfindet, ob in einer staatlichen, privaten oder einer anderen Regelschule oder an einer Universität oder

Institution

➤ in anderen Bildungseinrichtungen auf freiwilliger Basis, z.B. in berufsbildenden Schulen, Sprachinstituten, Goethe-Instituten oder ähnlichen?

➤ Ist Deutsch als Fremdsprache, wenn der Unterricht in der Regelschule oder Universität stattfindet,

- Pflichtfach*,
- Wahlpflichtfach* oder
- Wahlfach*?

Wahl- oder Pflichtfach

➤ Welche Bedeutung für den Gesamterfolg hat die Note oder das Prüfungsergebnis?

Überlegen Sie bitte selbst, welche weiteren Fragen nach Rahmenbedingungen des Unterrichts Deutsch als Fremdsprache Sie stellen würden. Diskutieren Sie diese und die oben gestellten Fragen nach Möglichkeit mit Kollegen, und beantworten Sie sie.

Aufgabe 8

Die Beantwortung dieser und ähnlicher Fragen für Ihre jeweilige Lernergruppe kann Ihnen bei der Unterrichtsplanung und -durchführung helfen. Sie werden später in dieser Studieneinheit sehen, daß diese Informationen auch wichtig sind, wenn es um die Frage geht, welche der in Kapitel 3 vorgestellten Prüfungen Ihre Schülerinnen und Schüler eventuell anstreben können und welche Art von Vorbereitung sie brauchen, um diese zu bestehen.

1.4 Zielsetzungen des Unterrichts Deutsch als Fremdsprache

Ebenso wie die Voraussetzungen unterscheiden sich die Zielsetzungen des Unterrichts Deutsch als Fremdsprache je nach dem Land, in dem der Unterricht stattfindet. Auch aus der Sicht der Lernenden oder der Lehrenden bzw. der Lehrinstitution können sich verschiedene Ziele mit dem Deutsch-als-Fremdsprache-Unterricht verbinden:

1. In Ihrem Heimatland können Lernende das Ziel haben, in ein deutschsprachiges Land (z.B. die Bundesrepublik Deutschland) zu gehen, um dort (weiter) zu lernen, zu studieren, eine Berufsausbildung zu machen oder einen Beruf auszuüben. In jedem Fall werden sie Prüfungen ablegen müssen – sei es als Nachweis über einen schon erreichten Kenntnisstand im Deutschen, sei es zur Feststellung des aktuellen sprachlichen Niveaus für die Einstufung in eine sprachliche Weiterförderung. In beiden Fällen hängt viel vom Ergebnis der Prüfung ab: Zeit, Geld, unter Umständen sogar das Erreichen des Ziels selbst. Je mehr konkrete Vorinformationen die Lernenden schon im Heimatland über Form und Inhalt der jeweiligen Prüfungen erhalten haben und je eingehender sie darauf vorbereitet wurden, desto besser sind ihre Erfolgsaussichten.

Studium/Beruf im Zielsprachenland

Ähnliches gilt für Prüfungen, die schon im Heimatland abgelegt werden.

2. Von geringer oder gar keiner Relevanz sind Fragen der Prüfung wohl nur für Lernende, die Deutsch für private Zwecke lernen, etwa um als Tourist in eines der deutschsprachigen Länder zu kommen oder um andernorts mit Deutschsprechenden in Kontakt zu kommen.

touristische Zwecke

3. Auch von institutioneller Seite bestehen unterschiedliche Zielsetzungen in bezug auf den Deutsch-als-Fremdsprache-Unterricht. Im Schul- und Universitätsbereich

Bildungsziele

kann der Fremdsprachenunterricht „nur" die Funktion einer Teilqualifikation im Rahmen einer umfassenderen Anforderung darstellen. Die (Prüfungs-)Note dient dann in erster Linie der Selektion oder Qualifikation innerhalb der jeweiligen Institution. Sie könnte durch andere Fremdsprachen oder ganz andere Fächer ersetzt werden. In diesem Fall werden in der Regel keine der in dieser Studieneinheit behandelten Prüfungen, sondern institutseigene oder nationale, möglicherweise landesweit geltende Prüfungen verwendet. Wenn Sie in einem solchen schulischen oder universitären Kontext unterrichten, kann der Nutzen dieser Studieneinheit für Sie darin liegen, die Informationen und Übungen zum Erstellen, Auswerten und Gewichten von Prüfungsteilen und -aufgaben exemplarisch zu sehen und Ihre eigenen Prüfungen und Tests vor diesem Hintergrund kritisch zu analysieren. Vielleicht gehen Sie mit den erworbenen Kenntnissen daran, eine bereits bestehende Prüfung zu überarbeiten oder ganz neu zu gestalten.

1.5 Wichtige Prüfungsformen im Überblick

In den vorangegangenen Abschnitten haben wir einige Überlegungen zum Stellenwert von Prüfungen und Tests und zu den Rahmenbedingungen und Zielsetzungen des Deutsch-als-Fremdsprache-Unterrichts in verschiedenen Ländern formuliert. In den nun folgenden Kapiteln 1.5.1–1.5.3 wollen wir in einem kurzen Überblick einige Test- und Prüfungsarten nennen, die wir dann in Kapitel 3 genauer vorstellen und analysieren werden.

die Begriffe
Test und Prüfung

Zunächst müssen wir die bisher undifferenziert benutzten Begriffe *Test* und *Prüfung* ein wenig systematisieren. Leider verwenden die verschiedenen Autoren die Begriffe häufig in unterschiedlicher Weise. Wir übernehmen hier eine gängige Unterscheidung zwischen **formellen*** (oder: standardisierten) und **informellen*** Methoden zur Erhebung von Daten (vgl. dazu: Kleber 1979, 16f.).

Aufgabe 9

> *Bitte notieren Sie während der Lektüre der folgenden Abschnitte die wesentlichen Merkmale von informellen Tests und formellen Prüfungen in Form von Stichwörtern.*
>
> ***Merkmale von***
>
> ***informellen Tests:*** keine objektiven Kriterien, nur im Zusammenhang aussagekräftig, relativ zum Stand der Gruppe, Bezug auf begrenzten, aktuellen Lernstoff
>
> ***formellen Prüfungen:*** Infos über sprachliches Können + Wissen unabhängig von der Bezugsgruppe / von Lehrmethoden / Lernmitteln
> ► objektive Aussagen in Bezug auf bindend festgelegte Kriterien

Test = informell

Im folgenden werden wir immer dann von einem Test sprechen, wenn es sich um eine informelle, ad hoc, d.h. ohne besondere Vorbereitung durchgeführte oder nur für einen speziellen Kurs konzipierte Form der Überprüfung handelt.

14

Informell heißt in diesem Zusammenhang, daß sich die Überprüfung nicht an irgendwelchen offiziellen Kriterien orientiert und auch nicht behauptet, objektive, d. h. über diesen konkreten Zusammenhang hinaus aussagekräftige Informationen über einzelne Lernende zu liefern. Vielmehr sind die Informationen in der Regel nur relativ zum Stand der Gruppe zu interpretieren, und sie beziehen sich nur auf einen begrenzten, meist den gerade durchgearbeiteten Lernstoff.

Formelle Prüfungen erheben dagegen den Anspruch, Informationen über das sprachliche Können und/oder Wissen einzelner Schüler und Schülerinnen zu geben, die unabhängig von der Bezugsgruppe, den verwendeten Lehrmethoden und Lernmitteln (z. B. Lehrbücher) usw. unter unterschiedlichen Voraussetzungen, an möglichst allen Orten zu allen Zeiten von den prüfenden Personen immer gleich zu interpretieren sind. Mit anderen Worten: Formelle Prüfungen liefern „**objektive*"** Aussagen in bezug auf eindeutig festgelegte Kriterien. Sie müssen dabei bestimmte Bedingungen erfüllen, auf die wir in Kapitel 2 genauer eingehen werden.

Prüfung = formell

Da eine Sprache, ihre Beherrschung durch einzelne Menschen und die Überprüfung dieser Sprachbeherrschung immer auch durch subjektive Einflüsse mitbestimmt sind, haben wir das Wort *objektiv* in Anführungszeichen gesetzt. Wir wollen damit ausdrücken, daß eine Aussage über die Sprachbeherrschung eines Menschen nie im gleichen Maße objektiv sein kann wie z. B. eine Aussage über die Lösung einer mathematischen Aufgabe, die entweder richtig oder falsch ist. Wir werden später noch sehen, daß es eine Reihe von Versuchen gibt, auch bei der Überprüfung der Sprachbeherrschung zu solchen eindeutigen Aussagen zu kommen; an dieser Stelle bleibt aber festzuhalten, daß im Zusammenhang mit Sprache Objektivität nur bis zu einem gewissen Grad möglich ist.

„Objektivität" von Sprachprüfungen

Bei den drei Überprüfungsmethoden, die wir in Kapitel 1. 2. 4 auf Seite 10f. kurz benannt haben, ist noch nicht eindeutig festgelegt, ob es sich um (formelle) Prüfungen oder (informelle) Tests handelt. Wir waren vielmehr von den Zielen ausgegangen, die mit ihnen verfolgt werden, nämlich

➤ den Sprachstand zu Beginn eines Lernabschnittes,

➤ den Lernfortschritt während des Kurses oder

➤ den Sprachstand zu einem bestimmten Zeitpunkt (meistens am Ende des Kurses)

festzustellen.

Für alle drei Ziele sind sowohl Methoden der informellen Leistungsmessung (also Tests) als auch formelle Feststellungsmethoden (also Prüfungen) denkbar, wenn auch nicht immer gleich geeignet.

Man kann also parallel von folgenden Tests und Prüfungen sprechen:

Tests	Prüfungen
Einstufungstests	Einstufungsprüfungen
Lernfortschrittstests	Lernfortschrittsprüfungen
Sprachstandstests	Sprachstandsprüfungen

Bezeichnungen

Die Bezeichnungen für Tests, die wir hier verwenden, sind weitgehend geläufig. Für Prüfungen gibt es häufig auch andere Bezeichnungen:

statt: Einstufungsprüfung – Zulassungsprüfung
statt: Lernfortschrittsprüfung – Zwischenprüfung
statt: Sprachstandsprüfung – Abschlußprüfung

> *Kennen Sie noch andere deutsche Bezeichnungen für Prüfungen? Um welche Art von Prüfung handelt es sich dabei? Ergänzen Sie die folgende Liste.*

Aufgabe 10

15

Einstufung	Lernfortschritt	Abschluß
_____	_____	_____
_____	_____	_____
_____	_____	_____
_____	_____	_____
_____	_____	_____

Im Ablauf eines Kurses stehen formelle Prüfungen eher am Anfang und am Ende, während des Kurses kommen häufiger informelle Tests zum Einsatz.

In den nun folgenden Kapiteln 1.5.1–1.5.3 werden wir die drei Grundtypen von Tests und Prüfungen näher betrachten.

1.5.1 Überprüfungsziel: Einstufung

Einstufungstest

Eine Überprüfung zu Beginn eines Kurses oder eines Kursabschnitts kann zwei unterschiedliche Funktionen haben.

Sie kann zum einen dazu dienen, unter den Teilnehmern eine Art Rangfolge herzustellen, nach der etwa die Plätze im Kurs vergeben oder die Teilnehmer und Teilnehmerinnen auf mehrere Kurse verteilt werden sollen. Zu diesem Zweck reicht in der Regel ein informeller Test aus, der sich an den Kursinhalten orientieren oder auch ganz allgemein gehalten sein kann (vgl. dazu Kapitel 2.1), solange die Beherrschung der deutschen Sprache Testgegenstand ist. Ein solcher Test kann von Mal zu Mal verändert werden. Wichtig ist nur, daß alle Teilnehmer, die gleichzeitig eingestuft werden sollen, denselben Test unter vergleichbaren Bedingungen machen, damit auch ihre Ergebnisse miteinander vergleichbar sind.

Ein Test, mit dem Sie die Kenntnisse Ihrer jeweiligen Lernergruppe am Kursbeginn feststellen wollen, kann ebenfalls informell und von Einsatz zu Einsatz verschieden sein. Solche Tests können sowohl im regulären Schulunterricht als auch in Kursen an verschiedenen Bildungseinrichtungen durchgeführt werden. Je nach den Lernzielen und den Vorkenntnissen der Gruppe können dabei jeweils andere Inhalte (z. B. Grammatikbereiche) oder Fertigkeiten (Sprechen, Lesen, Hören, Schreiben) im Vordergrund stehen.

Zulassungsprüfung

psychologische
Eignungsprüfung

Anders sieht es aus, wenn für die Teilnahme an einem Kurs oder die Einschreibung in eine Ausbildung eine genau definierte Mindestleistung erbracht werden muß. Diese Leistung kann entweder direkt mit den Lerninhalten des Kurses oder der Ausbildung in Verbindung stehen. Dann spricht man im allgemeinen von einer Zulassungsprüfung. Die geforderte Qualifikation kann aber auch ohne ersichtlichen Bezug zur Ausbildung festgelegt sein. Dann geht es eher um eine allgemeine Prüfung der Befähigung zu einer bestimmten Art von Tätigkeit. Dabei handelt es sich um psychologische Eignungsprüfungen. Eine solche Prüfung kann z. B. feststellen, ob ein Studienbewerber allgemein befähigt ist, Fremdsprachen zu lernen. Mit dieser Art von Prüfungen werden wir uns hier nicht befassen.

Hinweis

In Kapitel 3.1.2 werden wir den interessanten Fall eines formellen Einstufungstests zu betrachten haben.

1.5.2 Überprüfungsziel: Lernfortschritt

Diese Art der Überprüfung wird vorwiegend durch informelle Tests vorgenommen.

Lernfortschrittstests

Informelle Tests, die jeweils nach der Behandlung eines Lehrbuchabschnitts oder eines im Curriculum festgelegten Lernziels eingesetzt werden, gehören zum Handwerkszeug eines jeden Lehrers, einer jeden Lehrerin. Zu einigen in der Bundesrepublik Deutschland erschienenen Lehrwerken für Deutsch als Fremdsprache gibt es vorgefertigte Lernfortschrittstests.

Es lohnt sich, wenn Sie sich zu einem Lehrbuch, mit dem Sie immer wieder unterrichten, oder zu einzelnen Lernzielen Ihres Curriculums eine Sammlung von Lernfortschrittstests anlegen, die Sie mehrfach einsetzen können. Dabei kommen Sie den besonderen Bedürfnissen Ihrer jeweiligen Gruppe noch näher, wenn Sie diese Tests so flexibel anlegen, daß Sie sie jeweils z.B. dem Wortschatz, den Themen, Texten usw., die Sie in einer bestimmten Gruppe behandelt haben, anpassen können. Hilfen zur Erstellung von Lernfortschrittstests finden Sie in der Fernstudieneinheit *Probleme der Leistungsmessung, Lernfortschrittstests.*

Formelle Prüfungen werden seltener dazu verwendet, Lernfortschritte zu messen.

Bitte überlegen Sie:

Unter welchen Voraussetzungen könnte auch eine formelle Prüfung als Lernfortschrittstest verwendet werden?

Aufgabe 11

Zwei Arten formeller Lernfortschrittsprüfungen sind möglich:

Lernfortschrittsprüfung

Einmal kann es sich um formelle (Teil-)Prüfungen in Form von Klassenarbeiten oder Klausuren handeln. Zum anderen ist es denkbar, daß bei einem Kurs, der auf eine bestimmte formelle Prüfung (z.B. *Das Zertifikat Deutsch als Fremdsprache,* vgl. Kapitel 3.5) hinarbeitet, eine andere formelle Prüfung auf einem niedrigeren Niveau (z.B. die *Prüfung Grundstufe I,* vgl. Kapitel 3.4) als Zwischenetappe auf diesem Weg vorgesehen wird. Diese Art der Zwischenprüfung kann aber nur dann zur Bestimmung des Lernfortschritts benutzt werden, wenn die Prüfung auf dem Curriculum der vorangehenden Kurse aufbaut, d.h., die Prüfungsinhalte und das Curriculum der zu diesen Prüfungsinhalten führenden Kurse eine planerische Einheit bilden. Selbstverständlich ist diese Form der Überprüfung von Lernfortschritten weniger auf den individuellen Lernweg Ihrer Lerngruppe bezogen und auch viel weitmaschiger als zum Beispiel eine Serie von informellen Lernfortschrittstests. Es ist natürlich nicht ausgeschlossen, beide Wege miteinander zu kombinieren.

1.5.3 Überprüfungsziel: Sprachstand

Größere Verbreitung haben formelle Prüfungen in der Funktion als Sprachstandserhebung*. Oft sind Kurse für Deutsch als Fremdsprache (besonders in der Bundesrepublik oder in anderen Ländern an Goethe-Instituten) in ihrer Zielbeschreibung an einer formellen Prüfung orientiert. Das gilt in der Regel sowohl für nationale Schulabschlußprüfungen als auch für Kurse, die zum *Zertifikat Deutsch als Fremdsprache* hinführen, d.h., der Sprachstand, den ein Kursteilnehmer am Kursende erreicht haben soll, wird durch die Beschreibung des Prüfungsziels definiert, das sich aber grundsätzlich aus dem Curriculum für die vorangehenden Niveaustufen ableitet.

Prüfungen zum Abschluß eines Kurses

Wenn auf diese Art und Weise Kursziele durch eine Prüfung definiert werden und am Ende des Kurses mit Hilfe eben dieser Prüfung überprüft wird, ob die Kursziele tatsächlich erreicht worden sind, so hat das einen großen Vorteil: Man erhält einen weitgehend vergleichbaren, also weitestgehend objektiven Nachweis über einen genau definierten Stand der Beherrschung der Fremdsprache Deutsch. Dieser Nachweis dient seinerseits oft wieder der Qualifikation für andere Zwecke. Die Abschlußprüfung eines Kurses kann somit gleichzeitig die Funktion der Aufnahme- oder Zulassungsprüfung für einen anderen Kurs oder eine weiterführende Ausbildung bekommen. In diese Gruppe gehören die Prüfungen, die das Goethe-Institut (zum Teil gemeinsam mit anderen Institutionen) für Deutsch als Fremdsprache entwickelt hat, wie z. B. für die Grundstufe:

➤ die *Prüfung Grundstufe I*,

➤ das *Zertifikat Deutsch als Fremdsprache*,

➤ die *Abschlußprüfung Grundstufe für Jugendliche*.

Selbstverständlich kann auch ein informeller Test, der sich an den tatsächlichen Lernzielen und Lernschritten, vielleicht auch an den jeweils besonderen Inhalten (z. B. beim Wortschatz) eines Kurses orientiert, die Funktion eines Abschlußtests haben. Die Aussagen, die ein solcher Sprachstandstest über die Teilnehmer erlaubt, sind aber – ebenso wie beim Einstufungstest – nur relativ, d. h. auf die Position innerhalb der Gruppe und auf die Lernziele dieses einen Kurses bezogen. Sie erlauben keinen Vergleich mit Teilnehmern anderer Kurse.

<u>Zusammenfassung</u>
<u>Aufgabe 12</u>

*Bitte notieren Sie zu jedem der drei **Prüfungsziele** einige Stichwörter.*

Einstufung	*Lernfortschritt*	*Sprachstand*
_____	_____	_____
_____	_____	_____
_____	_____	_____
_____	_____	_____
_____	_____	_____

1.6 Prüfungsnormen

Nach dem bisher Gesagten dürfte klar geworden sein, daß eine wesentliche Frage im Zusammenhang mit Prüfungen den **Normen*** gelten muß, nach denen sich Prüfungen ausrichten. Wir wollen einige Aspekte dieser Frage genauer untersuchen. Dazu bitten wir Sie zu überlegen, wie in Ihrem Land Normen für Deutsch als Fremdsprache aussehen. Die Fragen in Aufgabe 13 können Ihnen dabei helfen.

Normen

<u>Aufgabe 13</u>

Versuchen Sie bitte, die folgenden Fragen für Ihr Land zu beantworten:

1. Gibt es klar formulierte Prüfungsanforderungen für das Fach Deutsch als Fremdsprache?

2. Für welche Gruppe(n) von Lernenden liegen solche Prüfungsanforderungen vor, für

a) Schüler   – an welchen Schultypen?

*   – in welchen Jahrgängen?*

b) Studenten   – im Hauptfach Deutsch?

*   – mit Deutsch als Nebenfach?*

c) andere Gruppen? – Welche?

3. *Von wem sind diese Prüfungsanforderungen aufgestellt worden*

    a) vom Erziehungsministerium?

    b) von den Schulen oder Universitäten (Fakultäten)?

    c) von den Lehrern?

4. *Welche allgemeinen Ziele verfolgt der Deutsch-als-Fremdsprache-Unterricht? Sind diese Ziele in den Prüfungsanforderungen explizit formuliert, oder lassen sie sich aus ihnen herauslesen?*

    a) z. B. im Verhältnis zu anderen Fremdsprachen?

    b) z. B. im Verhältnis zu anderen Schul- oder Studienfächern?

    c) z. B. im Verhältnis zu anderen Bildungs- oder Ausbildungszielen?

5. *Ist Deutsch als Fremdsprache ein*

    a) eher wichtiges Fach?

    b) eher nebensächliches Fach?

6. *Welche Rolle spielt Deutsch als Fremdsprache (oder spielen Fremdsprachen allgemein) im Hinblick auf übergeordnete Lern- und Bildungsziele? Werden durch den Deutsch-als-Fremdsprache-Unterricht (oder den Fremdsprachenunterricht allgemein) weitergehende Ziele angestrebt wie z. B.*

    a) internationale Kooperation?

    b) Öffnung des Landes für den Tourismus?

    c) für Handelsbeziehungen?

    d) ... ?

Die Fragen in Aufgabe 13 zeigen, daß der Unterricht Deutsch als Fremdsprache (wie der aller anderen Fächer auch) im Rahmen von übergeordneten Konzeptionen stattfindet. Daran müssen sich auch Prüfungen orientieren. Man kann solche übergeordneten Konzeptionen kürzer auch Normen nennen.

Diese Normen betreffen z. B.

– den Stellenwert der Fremdsprachen im Ausbildungssystem (Sind die Fremdsprachen ein wichtiger, anerkannter Ausbildungsbereich, oder wird mehr Wert gelegt auf eine technisch-naturwissenschaftliche Orientierung?)

– allgemeine Ziele des Fremdsprachenunterrichts (bildungspolitische, pädagogisch-erzieherische, berufliche)

– den Praxisbezug (Wer lernt wozu die Fremdsprache Deutsch? Wer verwendet sie in welchen Bereichen?)

– die berufliche Orientierung (Welche beruflichen Möglichkeiten eröffnen Kenntnisse und Abschlüsse in der Fremdsprache Deutsch?)

Auswirkungen verschiedener Normen auf Prüfungen sind leicht vorstellbar.

Mit der folgenden Aufgabe möchten wir dieses Kapitel abschließen.

Aufgabe 14

Bitte machen Sie sich Gedanken darüber, welche Normen in Ihrem Land für den Deutsch-als-Fremdsprache-Unterricht und für die Prüfungen in diesem Fach wichtig sind, und welche Konsequenzen diese Normen für die Prüfungen haben.

2 Verfahren der Leistungsmessung

Zusammenfassung

In Kapitel 1 sind wir kurz auf verschiedene Arten von Sprachtests eingegangen. An dieser Stelle möchten wir die Ergebnisse noch einmal im Überblick zusammenfassen. Bitte tragen Sie, während Sie den Text unten lesen, die wichtigsten Punkte stichwortartig in das folgende Raster ein. Sie können zu den einzelnen Testarten auch noch einmal unter 1.5.1, 1.5.2 und 1.5.3 nachlesen.

Aufgabe 15

Stellenwert und Einsatz von Tests und Prüfungen		
	Schule	*andere Institutionen*
Einstufungstest	beginn des Schuljahrs + wie sind Kenntnisse?	Sprachschulen mit versch. Niveaustufen → Gruppeneinteilung
Lernfortschrittstest	Beherschen lernende den Lernstoff? Bezug zum Lernpensum / Fokus auf Bereich kann	
allgemeiner Leistungstest (Sprachstandstest)	Sprachstand im Hinblick auf festgelegtes Leistungsniveau	überregional, institutionen übergreifend, (weltweit) unabhängig von Lehrmaterial / Kurs

Die drei Arten von Tests im Überblick:

Einstufungstest

Einstufungstest

Der Einstufungstest (siehe auch 1.5.1) gibt Auskunft darüber, welcher Kurs für die Lernenden aufgrund ihrer sprachlichen Vorkenntnisse am geeignetsten ist. Dieser Test wird von Institutionen eingesetzt, die Sprachkurse auf unterschiedlichem Niveau anbieten und die große Gruppen neuer Schüler den verschiedenen Kursen zuteilen müssen. Aber auch im schulischen Deutschunterricht können Einstufungstests eine Rolle spielen, z. B. dann, wenn eine Lehrkraft zu Beginn eines Schuljahres die tatsächlichen Deutschkenntnisse der Schülerinnen und Schüler feststellen möchte (Was ist vergessen?), um den Unterricht entsprechend zu planen (Was muß wiederholt

Hinweis

werden? Womit muß ich anfangen? usw.). In Kapitel 3.1 werden wir Ihnen zwei Einstufungstests vorstellen, und zwar einen Einstufungstest aus dem Bereich des Deutschunterrichts mit Erwachsenen (3.1.1) und einen Einstufungstests zum Übergang von der Sekundarstufe 1 in die Sekundarstufe 2 aus Frankreich (3.1.2).

Lernfortschrittstest

Lernfortschrittstest

Der Lernfortschrittstest (siehe auch 1.5.2) gibt Auskunft darüber, inwieweit die Lernenden den im Unterricht vermittelten Lernstoff beherrschen. Dieser Test bezieht sich also auf ein bestimmtes Lernpensum. Das kann entweder ein Kapitel im Lehrbuch sein, oder es können gezielt bestimmte Aspekte getestet werden, wie z. B. Grammatik, Wortschatz oder auch bestimmte Fertigkeiten (z. B. Leseverstehen). In

Hinweis

Kapitel 3.2 werden wir Ihnen ein paar Beispiele von Lernfortschrittstests zeigen, die von Lehrern zu dem Lehrwerk *Kontakte Deutsch 1,* einem in Indonesien erschienenen Deutschlehrwerk, erstellt wurden. Diesem Thema ist eine gesonderte Fernstudieneinheit gewidmet, die den Titel *Probleme der Leistungsmessung, Lernfortschrittstests* hat.

Allgemeiner Leistungstest/Sprachstandstest*

Sprachstandstest

Dieser Test (siehe auch 1.5.3) soll den Sprachstand des Schülers feststellen, und zwar im Hinblick auf ein vorab festgelegtes Leistungsniveau (er heißt deshalb manchmal auch *Sprachstandstest).* Dieses genau beschriebene Leistungsniveau gilt meist überregional, institutionenübergreifend, für bestimmte Prüfungen sogar weltweit. Im

Gegensatz zum Lernfortschrittstest basiert der allgemeine Leistungstest nicht auf einem bestimmten Sprachkurs bzw. Lehrbuch, sondern ist davon unabhängig.

Zu dieser Gruppe der allgemeinen Leistungstests gehört z.B. die Prüfung zum *Zertifikat Deutsch als Fremdsprache*, die sowohl in der Bundesrepublik Deutschland als auch weltweit in vielen Ländern im Deutschunterricht mit Erwachsenen eingesetzt wird. In Kapitel 3.5 werden wir diese Zertifikatsprüfung näher betrachten.

Hinweis

Eine ausführlichere Darstellung der verschiedenen Arten von Sprachtests finden Sie bei:

> Valette, Rebecca (1973): *Lernzielorientiertes Testen.*

Literaturhinweis

Valette klassifiziert die Sprachtests nach etwas anderen Kategorien als wir es getan haben. Sie unterscheidet zwischen Lernfortschrittstests sowie allgemeinen und spezifischen Leistungstests, d.h., der Einstufungstest zählt für sie zu der Kategorie *Leistungstest*. Der Einstufungstest ist für Valette deshalb ein spezifischer Leistungstest, weil er feststellen soll, ob die Lernenden die Fertigkeiten und Inhalte beherrschen, die Voraussetzung für den Besuch eines bestimmten Sprachlehrgangs sind. Im Gegensatz hierzu soll der allgemeine Leistungstest feststellen, ob der Schüler ein bestimmtes allgemeines Leistungsniveau erreicht hat.

Gütekriterien*

Zu den drei Arten von Tests (Einstufungstest, Lernfortschrittstest, Leistungstest) finden Sie in Kapitel 3 konkrete Beispiele mit ausführlichen Erläuterungen. Bevor wir diese Beispiele diskutieren, möchten wir in diesem Kapitel zunächst noch einige grundsätzliche Aspekte erläutern, die beim Erstellen von Lernfortschrittstests und allgemeinen Leistungstests eine wichtige Rolle spielen. Vor allem möchten wir auf den inneren Zusammenhang eingehen, der zwischen Lernzielen und Tests bzw. Prüfungen besteht. Schrittweise soll dabei verdeutlicht werden, warum Tests und Prüfungen im kommunikativen Fremdsprachenunterricht ganz anders gestaltet sein müssen als z.B. im traditionellen Sprachunterricht mit der Grammatik-Übersetzungs-Methode oder im audiolingualen Fremdsprachenunterricht.

Hinweis

Lernziele und Tests

Eine ausführliche Darstellung der verschiedenen Methoden des Deutsch-als-Fremdsprache-Unterrichts finden Sie in der Studieneinheit *Methoden des fremdsprachlichen Deutschunterrichts.*

Bevor wir uns im folgenden der Frage zuwenden, welchen Anforderungen ein Test genügen muß, möchten wir Sie bitten, sich einige stichwortartige Notizen zu Aufgabe 16 zu machen.

Aufgabe 16

Bitte überlegen Sie, welche Anforderungen Sie selbst an einen Test oder eine Prüfung stellen. Welche Erfahrungen haben Sie diesbezüglich bisher gemacht?

Anforderungen an Tests

eindeutige Aufgabenstellung

angemessene Zeit zum Lösen der Aufgaben

Die Testtheorie hat die Bedingungen, unter denen Tests verläßliche Aussagen über Schülerleistungen geben können, untersucht.

Tests bzw. Prüfungen sollen die sprachlichen Leistungen der Lernenden möglichst genau erfassen, möglichst zuverlässig messen und möglichst objektiv bewerten. In der Testtheorie spricht man von den drei **Gütekriterien**, die Tests erfüllen müssen: Tests müssen **valide*** sein (d.h., sie müssen die Leistungen, die man überprüfen möchte, präzise erfassen); außerdem müssen Tests **reliabel*** sein (d.h., sie müssen die Leistung zuverlässig messen) und die Bewertung der Leistung sollte möglichst **objektiv** sein (d.h., die Bewertung der gleichen Leistung sollte nicht von Korrektor zu Korrek-

tor unterschiedlich ausfallen). Wir werden im Kapitel 2.1 näher auf diese drei Güte-kriterien eingehen und Ihnen zeigen, welche Auswirkungen vor allem das Güte-kriterium *Validität** auf die Inhalte von Tests bzw. Prüfungen hat.

Aufgabentypen
Hinweis

Die drei genannten Gütekriterien haben aber nicht nur Auswirkungen auf die Inhalte von Tests, sondern auch auf die Aufgabenformen. Wir werden deshalb in Kapitel 2.2 verschiedene Aufgabentypen diskutieren, die in Tests und Prüfungen Verwendung finden, und darstellen, inwieweit sie die drei Gütekriterien erfüllen. Bei dieser Diskussion werden wir auch auf den Zusammenhang eingehen, der zwischen Aufgabentyp und der Fertigkeit besteht, die überprüft werden soll. Eine ausführliche Darstellung von Aufgabentypen und Aufgabenformen, die sich gut für Tests eignen, finden Sie in der Studieneinheit *Probleme der Leistungsmessung, Lernfortschrittstests*.

2.1 Gütekriterien für Tests und Prüfungen

Bevor wir den Unterschied zwischen Tests im Rahmen der audiolingualen Methode* und Tests im kommunikativen Unterricht* darstellen, möchten wir auf einige allgemei-ne Begriffe der Testtheorie eingehen, da diese Begriffe für alle Tests und Prüfungen Geltung haben.

Aufgabe 17

Bitte tragen Sie während der Lektüre der Kapitel 2.1.1 – 2.1.3 die entspre-chenden Definitionen stichwortartig in das Raster ein.

Gütekriterien für Tests	*Definitionen/Erläuterungen*
Validität	
Reliabilität	
Objektivität	

Ziel aller Tests bzw. Prüfungen ist es, die sprachlichen Leistungen der Lernenden möglichst genau zu erfassen, möglichst zuverlässig zu messen und möglichst objektiv zu bewerten. Dabei ist das erste Kriterium, d.h. das genaue Erfassen der Leistung oder die Validität des Tests, das wichtigste Kriterium.

2.1.1 Validität

Validität

Das Kriterium der Validität bedeutet, daß ein Test auch **wirklich das überprüft**, was er überprüfen soll. Wenn man z.B. überprüfen möchte, inwieweit die Lernenden einen schriftlichen Originaltext aus dem Alltag in seiner Gesamtaussage verstehen können, muß man zunächst einen entsprechenden Lesetext auswählen. Die Aufgaben, die dann zu diesem Text gestellt werden, müssen so formuliert sein, daß sie das **globale*** Ver-stehen des Textes überprüfen. Will man dagegen überprüfen, ob die Lernenden dem Text bestimmte Informationen entnehmen können (**selektives** Lesen), dann sucht man einen geeigneten Text für diesen Lesestil und entwickelt Testaufgaben, die das **selektive* Textverständnis** überprüfen. Dabei kommt es dann nicht darauf an, daß alle Details aus dem Text verstanden werden müssen. Hierfür wiederum können Texte ausgewählt werden, bei denen das natürliche Lese- und Hörinteresse auf ein Verstehen aller Details ausgerichtet ist. Dazu müssen dann ebenfalls entsprechende Aufgaben zur Überprüfung des **Detailverständnisses*** entwickelt werden. Die Voraussetzung für das Entwerfen von validen Tests zum Leseverstehen ist also eine genaue Definition des Lernziels Leseverstehen.

Diese Definition des Lernziels Leseverstehen muß deutlich machen, welche Arten von Texten die Lernenden verstehen und welche Tätigkeiten sie anhand dieser Texte ausführen sollen, nämlich, dem Text nur ganz gezielt bestimmte Informationen zu entnehmen oder den gesamten Text in allen seinen Einzelaussagen zu verstehen. Ob ein Test inhaltlich valide ist, läßt sich also nur durch einen Vergleich der Lernziele mit den Inhalten des Tests feststellen.

Aufgabe 18

Um das Gesagte zu verdeutlichen, zeigen wir Ihnen im folgenden einen Text zum Leseverstehen mit drei verschiedenen Tests (A, B, C). Bitte schlüpfen Sie in die Rolle eines Testkandidaten oder einer Testkandidatin, führen Sie die drei Tests durch, und beantworten Sie die die darin gestellten Fragen.

Begrüßung in Deutschland

Händeschütteln	1984			1973
	insgesamt	Frauen	Männer	insgesamt
dafür	55 %	50 %	60 %	68 %
dagegen	42 %			
keine Meinung	3 %			

Händeschütteln kommt aus der Mode

Eine Umfrage in der Bundesrepublik Deutschland im Jahre 1984: Nur noch 55 % der Bundesbürger sind für das Händeschütteln bei der Begrüßung, 42 % sind dagegen. 3 % haben keine Meinung. 60 % der Männer begrüßen sich mit der Hand, aber nur 50 % der Frauen. 1973 waren noch 68 % der Bundesbürger für das Händeschütteln. Die Gegner des Händeschüttelns finden diese Begrüßungsform unangenehm, unhygienisch und überflüssig. Die Befürworter finden Händeschütteln menschlich, freundlich und herzlich.

nach: Mebus (1987), 75 und 87

Test A (Text mit Tabelle):

1. Das sagt der Text: Bitte kreuzen Sie an.

   a) ☒ *In Deutschland schüttelt man sich die Hände zur Begrüßung.*   // *nicht eindeutig*

   b) ☒ *Viele Deutsche finden das Händeschütteln unangenehm.*

2. Tragen Sie bitte die Prozentzahlen in die Tabelle über dem Text ein.

3. Wer sagt was?

Das sagen die	Händeschütteln ist:
Gegner	unangenehm, unhygienisch
Befürworter	menschlich, freundlich

Test B   (Text, evtl. mit Bild, aber ohne Tabelle):

Händeschütteln kommt aus der Mode

Eine Umfrage in der Bundesrepublik Deutschland im Jahre 1984: Nur noch 55 % der Bundesbürger sind für das Händeschütteln bei der Begrüßung, 42 % sind dagegen. 3 % haben keine Meinung. 60 % der Männer begrüßen sich mit der Hand, aber nur 50 % der Frauen. 1973 waren noch 68 % der Bundesbürger für das Händeschütteln. Die Gegner des Händeschüttelns finden diese Begrüßungsform unangenehm, unhygienisch und überflüssig. Die Befürworter finden Händeschütteln menschlich, freundlich und herzlich.

Mebus (1987), 87

Bitte beantworten Sie die Fragen.

1. Wie finden die Deutschen das Händeschütteln?

Es gibt verschiedene Meinungen. Die Gegner finden es ... Die Befürworter denken, es ist ...

2. Was sagen die Gegner? Was sagen die Befürworter?

_____

_____

Test C   (Text, evtl. mit Bild, aber ohne Tabelle):

Bitte beantworten Sie die Fragen.

1. Wieviel Prozent der Männer begrüßen sich mit der Hand? _60_ %

2. Wieviel Prozent der Frauen begrüßen sich nicht mit der Hand? _50_ %

Frage unklar Nr. 2
Frage unklar, Antwort passt auch auf Nr. 1

unklare Frage! da eh 50% in beide Richtungen

Aufgabe 19

Bitte versuchen Sie nun, die folgenden Aufgaben zu lösen:

1. Bestimmen Sie das Testziel der drei Tests von Aufgabe 18 oder anders gesagt:

Welche Testaufgaben überprüfen

– das Globalverstehen (G),

– das Detailverstehen (D),

– das selektive Lesen (S)?

Bitte notieren Sie die entsprechenden Buchstaben.

Test A: 1. _G_   Test B: 1. _G_   Test C: 1. _S_
          2. _S/D_   2. _D/S_   2. _S/ragbe_
          3. _S/D_

2. Welche der drei Tests überprüfen sowohl das Globalverstehen als auch das Detailverstehen?

_A + B_

_____

Neben der **inhaltlichen** Validität gibt es noch weitere Arten der Validität, die mit statistischen Verfahren bestimmt werden, auf die wir hier aber nicht eingehen. Für die Analyse der in Kapitel 3 vorgestellten Tests reicht es aus, sich auf die inhaltliche Validität (also auf den Vergleich zwischen Lernzielen und Testinhalten) zu beschränken. Dieser enge Zusammenhang zwischen Lernzielen und Tests/Prüfungen erklärt auch, warum die Tests, die im kommunikativen Deutschunterricht eingesetzt werden, anders aussehen als die Tests, die für einen Deutschunterricht mit der audiolingualen Methode entwickelt wurden. Da die Lernziele des kommunikativen Unterrichts sich von den Lernzielen des audiolingualen Unterrichts unterscheiden, müssen sich notwendigerweise auch die Tests diesen veränderten Lernzielen anpassen, aber darüber erfahren Sie mehr in Kapitel 3.

2.1.2 Reliabilität*

Die zweite Forderung, die neben der inhaltlichen Validität an Tests und Prüfungen gestellt wird, betrifft die **Zuverlässigkeit der Leistungsmessung**, d.h. die Reliabilität des Tests. So wie eine mehrmalige Messung des gleichen Gegenstandes immer die gleiche Länge ergeben muß, so sollte auch eine bestimmte sprachliche Leistung immer den gleichen Punktwert erbringen. Nehmen wir einmal an, ein Schüler oder eine Schülerin wiederholt den gleichen Test in kurzen Abständen mehrmals – er oder sie hat also von einer Prüfung zur nächsten nichts dazugelernt und nichts vergessen – dann sollten sie beide in jedem Test die gleiche Punktzahl bekommen. In Wirklichkeit kann es jedoch vorkommen, daß die erreichte Punktzahl von Test zu Test etwas schwankt, und zwar nicht, weil der Leistungsstand des Schülers oder der Schülerin schwankt, sondern weil bei manchem Test **Meßfehler*** auftreten.

Bitte lösen Sie nun die folgende Aufgabe:

Welcher/Welche der drei Tests in Aufgabe 18 auf Seite 23f. ist/sind Ihrer Meinung nach reliabel? Begründen Sie Ihre Meinung.

Test A ist _teilweise reliabel_, denn _die Aufgaben sind nicht offen, müssen in Bezug auf den Test immer dasselbe Ergebnis ergeben_, allerdings 1 a+5 mit Interpretations-spielraum

Test B _nicht reliabel – bei Frage 1 kann man viel schreiben, u.a. Antwort auf Frage 2_

Test C _reliabel, sind nur 2 Zahlen_

Meßfehler können aus den verschiedensten Gründen entstehen. Eine mögliche Quelle von Meßfehlern liegt z.B. darin, daß die Anleitungen zur Durchführung des Tests nicht präzise genug formuliert sind (z.B. keine genauen Angaben hinsichtlich der Zeit, die für die Lösung der Aufgaben vorgesehen ist, oder keine genauen Angaben, ob die Verwendung von Hilfsmitteln wie z.B. Lexika erlaubt ist oder nicht). Eine weitere häufige Quelle von Meßfehlern liegt in den Arbeitsanweisungen zu den Testaufgaben, denn oft werden diese Arbeitsanweisungen zu kompliziert oder mißverständlich formuliert, wie in folgendem Beispiel aus einem Test für die Oberstufe:

komplizierte / missverständliche Arbeitsanweisungen

Bsp viewing comprehension LC 01 2006 → Vorteile des neuen Kinoformats

Reliabilität

Aufgabe 20

25

Verwandeln Sie die erweiterten Attribute oder Präpositionalgruppen in die zusammengesetzten Sätze (Satzgefüge!)

1. Ein auf einem besonderen Gebiet der Medizin arbeitender Arzt ist ein Facharzt.

...

Darüber hinaus kann die Meßgenauigkeit eines Tests auch durch testexterne Faktoren beeinflußt werden (z. B. zu laute Prüfungsräume, schlechte Akustik [beim Hörverstehen], oder schlechte körperliche Verfassung des Kandidaten). Auf diese externen Faktoren hat der Testautor natürlich keinen Einfluß.

Die Reliabilität eines Tests ist um so größer, je geringer das Auftreten von Meßfehlern ist.

Da man in Wirklichkeit die Reliabilität eines Tests nicht dadurch feststellen kann, daß man den gleichen Test mit den gleichen Kandidaten mehrmals durchführt – schon die Wiederholung würde ja die Ergebnisse verfälschen, weil die Kandidaten nun den Test kennen – wird die Reliabilität eines Tests durch statistische Verfahren errechnet.

2.1.3 Objektivität*

Objektivität

Die dritte Forderung, die an Tests und Prüfungen gestellt wird, betrifft die **Objektivität der Benotung**. Dieses Kriterium bedeutet, daß die gleiche sprachliche Leistung von allen Korrektoren gleich bewertet werden sollte. Sicher hatten auch Sie im Laufe Ihrer Schulzeit, z. B. bei Aufsätzen*, den Eindruck, daß die Lehrer Ihre Leistungen unterschiedlich bewerteten. Diese unterschiedliche Bewertung liegt daran, daß das freie Schreiben (und auch das freie Sprechen) nicht absolut objektiv bewertet werden kann, denn der Bewerter muß dabei ein Urteil fällen über die Qualität der schriftlichen bzw. mündlichen Produktion, und qualitative Urteile sind immer – bis zu einem gewissen Grad – subjektiv. (So kann es natürlich auch vorkommen, daß der Prüfer bzw. Korrektor gerade müde oder einem bestimmten Kandidaten gegenüber besonders wohlwollend oder ganz im Gegenteil eher ablehnend eingestellt ist.)

Allerdings kann die Subjektivität der Bewertung in Tests und Prüfungen bei der freien schriftlichen und mündlichen Produktion dadurch etwas reduziert werden, daß alle Bewerter ihre Punkte mit Hilfe der gleichen Bewertungsanleitung* vergeben, die genau festlegt, welche Punktzahl welcher Leistungsstufe entspricht. In Kapitel 3.5 z. B. finden Sie solche **Bewertungsanleitungen** für die Schreibfertigkeit und die Sprechfertigkeit, nach denen im *Zertifikat Deutsch als Fremdsprache* die Leistungen bewertet werden.

Hinweis
Bewertungsanleitung

Eine objektive Bewertung läßt sich sehr viel leichter herstellen, wenn man Aufgaben verwendet, in denen die Lernenden nicht selbst formulieren, sondern nur aus mehreren vorgegebenen Lösungen die richtige Lösung erkennen und markieren müssen. Solche Aufgaben eignen sich aber nur für das Überprüfen des Lese- und des Hörverstehens sowie der Wortschatz- und Grammatikkenntnisse. Wir werden Ihnen im folgenden Kapitel solche Aufgaben zeigen, die eine objektive Bewertung ermöglichen.

Aufgabe 21

> 1. *Welche der drei Tests in Aufgabe 18 auf Seite 23f. bieten Ihrer Meinung nach die beste Gewähr für das Kriterium „Objektivität bei der Bewertung"?*
>
> 2. *Welche der drei Tests eignen sich am besten für das Testziel „Leseverstehen"?*
>
> 3. *Erstellen Sie für alle drei Tests eine Bewertungsanleitung.*

Das Kriterium der Objektivität bezieht sich hauptsächlich auf die Objektivität der Bewertung der sprachlichen Leistungen. Daneben betrifft sie aber auch die Durchführung von Tests und Prüfungen. Hier bedeutet Objektivität, daß alle Test-/Prüfungskandidaten unter den gleichen, vorher festgelegten Bedingungen geprüft werden, d.h., es muß genau festgelegt werden, wieviel Zeit zum Lösen der Aufgaben zur Verfügung steht, welche Anforderungen beim *Schriftlichen Ausdruck* hinsichtlich Länge und Inhalt des Tests gestellt werden, ob ein Lexikon verwendet werden darf oder nicht, etc.

2.2 Typologie* von Testaufgaben

Aufgabentypologie
für Tests

In der Tradition der Fremdsprachendidaktik werden Tests in die vier Fertigkeitsbereiche *Leseverstehen, Hörverstehen, Schreiben (Schriftlicher Ausdruck)* und *Sprechen (Mündlicher Ausdruck)* unterteilt. Außerdem enthalten viele Tests darüber hinaus auch noch Aufgaben zum Wortschatz und zur Grammatik. Dabei können ganz unterschiedliche Aufgabenformen verwendet werden. Eine Möglichkeit, eine Typologie der verschiedenen Testaufgaben aufzustellen, ist die Unterscheidung der Aufgabenform nach dem Grad ihrer **Offenheit***. Der Grad der Offenheit hat Konsequenzen für die Gütekriterien der Validität, Reliabilität und Objektivität, die in den vorangegangenen Kapiteln beschrieben wurden.

Grad der Offenheit der Aufgaben

Der Beschreibung und Analyse offener, halboffener und geschlossener Aufgaben sind die nun folgenden Kapitel gewidmet. Diese enthalten auch verschiedene Aufgabenbeispiele für Tests. Wir möchten Sie jeweils dazu einladen, die Testaufgaben selbst durchzuspielen. Zunächst möchten wir Sie jedoch darum bitten, das folgende Raster während oder nach der Lektüre des entsprechenden Abschnitts stichwortartig auszufüllen. Das ausgefüllte Raster dient dazu, das Gelesene noch einmal im Überblick zu verdeutlichen.

Am Ende des Kapitels *Typologie von Testaufgaben* bitten wir Sie dann, vier Aufgabenstellungen zu bearbeiten, bei denen Sie den Zusammenhang zwischen Prüfungszielen, Aufgabenform und Test-Gütekriterien noch einmal bewußt nachvollziehen können.

Aufgabe 22

Bitte machen Sie sich während der Lektüre der Kapitel 2.2.1 – 2.2.3 stichwortartige Notizen.

	Übungstypen	Prüfungsziele	Nachteile
offene Aufgaben		*Überprüfung produktiver Leistungen (Schreiben, Sprechen)*	*keine 100%ige Objektivität möglich; Bewertung*
halboffene Aufgaben			
geschlossene Aufgaben			

– bei Leseverstehen Abschreiben möglich

Validität vs. Objektivität (genaue Anleitung nötig)

2.2.1 Offene Aufgaben*

offene Aufgaben

Offen ist eine Aufgabe dann, wenn die Antwort relativ frei ausgeführt werden kann und von dem Kandidaten oder der Kandidatin als produktive* Leistung selbst formuliert werden muß, wie z.B. die mündlichen Äußerungen in einem Prüfungsgespräch. Auch das Schreiben eines Briefes nach vorgegebenen Stichpunkten ist eine offene Aufgabe. In den späteren Kapiteln, in denen einige Prüfungen und Tests abgedruckt sind, finden Sie zahlreiche Beispiele für offene Aufgaben, so z.B. im Kapitel 3.3, S.95ff., in dem die Schüler aufgefordert werden, zu einem Bild bzw. zu einer Bild-Text-Collage eine Geschichte zu schreiben, oder im Kapitel 3.4 (Seite 106f.) im Prüfungsteil *Schriftlicher Ausdruck* der *Prüfung Grundstufe I* des Goethe-Instituts, in dem die Schüler nach vorgegebenen Stichpunkten einen Brief schreiben sollen. Offene Aufgaben bei mündlichen Tests sind häufig Fragen wie *Was hast du letzten Sonn-*

Hinweis

tag/in den Ferien gemacht? Erzähle. Oder: *Wie hieß der letzte Film, den Sie gesehen haben/das letzte Buch, das Sie gelesen haben? Worum ging es?* usw. Ein Beispiel für eine offene Aufgabe in Form eines *gelenkten Gesprächs** zeigt der Prüfungsteil *Mündlicher Ausdruck* des *Zertifikats Deutsch als Fremdsprache* in Kapitel 3.5, S. 138f.

Hinweis

Offene Aufgaben eignen sich somit vor allem zur Überprüfung der produktiven Sprachleistungen in den beiden Fertigkeiten *Schreiben* und *Sprechen*, d. h., offene Aufgaben sind ein valides Verfahren zur Überprüfung dieser beiden Fertigkeiten. Hingegen kann bei offenen Aufgaben keine absolut objektive Bewertung der sprachlichen Leistung hergestellt werden. Bei offenen Aufgaben geraten also die beiden Gütekriterien der Bewertung *Validität* und *Objektivität* miteinander in Konflikt. Da hier nicht beide Gütekriterien voll erfüllt werden können, gibt man dem Kriterium *Validität* als dem wichtigeren Kriterium den Vorrang und versucht, durch präzise formulierte Bewertungsanleitungen die Subjektivität der Bewertung einzuschränken (vgl. die Tests zur *Schreibfertigkeit* und zur *Sprechfertigkeit* mit den entsprechenden Bewertungsanleitungen des *Zertifikats Deutsch als Fremdsprache* in Kapitel 3.5).

Aber nicht nur bei der Überprüfung des Sprechens und des Schreibens spielen offene Aufgaben eine wichtige Rolle. Auch das Lese- und das Hörverstehen werden sehr häufig mit offenen Aufgaben (d. h. mit Fragen zum Text, die die Lernenden schriftlich beantworten müssen) überprüft. Für die Textkonstrukteure liegt der Vorteil dieses Aufgabentyps *offene Fragen zum Text* darin, daß sich solche Fragen oft viel leichter formulieren lassen als z. B. Multiple-choice-Aufgaben* (siehe Kapitel 2.2.3).

Allerdings liegt in dieser Aufgabenform auch ein großer Nachteil. Es läßt sich bei dem Aufgabentyp *offene Fragen zum Text* kaum vermeiden, daß die Schüler bei ihrer Antwort Wörter oder Passagen aus dem Text abschreiben, vor allem in der Grundstufe, in der die Fragen noch in sehr engem Bezug zum Text gestellt werden müssen. Die Schüler könnten also mit etwas Geschick die zur Frage passende Textstelle finden und abschreiben, ohne den Text wirklich verstanden zu haben.

Ein weiterer Nachteil bei dem Aufgabentyp *offene Fragen zum Text* ist das Problem der Bewertung der Antworten. Da durch die offenen Fragen das Lese- oder Hörverstehen überprüft werden soll, sollten grammatische und orthographische Fehler in der Antwort **nicht** zu einem Punkteabzug führen, denn Ziel des Tests ist ja nicht das Überprüfen der Grammatik und der Orthographie. Vielen Lehrkräften fällt es aber schwer, die volle Punktzahl auf Antworten zu geben, die zwar in bezug auf das eigentliche Testziel (Verstehen) inhaltlich richtig, sprachlich aber fehlerhaft sind. Diesen Konflikt kann man vermeiden, indem man andere Aufgabentypen zur Überprüfung des Lese- und Hörverstehens verwendet, z. B. *Ja/Nein-Aufgaben** oder *Richtig/Falsch-Aufgaben**, *Zuordnungsaufgaben** oder *Multiple-choice-Aufgaben.* Wir werden auf diese Aufgabentypen im folgenden noch näher eingehen.

[handschriftliche Notiz am Rand: Wenn Ziel des Tests nicht Überprüfung der Grammatik, dann keinen Punkt abzug dafür geben!?]

Aufgabe 23

> *Bitte überprüfen Sie die in Kapitel 2.2.1 gemachten Aussagen anhand der drei Testbeispiele von Aufgabe 18 auf Seite 23 f.*
>
> *1. Welcher der drei Tests enthält eine offene Aufgabenstellung?*
>
> *2. Würden Sie an diesem Beispiel die hier genannten Vor- und Nachteile bei der Verwendung dieses Aufgabentyps für Tests bestätigen?*

2.2.2   Halboffene Aufgaben*

halboffene Aufgaben

Beim halboffenen Aufgabentyp ist die Antwort ebenfalls von den Kandidaten selbst zu formulieren, allerdings innerhalb eines genau begrenzten Kontextes. Halboffene Aufgaben sind z. B.:

Ergänzungsaufgaben

Ergänzungsaufgaben

Hierunter versteht man in der Regel Einzelsätze mit Lücken, die wie z. B. in Aufgabe 24 durch die richtige Verbform, die passende Präposition oder das passende Wort ergänzt werden müssen.

Bitte ergänzen Sie die Sätze.
1. *Gehen wir ein bißchen im Park _____ ?*
2. *Gestern habe ich ihn _____ Park gesehen.*
3. *Dein _____ bellt von morgens bis abends!*

Lückentexte*

Bei dieser Aufgabenform müssen die Schüler die vorgegebenen Lücken in einem zusammenhängenden Text ergänzen. Die Ergänzungen können sich entweder auf eine bestimmte Lexik oder auf bestimmte grammatische Strukturen – oder auf beides – beziehen. Im folgenden Beispiel testet der Lückentext Präpositionen und Artikel (das Beispiel ist dem Buch *Themen 1*, Arbeitsbuch Inland entnommen):

Bitte schreiben Sie die fehlenden Wörter in die Lücken.

> Hamburg, den 15. 3. 83
>
> Liebe Sonja,
> wir wohnen jetzt schon ein Jahr ____ Hamburg. Man lebt hier wirklich
> viel besser als ____ Köln. Komm doch mal ____ Hamburg. Hier kann man
> sehr viel machen: ____ ____ Musik-Club gehen und Musik hören und Leute
> treffen, ____ Restaurants gut essen, ____ Parks und ____ ____ Elbe spazieren-
> gehen, ____ ____ Alster segeln, ____ ____ Altstadt einkaufen oder abends
> ____ Theater oder ____ Kino gehen. Am Wochenende fahren wir oft ____
> Grömitz. Das liegt ____ ____ Ostsee. Dort kann man ____ Meer schwimmen
> oder ____ Strand faul ____ ____ Sonne liegen. Wir fahren aber auch
> gern ____ ____ Nordsee. Dort gehen wir oft ____ Strand spazieren.
> Das ist phantastisch. Vielleicht können wir das einmal zusammen
> machen. Also, komm bald mal ____ Hamburg.
> Herzliche Grüße
> Jens und Petra

Eisfeld (1983), 81

Cloze-Test*

Auch beim **Cloze-Test** handelt es sich um einen zusammenhängenden Text mit Lücken. Der Unterschied zwischen dem Cloze-Test und dem Lückentext liegt darin, daß beim Lückentext die Lücken vom Autor des Tests ganz gezielt gesetzt werden, um die Beherrschung einer ganz bestimmten Lexik und bestimmter grammatischer Strukturen zu überprüfen, während beim Cloze-Test die Wörter mechanisch getilgt werden (z. B. jedes achte Wort).

Bitte schreiben Sie die fehlenden Wörter in die Lücken.

Sie hassen Autos – nur das eigene nicht.

Die Hamburger haben die Nase voll vom _____ , aber nur, wenn sie nicht selbst darin _____ . Auf den fahrbaren Untersatz verzichten will kaum _____ . Nur 20% der Hamburger, die ein Auto _____ , lassen es die Woche über stehen. Alle _____ , das Auto vernünftig zu gebrauchen, waren bisher _____ Erfolg. Nur die wenigsten brauchen ihr Auto, _____ ihren Beruf ausüben zu können. Die meisten _____ das Auto aus Bequemlichkeit und belasten damit _____ Unvernunft die Umwelt. Die Stadt Hamburg will _____ weitere Maßnahmen gegen den Lärm und die _____ ergreifen. Jährlich sollen 15 Millionen Mark ausgegeben _____ , um neue Tempo-30-Zonen einzurichten.

Halboffene Aufgaben eignen sich vor allem zur Überprüfung der **produktiven** Beherrschung des Wortschatzes und der Grammatik, da der Schüler seine Antworten selbständig formulieren muß. Bei längeren Lückentexten und beim Cloze-Test spielt natürlich auch das Leseverstehen eine Rolle.

Hinweis

In Kapitel 2.4.2 werden wir ausführlich auf den Cloze-Test eingehen. Außerdem finden Sie weitere Beispiele für diesen Test in Kapitel 3.1.1.

2.2.3 Geschlossene Aufgaben*

geschlossene Aufgaben

richtige Antwort nur erkennen, nicht selbst formulieren!

Bei dem dritten Aufgabentyp, den geschlossenen Aufgaben, müssen die Schüler unter den vorgegebenen Antworten die richtige Antwort auswählen. Sie müssen also die richtige Antwort nicht selbständig formulieren (wie bei den halboffenen Aufgaben), sondern sie nur **erkennen** können. Zu den geschlossenen Aufgaben gehören z.B.:

Multiple-choice-Aufgaben

Multiple-choice-
Aufgaben

WS - Aufgabe im TOEIC (tekamolo Voranstellung)

Manchmal wird diese Aufgabe auch als Mehrfachwahl-Aufgabe* bezeichnet, z.B. im *Zertifikat Deutsch als Fremdsprache* (oder auch als Mehrwahlantwort-Aufgabe). Allgemeine Charakteristika dieses Aufgabentyps sind:

1. Die Aufgabe kann durch eine Frage oder einen (Teil-)Satz eingeleitet werden.

2. Als mögliche Antworten auf die Frage oder Fortsetzung des einleitenden (Teil-)Satzes werden mindestens zwei, höchstens in der Regel vier Alternativen angeboten. Nur eine der Alternativen ist im allgemeinen richtig (die Antwort), alle anderen sind falsch. Sie heißen **Distraktoren***. Der Kandidat muß die richtige Alternative kennzeichnen. Die angebotenen Alternativen können auch unabhängig voneinander formulierte Äußerungen sein. Dann entspricht die richtige Antwort inhaltlich einer Textpassage, während die Distraktoren nicht mit ihrem Inhalt übereinstimmen.

Distraktoren

Die folgenden Beispiele zeigen diese beiden Aufgabenformen.

Aufgabe 27
Grammatik

> *Wie geht der Satz weiter?*
>
> *Weil wir kein Geld hatten, _____ .*
>
> *a) in Urlaub fahren konnten wir letztes Jahr nicht.*
> *b) konnten wir letztes Jahr nicht in Urlaub fahren.*
> *c) letztes Jahr konnten wir nicht in Urlaub fahren.*
> *d) wir konnten letztes Jahr nicht in Urlaub fahren.*

Aufgabe 28
Leseverstehen/
*Zertifikat Deutsch als
Fremdsprache*

> *Was steht im Text?*
>
> **Wohnen im Wohnheim**
>
> Für Lehrlinge oder Studenten, die für die Zeit ihrer Ausbildung ein Zimmer oder eine Wohnung suchen, stellen sich die Fragen: Soll ich allein irgendwo wohnen, etwa in Untermiete? Soll ich in eine Wohngemeinschaft ziehen - wenn ich überhaupt eine finde? Oder soll ich versuchen, einen Platz in einem Wohnheim zu bekommen, also in einem Haus, in dem es nur Zimmer für Lehrlinge oder Studenten gibt?...
>
> 1. Welche Möglichkeiten hat ein Lehrling oder Student, der ein Zimmer oder eine Wohnung sucht?
>
> Was steht im Text?
>
> a) Er kann in einer Wohngemeinschaft, im Wohnheim oder allein wohnen.
> b) Er muß einen Platz im Wohnheim finden.
> c) Er sollte auf jeden Fall in eine Wohngemeinschaft ziehen.
> d) Wohngemeinschaft oder Wohnheim ist das beste.
>
> Zertifikat DaF, Prüfungssatz (PS) 04, LV

Ja/Nein-Aufgaben – Richtig/Falsch-Aufgaben*

Diese Aufgabenform (auch manchmal als Alternativantwort-Aufgabe* bezeichnet) wird meistens zur Überprüfung des Hör- oder Leseverstehens eingesetzt. Hier müssen die Lernenden bei Aussagen zum Textinhalt entscheiden, ob die Aussage auf den Text zutrifft oder nicht. Das folgende Beispiel für diese Aufgabenform ist der *Abschlußprüfung Grundstufe für Jugendliche* des Goethe-Instituts entnommen.

Was stimmt?

Das Nachrichtenband

Seit drei Wochen wohnt Michel jetzt hier im neunten Stockwerk. Drei Wochen Langeweile sind das, denn niemand kennt sich hier. Niemand ist neugierig auf die anderen. Einer geht am anderen vorbei. Der Fahrstuhl summt leise. Die Türen schließen sich fast geräuschlos und öffnen sich ebenso. Leute steigen ein oder aus. „Guten Tag", „Guten Abend", „Guten Morgen". Viel mehr wird im Hochhaus nicht gesprochen. ...

1. Michel ist begeistert davon, daß er jetzt im neunten Stockwerk wohnt. Ja/Nein

2. Die Hochhausbewohner unterhalten sich mit Michel. Ja/Nein

Abschlußprüfung Grundstufe für Jugendliche, Modellsatz (1990), LV

Zuordnungsaufgaben*

Hier müssen die Kandidaten passende Teile einander zuordnen. Das können – z. B. bei der Überprüfung des Wortschatzes – Wörter sein, die den passenden Kategorien zugeordnet werden müssen, wie das nächste Beispiel zeigt. Auch das Leseverstehen kann mit dieser Aufgabenform überprüft werden, indem z. B. Aussagen aus einem Text den Personen zugeordnet werden müssen, die diese Aussagen gemacht haben.

Lexikalische Kompetenz 10 **Lex 10**

S: Den Schülern werden Wörter und Kategorien dazu vorgelegt.
I: Sie entscheiden über die Zugehörigkeit der Wörter zu bestimmten Kategorien.
R: Sie tragen die Wörter in die Kategorien ein.

Beispiel:

Was paßt wo?

a) Verkehr	d) Wetter	g) Natur	j) Betrieb
b) Zeit	e) Post	h) Familie	k) Technik
c) Politik	f) Tiere	i) Schule	l) Geld

Briefumschlag Lehrer Schwester Kollege Unfall Päckchen
Eltern Briefmarke Monat Partei Rechnung Baum Wald Nebel
Paket Kinder Industrie Uhr Prüfung Panne Schnee Krieg
Zeugnis Versicherung Maschine Angestellter Katze Schwein Sonne
Tag Gewerkschaft Gewitter Pflanze Verwandte Elektromotor Steuer
Datum Vogel Führerschein Bank Werkstatt Betriebsrat Fahrplan
Stunde Fisch Regierung Unterricht Konto Kilometer Regen Arbeiter
Telegramm Bruder Klasse Hund Wahl Apparat Abteilung Meer Blume

Aufderstraße (1985), 116; Doyé (1988), 161

Viel Müll, viel Lärm und ein Loch im Himmel

ECKI, 22 Jahre: Ich werfe kein Papier auf die Straße. Ich fahre auch wenig Auto. Im Haushalt allerdings tue ich wenig. Das Baumsterben, radioaktiver Abfall und die Verschmutzung der Meere sind wohl die größten Umweltprobleme. Ich hoffe, daß sich da bald was ändert.

Thomas, 18 Jahre: Ich tue für den Umweltschutz, was ich kann. Auch meine Familie. Wenn wir durch den Wald wandern, nehmen wir Tüten mit und sammeln den Abfall. Ein besonders großes Problem ist das Ozonloch. Man könnte mehr ändern, wenn sich auch die Politiker ändern würden. Leider steckt hinter allem immer nur das Geld.

Tobias, 19 Jahre: Ich fahre Kat und sammle Altbatterien. Mein Vater ist Atomphysiker und forscht nach umweltfreundlicher Kernenergie. Meiner Meinung nach liegt das Hauptproblem bei den Kohlekraftwerken und den Autoabgasen.

Susanne, 26 Jahre: Ich trenne zum Beispiel den Hausmüll. Ich sammle Aluminium, Altpapier und Plastik. Das bringe ich dann zu den Sammelstellen. Davon gibt es leider zuwenig. Auch meine Familie und meine Freunde sammeln.
Das Hauptumweltproblem, denke ich, ist der Hausmüll. Natürlich auch die Autoabgase. Es gibt ja immer mehr Autos. Leider wird gerade da nicht viel getan. Man könnte doch endlich auf Methanol umsteigen. Aber das eigentliche Problem ist die Industrie, die dahintersteckt.

Jugendscala Nr. 3/1988

Welche der folgenden Aussagen paßt zu welcher Person in dem Artikel aus der „Jugendscala" auf S. 32?

1. *Die Industrie tut nicht genug für die Umwelt.*

2. *Atomkraft ist die sauberste Energie.*

3. *Atommüll, Wasserverschmutzung und Baumkrankheiten sind die größten Gefahren.*

4. *Die Politiker interessieren sich nicht für die Umwelt, sondern nur für das Geld.*

5. *Ich tue wenig gegen den Hausmüll.*

6. *Gegen die Autoabgase müßte mehr getan werden.*

	1	2	3	4	5	6
Tobias		X				X
Ecki			X		X	
Thomas				X		
Susanne	X					X

Zusammenfassung

Der Vorteil bei geschlossenen Aufgaben liegt darin, daß sie objektiv bewertet werden können, indem man vorher für jede richtige Lösung einen Punktwert festlegt. Allerdings überprüfen geschlossene Aufgaben nur das **Erkennen** der richtigen Lösung. Will man die **produktiven** schriftlichen und mündlichen Leistungen überprüfen, muß man offene Aufgaben anbieten. Und zur Überprüfung der produktiven Leistungen in Grammatik und Wortschatz eignen sich am besten halboffene Aufgabenformen.

Offene – und bis zu einem gewissen Grad auch halboffene – Aufgaben können aber nicht so objektiv bewertet werden wie geschlossene Aufgaben. Vor allem bei offenen Aufgaben zur Überprüfung des freien schriftlichen und mündlichen Ausdrucks muß den Kandidaten Raum für kreative Lösungen gelassen werden, aber das vergrößert natürlich auch den Bemessensspielraum bei der Benotung der Leistung, denn Entscheidungen über die Qualität der schriftlichen oder mündlichen Äußerungen sind immer bis zu einem gewissen Grad subjektiv. Um diesem Konflikt zwischen inhaltlicher Validität und Objektivität der Bewertung zu entgehen, versucht *Das Zertifikat Deutsch als Fremdsprache* bei der Überprüfung der Fertigkeit *Schriftlicher Ausdruck* durch präzise Formulierungen in der Aufgabenstellung die Produktion der Schüler zu lenken. Das erleichtert die spätere Bewertung insofern, als diese Formulierungen den inhaltlichen Rahmen der Aufgabe abstecken und so bei jeder schriftlichen Arbeit deutlich wird, ob sie diese inhaltlichen Vorgaben erfüllt oder nicht. Zum anderen gibt eine **Bewertungsanleitung** genaue Richtlinien zur Bewertung der sprachlichen Leistungen vor.

Zum Abschluß dieses Kapitels möchten wir Sie bitten, die nun folgenden Aufgaben zu lösen. Zu Beginn dieses Textabschnitts haben wir schon angedeutet, worum es bei diesen Aufgaben geht. Ausgehend von einem konkreten Prüfungsziel sollen die entsprechenden Aufgabenformen definiert und dabei die in Kapitel 2.1 genannten Gütekriterien berücksichtigt werden.

Aufgabe 32

*Sie wollen überprüfen, ob Ihre Schüler einen **Lesetext** verstanden haben.*

– Welche Aufgabenformen können Sie dafür einsetzen?

– Erfüllen diese Aufgabenformen die zwei Gütekriterien der Bewertung nach inhaltlicher Validität und nach Objektivität?

Aufgabe 33

> *Sie wollen überprüfen, ob Ihre Schüler bestimmte **grammatische Strukturen** erkennen können.*
>
> – *Welche Aufgabenformen können Sie dafür einsetzen?*
> – *Erfüllen diese Aufgabenformen die zwei Gütekriterien der Bewertung nach inhaltlicher Validität und nach Objektivität?*

Aufgabe 34

> *Sie wollen überprüfen, ob Ihre Schüler bestimmte **Vokabeln** aktiv beherrschen.*
>
> – *Welche Aufgabenformen können Sie dafür einsetzen?*

Aufgabe 35

> *Sie wollen überprüfen, ob Ihre Schüler **schriftlich über** ihren normalen **Tagesablauf berichten** können. Sie geben ihnen deshalb den folgenden Test:*
>
> > Schreiben Sie einen Brief an einen deutschen Brieffreund (eine deutsche Brieffreundin) zum Thema „Tagesablauf".
> >
> > Schreiben Sie etwas über:
> >
> > 1. Einen normalen Wochentag (Wecker – Schule – Nachmittag – essen – schlafen).
> > 2. Einen typischen Sonntag (schlafen – Freizeit – Arbeit für die Schule?).
> > ...
>
> Bartels (1989), 44
>
> – *Erfüllt diese Testaufgabe die zwei Gütekriterien der Bewertung nach inhaltlicher Validität und nach Objektivität?*

2.3 Testen im audiolingualen Unterricht

audiolinguale Methode

In diesem Kapitel wenden wir uns der audiolingualen Methode zu, jener Unterrichtsmethode, die vor allem in den 60er Jahren, in vielen Ländern auch noch bis in die frühen 80er Jahre, die vorherrschende Unterrichtsmethode für Fremdsprachen war. Diese Methode stützte sich zum einen auf eine linguistische Theorie (den Strukturalismus*), die Sprache als ein **System** von lexikalischen, grammatischen und phonetischen Strukturen definierte. Zum anderen stützte sie sich auf eine Lerntheorie (den Behaviorismus*), die Lernen als einen Vorgang des „Einschleifens" und Automatisierens sprachlicher **Strukturmuster** interpretierte. Zu den primären Aufgaben des Anfängerunterrichts in der Fremdsprache zählte deshalb die Beherrschung des Lautsystems und der grammatischen Strukturen; der Wortschatz der Fremdsprache spielte zunächst eine etwas untergeordnete Rolle.

Inhalte der Tests

Wenn man das Ziel des Fremdsprachenlernens so definiert, daß die Lernenden das Lautsystem und die Strukturen der Sprache beherrschen sollen, so hat dies natürlich auch Auswirkungen auf das Prüfen der Fremdsprachenkenntnisse, d. h. auf die Inhalte der Tests. Nach der strukturalistischen Testtheorie* kann ein Test nur dann gültige Aussagen über den Grad der Fremdsprachenbeherrschung der Lernenden machen, wenn er das Lautsystem und die Strukturen der Fremdsprache überprüft. Lado, der wichtigste Vertreter der strukturalistischen Testtheorie, nennt folgende Testinhalte:

> „Gegenstand des Testens ist die Sprache. Die Sprache setzt sich aus Lauten, aus der Intonation, der Betonung, aus Morphemen und Wörtern zusammen, und die Anordnung der Wörter führt zu Inhalten, die eine linguistische und eine kulturelle Bedeutung haben.

... Jedes einzelne dieser sprachlichen Elemente stellt eine Variable dar, und diese Variable gilt es zu testen: die Aussprache, die grammatische Struktur, den Wortschatz und die kulturellen Inhalte."

Lado (1971), 40

Da Lados Ideen und die strukturalistische Theorie mancherorts bis in die 90er Jahre in den Unterrichtsalltag hineinwirken, wollen wir im folgenden etwas ausführlicher darauf eingehen und Ihnen einige Testbeispiele von Lado vorstellen.

Lado geht also davon aus, daß die Fremdsprache sich in einzelne Elemente zerlegen läßt, die isoliert überprüft werden können, und daß die Summe dieser isolierten Elemente dann Auskunft über den Grad der Fremdsprachenbeherrschung der Lernenden gibt. Um diese isolierten Elemente geht es nun in Kapitel 2.3.1.

2.3.1   Überprüfung isolierter Elemente

Nach Lado sollte ein Test Aufgaben zu den folgenden Bereichen enthalten (auf das Überprüfen der kulturellen Inhalte werden wir hier nicht eingehen):

➤ Aussprache (Lautsegmente, Betonung, Intonation),

➤ grammatische Strukturen,

➤ Wortschatz.

Die Aufgaben sollten so formuliert sein, daß sie eine objektive Bewertung ermöglichen. Um diese Forderung zu erfüllen, verwendet Lado Testaufgaben, in denen die Lernenden die richtigen Lösungen erkennen und entsprechend markieren müssen, d.h., sie müssen die Lösungen nicht selbständig in der Fremdsprache formulieren.

Die folgenden Aufgabenstellungen stammen aus Lado *Testen im Sprachunterricht* (1971). Von den zahlreichen unterschiedlichen Techniken, die dort beschrieben werden, wird hier jeweils nur ein Beispiel gezeigt. Lados Testbeispiele beziehen sich auf die englische Sprache. Sie wurden hier durch entsprechende deutsche Beispiele ersetzt.

Spielen Sie nun die Testbeispiele durch, und überlegen Sie, welche Art von Sprachbeherrschung (Sprachwissen/Sprachkönnen) in den einzelnen Beispielen überprüft wird.

Aufgabe 36

Aussprache

Aussprache

Anweisung: Vergleichen Sie die Laute, die in den folgenden Wörtern unterstrichen sind. Schreiben Sie die Zahl derjenigen Laute auf, die gleich sind.

Aufgabe: 1   2   3   4

Ihr   Tier   Wir   Wirr

Aufgabenform nach: Lado (1971), 124

Betonung

Betonung

Anweisung: Machen Sie einen Kreis um die Zahl, die über der betonten Silbe steht.

Aufgabe: 1   2   3   4   5 67
             Bewertungsrichtlinien

Aufgabenform nach: Lado (1971), 142

Intonation

Anweisung: Vergleichen Sie die Intonation, nicht die Wörter der drei Sätze, die Sie hören werden. Schreiben Sie die Zahl derjenigen Sätze – 1, 2, 3 – auf, die gleichmäßig intoniert werden, unabhängig von den auftretenden Wörtern.

Aufgabe:

1. (Wie ist die Hose?)   Die Hose ist toll.

2. (Nicht der Rock ...)   Die Hose ist toll!

3. (Welche?)   Die Hose ist toll!

4. (Wie ist die Blume?)   Die Blume ist blau!

Aufgabenform nach: Lado (1971), 154

Grammatik

Anweisung: Schreiben Sie die Zahl der richtigen Antwort in die Klammer an der rechten Seite.

Aufgabe:

(1) Ich

(2) Wir

(3) Ihr   ißt Eis. ( )

(4) Sibylle

(5) Die Kinder

Aufgabenform nach: Lado (1971), 194

Lexik

Anweisung: Schreiben Sie die Zahl der richtigen Antwort in die Klammer an der rechten Seite.

Aufgabe: Hast du noch ein <u>Glas</u>?

<u>Glas</u> ist etwas

1. zum Essen

2. woraus man trinkt   ( )

3. zum Trinken

4. zum Sehen

Aufgabenform frei nach: Lado (1971), 226 f.

Auswahl der Aufgaben

Da es nicht möglich ist, in **einem** Test die gesamte Aussprache, alle grammatischen Strukturen sowie den gesamten Wortschatz zu prüfen, muß in jedem Bereich eine Auswahl der zu prüfenden Elemente getroffen werden. Diese Auswahl darf aber nicht beliebig sein. Sie muß vielmehr so getroffen werden, daß auch die relativ kleine Menge an Aufgaben in einem Test korrekte Gesamtaussagen über den Grad der Sprachbeherrschung erlaubt. Lado löst dieses Problem der angemessenen Auswahl dadurch, daß er sich bei den Aufgaben in einem Test vor allem auf diejenigen Elemente konzentriert, die den Schülern **Schwierigkeiten** (!) bereiten.

Aber welche Elemente bereiten denn besondere „Schwierigkeiten" beim Fremdsprachenlernen?

Bevor wir dieser Frage nachgehen, bitten wir Sie, sich einmal in die Rolle von Deutschlernenden zurückzuversetzen und sich zu erinnern.

> *Was hat Ihnen beim Erlernen des Deutschen die größten Schwierigkeiten bereitet?*
>
> *Woher kamen diese Schwierigkeiten?*
>
> – *Lagen sie darin, daß das Deutsche ganz anders ist als Ihre Muttersprache?*
>
> – *Oder hatten sie einen anderen Grund?*
>
> *Wo haben Sie in der Aussprache und der Grammatik die häufigsten Fehler gemacht?*
>
> – *Haben Ihre Mitschüler die gleichen Fehler gemacht?*
>
> – *Welche anderen Fehler haben sie gemacht?*

Diese Schwierigkeiten entstehen nach Lados Auffassung vor allem dadurch, daß die Muttersprache und die Fremdsprache eine andere Aussprache und andere lexikalische und grammatische Strukturen haben. Die Schüler versuchen, beim Erlernen der Fremdsprache das ihnen schon bekannte System der Muttersprache auf die Fremdsprache zu übertragen. Nach Lado ist dort nicht mit Fehlern zu rechnen, wo die Strukturen der Muttersprache und der Fremdsprache übereinstimmen. Wo sich die Strukturen unterscheiden, werden hingegen Fehler gemacht. Fehler, die aus solchen falschen Übertragungen von der Muttersprache auf die Fremdsprache entstehen, nennt man **Interferenzfehler***.

Diese Auffassung von Lado, daß der Muttersprache beim Erlernen der Fremdsprache eine grundlegende (wenn auch vorwiegend negative) Bedeutung zukommt, bezog sich zunächst nur auf die **Aussprache**. Lado hatte beobachtet, daß es beim Erlernen des Englischen trotz gleichen Unterrichts bei Studenten aus unterschiedlichen Ländern zu einem ganz unterschiedlichen muttersprachenspezifischen Akzent kommt.

Ausgehend von diesen Fehlern auf der Ebene der Phonetik bzw. Phonologie suchte er nun nach Parallelen auf anderen Ebenen und fand Interferenzfehler auch im Bereich der **Lexik** und der **grammatischen Strukturen**.

Typische Interferenzfehler, die Deutschlernende im Bereich der Lexik machen, entstehen z. B. dadurch, daß ein Ausdruck aus der Muttersprache direkt ins Deutsche übersetzt wird. Die folgenden Beispiele sind Aufsätzen von englischsprachigen Deutschlernern entnommen.

> *Bitte schreiben Sie auf, wie es richtig heißen muß.*
>
> – *Sein Verlangen, mit ihr zu sein (his longing to be with her).*
>
> *Richtig wäre:* _____
>
> – *Es ist eine Meinungssache (it is a matter of opinion).*
>
> *Richtig wäre:* _____
>
> – *Die genauen Unterschiede entkommen mir im Moment (the precise differences escape me at the moment).*
>
> *Richtig wäre:* _____
>
> – *Das Erziehungssystem in Amerika, wenn es zu Religion kommt, ist sehr verschieden (when it comes to religion).*
>
> *Richtig wäre:* _____

Auch Fehler in der Grammatik können durch falsche Übertragungen von der Muttersprache in die Fremdsprache entstehen, wie z.B. bei den folgenden Fehlern (Übertragung vom Englischen ins Deutsche):

Aufgabe 39

Bitte schreiben Sie auch hier auf, wie es richtig heißen muß.

– *Amerikaner sind _mehr_ religiös als _meiste_ Leute (Americans are _more_ religious than _most_ people).*

Richtig wäre: _____

– *Viele denken, daß Religion _ist_ eine persönliche Sache (many believe that religion _is_ a personal matter).*

Richtig wäre: _____

Wahrscheinlich sind Ihnen beim Lesen dieser Beispiele spontan typische Interferenzfehler zwischen Ihrer Muttersprache und der deutschen Sprache eingefallen.

Aufgabe 40

Dann fügen Sie doch an dieser Stelle eine kleine Aufstellung solcher Interferenzfehler hinzu.

Typische Interferenzfehler zwischen Ihrer Muttersprache und der deutschen Sprache:

_____

_____

_____

_____

Da Interferenzen zwischen der Muttersprache und der Fremdsprache in Aussprache, Lexik und Grammatik eine häufige Fehlerquelle sind, glaubte Lado, daß man sich bei der Auswahl der Testaufgaben vor allem auf diese Interferenzen konzentrieren sollte. Nach Lado geben Fehler in diesen Problembereichen Aufschluß über den allgemeinen Sprachstand der Lernenden:

> „Als Arbeitshypothese können wir darum formulieren: Das Erlernen der Probleme ist gleichbedeutend mit dem Erlernen der Sprache; und wir können weiterhin feststellen: Das Testen der Probleme ist gleichbedeutend mit dem Testen der Sprache. Bei der Auswahl von effektivem Testmaterial müssen wir uns darum auf diejenigen Strukturmuster der Fremdsprache konzentrieren, die nicht ohne weiteres aus der Muttersprache transferiert werden können."

Lado (1971), 178

2.3.2 Überprüfung der integrierten Fertigkeiten*: Von Lado zum kommunikativen Ansatz

Neben der isolierten Überprüfung sprachlicher Elemente (in den Testaufgaben zur Aussprache, zur Betonung, zur Intonation, zu den grammatischen Strukturen und zum Wortschatz) fordert Lado auch Tests zu den vier Fertigkeiten *Leseverstehen, Hörverstehen* sowie *Sprechen* und *Schreiben*, da im Sprachgebrauch die lexikalischen Elemente und die grammatischen Strukturen nicht isoliert auftreten, sondern in die vier Fertigkeiten integriert sind. In der strukturalistischen Testtheorie werden die Fertigkei-

Tests zu den vier
Fertigkeiten

ten *Lese-* und *Hörverstehen* sowie *Sprechen* und *Schreiben* deshalb auch als **integrierte Fertigkeiten** bezeichnet.

Allerdings definiert Lado die vier Fertigkeiten anders, als man sie heute definiert. Das Lese- und Hörverstehen z. B. definiert er als das Verstehen einer bestimmten Lexik und bestimmter grammatischer Strukturen in einem Satz oder einem kleinen Text. Als Vorlage für die Testaufgaben nimmt Lado deshalb keine **authentischen Texte*** – d. h. in unserem Verständnis: Texte, die aus einem bestimmten Anlaß für bestimmte Leserinnen und Leser verfaßt wurden und die der Testautor in der fremdsprachigen Realität (Alltagswelt/Literatur usw.) vorfindet –, sondern die Texte werden vom Testautor selbst verfaßt, um bestimmte sprachliche Elemente in einen größeren Kontext einzuordnen. (Den Begriff *authentisch* werden wir später im Kapitel 2.4.1.2 auf Seite 55 näher betrachten.)

Lese- und Hörverstehen

konstruierte Texte
Hinweis

Wie ein so konstruierter Text und die entsprechende Aufgabe aussieht, zeigt das Textbeispiel in Aufgabe 45 auf Seite 46.

Auch bei der Überprüfung der Schreibfertigkeit und der Sprechfertigkeit konzentrieren sich die von Lado vorgeschlagenen Tests auf die Grammatik, die Lexik, die Orthographie (inklusive Zeichensetzung) und die Aussprache. Im Vordergrund steht also das Überprüfen bestimmter Strukturen und bestimmter Elemente der Fremdsprache in einem größeren Kontext, nicht dagegen das Überprüfen des **freien** schriftlichen und mündlichen Ausdrucks*.

Schreibfertigkeit

Um die sprachlichen Elemente (d. h. grammatische Strukturen und Wortschatz) sowie die graphische Wiedergabe der Sprache, also die Orthographie und die Zeichensetzung, zu überprüfen, schlägt Lado vor, Lückensätze* zu verwenden, bei denen die Lernenden die fehlenden Elemente selbständig ergänzen müssen. Wir möchten dieses Verfahren anhand von Beispielen verdeutlichen.

Schreibfertigkeit

Bitte führen Sie den folgenden Test selbst durch.

Aufgabe 41

Beispiele:

Zeichensetzung:
„( )Kommst du morgen( )" – „Ja, klar!"

Rechtschreibung:
Pro____e____or Neuner lehrt Methodik/Didaktik.

Grammatische Strukturen:
Wie viele Kind___ hast du?

Wortschatz:
Die Schwester meines Neffen ist meine _____ .

nach: Lado (1971), 290–291

Um bei solchen Tests zur Schreibfertigkeit eine angemessene Auswahl an Aufgaben zu den verschiedenen Aspekten zu treffen, konzentriert sich Lado auch hier – wie bei der Überprüfung der isolierten Elemente – auf diejenigen Bereiche, die den Schülern „Schwierigkeiten bereiten". Bei dem Beispiel zur Zeichensetzung oben vermutet er z. B. Schwierigkeiten bei Schülern mit der Muttersprache Spanisch, da im Spanischen bei einem Fragesatz ein Zeichen vor und nach dem Satz gesetzt wird.

Auswahl der Aufgaben

gerade weil es anders ist, kann es sein, dass die Studenten es sich problemlos merken!

Dazu schreibt Lado:

> „Wenn ein Schüler diese Probleme beherrscht, dann können wir sagen, daß er die Fremdsprache zu schreiben versteht. Gehen wir von einer solchen Zusammenstellung der Probleme aus, dann gelingt es uns, bessere Schreibtests zu entwerfen und zu objektiveren Bewertungsergebnissen zu gelangen."
>
> Lado (1971), 287

Die Forderung nach objektiver Bewertung ist für Lado so wichtig, daß er das Schreiben von Aufsätzen für keine angemessene Testform hält, da Aufsätze sich nicht objektiv bewerten lassen. Statt dessen empfiehlt er, neben den isolierten Aufgaben zu verschiedenen Aspekten der Schreibfertigkeit Bildvorlagen zu verwenden, zu denen sich die Lernenden kurz schriftlich äußern müssen. Auf diese Weise könnten bestimmte Aspekte der Grammatik und des Wortschatzes gezielter getestet werden.

Auch zur Überprüfung der Sprechfertigkeit schlägt Lado vor, dieses Lernziel nicht direkt durch ein Prüfungsgespräch zu überprüfen, sondern vielmehr durch objektive, indirekte Testverfahren*, d.h. durch **Multiple-choice-Aufgaben** zur Grammatik, zur Lexik, zur Aussprache, zur Betonung und zur Intonation. Er ist auch hier der Ansicht, daß solche indirekten Testverfahren die direkte Überprüfung des Sprechens ersetzen können.

Gewiß ist Ihnen anhand der Beispiele deutlich geworden, daß bei dieser Art Test die **Sprache als linguistisches System** im Zentrum steht. Und so definiert Lado (analog zu den sprachwissenschaftlichen und lernpsychologischen Theorien, die dem audiolingualen Unterricht zugrunde lagen) die Beherrschung einer Fremdsprache als **linguistische Kompetenz***.

Seit Mitte der 70er Jahre begann sich allmählich eine andere Vorstellung von Fremdsprachenunterricht und vom Sprachenlernen durchzusetzen. Sprachbeherrschung wurde nun definiert als linguistische **und** kommunikative Kompetenz*, d.h. als die Fähigkeit, in realen **Kommunikationssituationen*** nicht nur sprachlich (grammatisch) richtig, sondern auch **kommunikativ angemessen*** in der Fremdsprache handeln zu können. Lado glaubte, daß sich dieses angemessene sprachliche Handeln von selbst einstellt, wenn die Lernenden das System der Sprache beherrschen. Inzwischen gilt es jedoch als erwiesen, daß diese Annahme nicht zutrifft. (Eine ausführliche Darstellung dieser Entwicklung finden Sie in der Fernstudieneinheit *Methoden des fremdsprachlichen Deutschunterrichts*.)

Kommunikativer Ansatz*/Kommunikative Kompetenz

An dieser Stelle möchten wir Lado einen namhaften Vertreter der modernen Testtheorie, die von der kommunikativen Funktion* von Sprache ausgeht, gegenüberstellen. Keith Morrow zählt in seinem Aufsatz *Testen im kommunikativen Sprachunterricht – Revolution oder Evolution?* (engl. Titel: *Communicative Language Testing – Revolution or Evolution?*; Morrow 1991, 149 f.) die kommunikativen Merkmale des Sprachgebrauchs auf.

Keith Morrow schreibt:

Wir wollen einmal einige Aspekte des Sprachgebrauchs betrachten, die mit herkömmlichen Tests offenbar nicht gemessen werden:

Die interaktive Dimension:
In den meisten Fällen basiert Sprachgebrauch auf Interaktion*. Selbst eine scheinbar so isolierte Situation wie das Schreiben eines Briefes kann als eine schwache Form von Interaktion aufgefaßt werden, da auch hier ein Adressat involviert ist, dessen Erwartungen der Schreiber berücksichtigt. Diese Erwartungen beeinflussen sowohl den Inhalt der Mitteilung als auch die Art und Weise des sprachlichen Ausdrucks. Die sprachliche Interaktion mit einem direkten Gegenüber (face-to-face) ist jedoch besonders typisch für die interaktive Dimension; hier sind nicht nur, wie erwähnt, Modifikationen von Inhalt und Ausdruck betroffen, hier ergibt sich vielmehr eine Mischung rezeptiver* und produktiver Fertigkeiten*. Was **von** jemandem gesagt wird, hängt entscheidend von dem ab, was man **zu** ihm sagt.
[...]

Kontext:
Jeder Sprachgebrauch findet in einem Kontext* statt; und die sprachlichen Formen, die jeweils angemessen sind, sind je nach Kontext verschieden.

Ziele:
Ein ziemlich offensichtliches Element von Kommunikation* ist die Tatsache, daß jede Äußerung zielgerichtet ist. So muß jeder Sprachbenutzer in der Lage sein zu erkennen, weshalb eine bestimmte Äußerung an ihn gerichtet wurde bzw. umge-

kehrt solche Äußerungen produzieren können, die helfen, seine eigenen Ziele zu erreichen.

[...]

Authentizität:
Ein gleichfalls offensichtliches Charakteristikum von authentischer Sprache muß in diesem Zusammenhang festgehalten werden, nämlich daß Sprache, von ganz wenigen Ausnahmen abgesehen, nicht im Hinblick auf den Sprachstand des Angesprochenen vereinfacht wird. Wenn man also z. B. mißt, ob jemand einen vereinfachten Text lesen kann, so sagt das überhaupt nichts über die tatsächlichen kommunikativen Fähigkeiten* des Betroffenen aus, da ein ganz wichtiges Element dieser Fähigkeit ja gerade darin besteht, mit unbekanntem Sprachmaterial zurechtzukommen.

Wirkungsorientierung:
Erfolg oder Mißerfolg einer sprachlichen Interaktion werden von den Beteiligten auf Grund des resultierenden beobachtbaren Verhaltens beurteilt. Genau genommen gibt es kein anderes verläßliches Kriterium. Das ist zwar eine sehr extreme Sichtweise, die den Inhalt wichtiger nimmt als die Form einer sprachlichen Äußerung [...] Ein Test, der kommunikative Fähigkeiten messen will, muß bei dem ansetzen, was ein Kandidat mit Hilfe von Sprache tatsächlich erreichen kann.

Morrow (1991), 16f.; übersetzt

Bitte stellen Sie nun, nachdem Sie die Auszüge gelesen haben, im folgenden Raster die wichtigsten Äußerungen von Morrow in Ihren eigenen Worten dar.

	Kommunikative Merkmale des Sprachgebrauchs
Interaktion	
Kontext	
Ziele	
Authentizität	
Wirkung	

Natürlich ist auch für Morrow die linguistische Kompetenz ein Bestandteil der kommunikativen Kompetenz, aber sie ist eben nur **ein Teil** einer umfassenderen Kompetenz. Ein Unterricht, der sich an dem Lernziel ***Kommunikative Kompetenz*** orientiert, muß mehr vermitteln als nur das formale System der Fremdsprache. Er muß darüber hinaus die Schülerinnen und Schüler auch befähigen, authentische Texte zu verstehen und ihre schriftlichen und mündlichen Äußerungen nicht nur formal richtig, sondern auch kommunikativ angemessen, d. h., den eigenen kommunikativen Zielen und Bedürfnissen gemäß, zu formulieren.

Im ersten Kapitel und in den Kapiteln 2. 1. 1 – 2.1.3 haben wir immer wieder auf den Zusammenhang zwischen den Zielen des Sprachunterrichts einerseits und Testinhalten und -formen andererseits hingewiesen. Daraus folgt, daß kommunikative Lernziele im Sprachunterricht notwendigerweise auch Konsequenzen für die Tests und Prüfungen, mit denen Schülerleistungen gemessen werden, haben müssen.

Bevor wir in den folgenden Abschnitten ausführlich mit Ihnen die Konsequenzen für die Erstellung von Tests diskutieren, möchten wir Sie bitten, schon einmal gedanklich der Frage in Aufgabe 43 nachzugehen.

Aufgabe 43

> Welche grundsätzlichen Prinzipien ergeben sich für die Gestaltung von Tests, wenn die „kommunikative Kompetenz" Ziel des Fremdsprachenunterrichts ist? Was ist anders als bei Tests im „audiolingualen Unterricht"?

Für Tests bedeutet das Lernziel *Kommunikative Kompetenz* u. a. auch, daß die Texte und die Aufgaben reale Kommunikationssituationen in der Fremdsprache möglichst getreu simulieren müssen. Um die Inhalte von Tests zu bestimmen, geht man deshalb nicht mehr nur von Stofflisten (d. h. Listen der zu beherrschenden Grammatik und Lexik) aus, sondern man definiert Kommunikationssituationen wie z. B. „einkaufen", „mit jemandem Kontakt aufnehmen", „jemandem zum Geburtstag gratulieren" usw. Aus diesen leitet sich dann ab, was die Schülerinnen und Schüler schriftlich und mündlich in der Fremdsprache **tun** (K. Morrow: *Was kann dieser Kandidat sprachlich bewirken?*) und welche Arten von Texten sie verstehen können sollen.

Stoffkataloge zu:
Themen
Sprechintentionen/
Sprechhandlungen
Testsorten
Lexik
Grammatik

In der Broschüre zum *Zertifikat Deutsch als Fremdsprache* beispielsweise, in der die Prüfungsanforderungen und Prüfungsinhalte für das Zertifikat beschrieben werden, finden Sie deshalb nicht nur Listen der zu beherrschenden Grammatik und Lexik. Sie finden dort z. B. auch Listen mit den **Sprechintentionen/Sprechhandlungen***, die die Schüler ausführen können sollen (z. B. „jemanden einladen", „sich bedanken", „Freude ausdrücken" usw.), Listen mit den **Themen**, über die die Schüler sprechen bzw. schreiben können sollen und Listen mit den **Textsorten*** (Lesetexte und Hörtexte), die die Schüler verstehen können sollen.

Hinweis

In Kapitel 2.4 werden wir ausführlich mit Ihnen gemeinsam betrachten, welche Konsequenzen das Lernziel *Kommunikative Kompetenz* für Tests bzw. Prüfungen hatte. Zuvor aber zeigen wir Ihnen einige Auszüge aus den verschiedenen Stoffkatalogen für *Das Zertifikat Deutsch als Fremdsprache.*

1. Liste der Themen: Hier findet man zum Beispiel das Stichwort *Familie*.

B 1   Person

B 1.1   Name, Adresse, Familienstand, Geschlecht, Geburtstag, Alter, Geburtsort
B 1.2   Nationalität, Sprache
B 1.3   Schule, Ausbildung
B 1.4   Beruf, Tätigkeit
B 1.5   Aussehen, Eigenschaften
B 1.6   Familie, persönliche Beziehungen
B 1.7   Freizeitbeschäftigungen, Urlaub

B 2   Wohnen

B 2.1   Art, Lage und Größe der Wohnung, des Hauses
B 2.2   Räume
B 2.3   Wohnen in Hotel, Pension usw.
B 2.4   Einrichtung, Ausstattung
B 2.5   Miete, Kosten

B 3   Orte

B 3.1   Art, Lage und Größe des Ortes
B 3.2   Öffentliche Einrichtungen, Sehenswürdigkeiten

B 4   Arbeit

B 4.1   Arbeitsbedingungen, Arbeitszeit
B 4.2   Lohn und Gehalt
B 4.3   Gewerkschaften

Zertifikat DaF (1992), 23

2. Versprachlichung der Themen aus dem Themenkatalog. Hier findet man den Wortschatz, der zum Stichwort *Familie* gehört.

B 1.6 Familie, persönliche Beziehungen

(das Wohl der) Familie
der/die Angehörige
Frau/Mann
Ehe
heiraten
Hochzeit
sich scheiden lassen
sich trennen

das Zuhause
(beide) Eltern
Mutter/Vater
Kind/Baby/Geburt
Mädchen/Tochter
Junge/Sohn
Geschwister (haben)
Bruder/Schwester
Erziehung, erziehen

*Groß(eltern, -mutter, -vater)
Enkel
Tante, Onkel, Nichte, Neffe
*Schwieger(eltern, -tochter, ...)
verwandt (sein)
der/die Verwandte
der/die Bekannte/bekannt

Freund/-in/Freundschaft
Feind/-in
Nachbar/-in

allein
Einladung, jdn. einladen
sich verabreden, verabredet sein (mit)
(sich) treffen (mit)
jdn. abholen
Besuch, jdn. besuchen
(ein Fest) feiern, Feier
jdn. begrüßen

Zertifikat DaF (1992), 51

3. Alphabetische Wortschatzliste mit Anwendungsbeispielen. Hier findet man das Stichwort *Familie* zwischen *falsch* und *Farbe*.

	3. Die Temperatur ist ganz plötzlich gefallen.
falsch	1. Ich habe die falsche Nummer gewählt.
	2. Meine Uhr geht falsch.
die Familie, -n	Ich habe eine große Familie.
die Farbe, -n	1. Diese Farbe steht dir gut.
	2. Diese Farbe trocknet schnell.
farbig	1. Die Gruppe bietet ein farbiges Bild.
	2. Ein Teil der Bevölkerung ist farbig.
fast	Das hätte ich fast vergessen.
faul	1. Das Obst ist faul.
	2. Ich war in der Schule immer faul.
fehlen, fehlt, fehlte, hat gefehlt	1. Auf dem Brief fehlt der Absender.
	2. Dazu fehlt mir die Zeit.
	3. Auf diesem Gebiet fehlt es an Fachleuten.
	4. Paul hat zehn Tage gefehlt.
	5. Was fehlt ihm denn?
der Fehler, -	1. Sie spricht Deutsch ohne Fehler.
	2. Ich glaube, da haben Sie einen Fehler gemacht.
	3. In der Werkstatt haben sie den Fehler sofort gefunden.
	4. Der Pullover hat einen kleinen Fehler.
die Feier, -n	1. Es war eine schöne Feier.
	2. z. B. Feierabend, Feiertag
feiern, feiert, feierte, hat gefeiert	1. Wir haben gestern Karls Geburtstag gefeiert.
	2. Wir haben heute nacht bis 2 Uhr gefeiert.
fein	1. Dafür braucht man ganz feinen Zucker.
	2. Das Restaurant ist bekannt für seine feine Küche.
	3. Fein, daß du jetzt wieder da bist.
der Feind, -e	Er hat viele Feinde.

Zertifikat DaF (1992), 134

4. Liste der Sprechintentionen mit sprachlichen Realisierungen

A.1.2 jdn./sich vorstellen und darauf reagieren

<u>Reaktion</u>

Das ist Egon Klein.   (Freut mich, Herr Klein,) Hasan Güç.
Darf ich Ihnen Herrn Gerhard vorstellen?
Mein Name ist/Ich heiße Giorgio.   Hallo Giorgio, ich bin Hans.

A.1.3 jdn. grüßen und auf einen Gruß reagieren

Guten Morgen/Tag/Abend (Herr/Frau Schmitt)!
Grüß dich(, Paul)!

Herzlich willkommen!

Viele Grüße an Ihre Frau!   Vielen Dank.
Grüßen Sie bitte Ihren Mann (von mir).   Danke, gleichfalls.

A.1.4 nach dem Befinden fragen und darauf reagieren

Wie geht's/geht es Ihnen?   Danke gut/ganz gut/es geht/nicht
                                                 besonders/nicht gut.
Was fehlt Ihnen (denn)?   Ich habe hier Schmerzen/Das Bein
Was haben Sie denn?   tut mir weh/Mir ist schlecht.
Was ist denn los?

Tut es noch weh?   Ja, immer noch/Es geht mir schon
                                                 etwas besser, danke.

Gute Besserung!   Danke/Vielen Dank.

Zertifikat DaF (1992), 27

5. Liste der Textsorten

1. Texte zum Leseverstehen

– Nachrichten, Reportagen und Artikel von allgemeinem Interesse
– Werbung, Speisekarten
– Berichte, Kommentare
– Inhaltsangaben (Fernsehen, Film, Buch)
– Gebrauchsanweisungen, Bedienungsanleitungen
– Informationsmaterial, z. B. Touristikprospekte
– Hinweise in öffentlichen Verkehrsmitteln, an Automaten, in öffentlichen Gebäu-
  den
– Ankündigungen von Veranstaltungen
– Parolen, Transparente
– Bücher (Sachberichte, Kurzgeschichten)
– private oder halbformelle Briefe, Leserbriefe

2. Texte zum Hörverstehen

– Durchsagen über Radio oder Lautsprecher (Bahnhof, Flughafen)
– Nachrichten, Reportagen und Kommentare von allgemeinem Interesse
– allgemein interessierende, nicht fachspezifische Interviews
– Hörszenen
– Werbung
– Gespräche aus dem alltäglichen Bereich
– (private) Telefonanrufe

Zertifikat DaF (1992), 25

6. Liste der Morphologie und Syntax

3.   Pronomen und Determinative

3.1   Personalpronomen

3.1.1   Deklination
              1. – 3. Person Singular und Plural Nominativ, Dativ, Akkusativ:
              ich   wir
              mir   uns
              mich uns   usw.

3.1.2.1	Präposition und Personalpronomen
	an ihn, mit ihm usw.
	Ich denke oft an ihn.
3.1.2.2	Pronominaladverb
	daran, damit usw.
	Ich habe oft daran gedacht.

3.2   Reflexivpronomen und Reziprokpronomen

3.2.1	Reflexivpronomen
	1. – 3. Person Singular und Plural
	Akkusativ und Dativ:
	Er hat sich beeilt.
	Ich habe mich darüber gefreut.
	Ich habe mir Blumen gekauft.
3.2.2	Reziprokpronomen
	Immer im Plural:
	Sie grüßen sich nicht mehr.
	Sie helfen sich/einander immer.
	Nach Präposition immer einander:
	Sie verhandeln seit Stunden miteinander.
	Seid nett zueinander!

3.3   Artikel bzw. Demonstrativpronomen

3.3.1	Definiter Artikel und seine Deklination
	3 Genera
	Singular und Plural Nominativ, Genitiv, Dativ, Akkusativ
3.3.2	Attributives Demonstrativum und seine Deklination
	3 Genera
	Singular und Plural Nominativ, Genitiv, Dativ, Akkusativ:
	In 'der Wohnung möchte ich nicht wohnen!
	('der: betont)

Zertifikat DaF (1992), 266

Ein weiterer Punkt der Kritik an der strukturalistischen Testtheorie bezog sich auf die Forderung, daß die Testaufgaben vorwiegend den Interferenzbereichen zwischen Muttersprache und Fremdsprache entnommen werden sollten. Zwar lassen sich viele Fehler auf solche Interferenzen zurückführen, aber sie sind bei weitem nicht die einzige Fehlerquelle. Fehler entstehen z. B. auch dadurch, daß Fremdsprachenlernende bestimmte Regeln der Fremdsprache zu sehr verallgemeinern (z. B. *-te* für das Präteritum im Deutschen: *er singte* analog zu *er sagte*). Die Fehlerquelle liegt hier nicht in einer falschen Übertragung von Regeln der Muttersprache in die Fremdsprache.

Interferenzen und Übergeneralisierungen

Sicher kennen Sie aus Ihrem Unterricht ähnliche Fehler von Schülern, die entweder durch unzulässige Verallgemeinerungen (sogenannte Übergeneralisierungen*) von bereits bekannten Regeln der Zielsprache Deutsch oder z. B. auch durch die Übertragung von Regeln einer anderen, vorher gelernten Fremdsprache in die zweite Fremdsprache entstehen können.

Nennen Sie einige Beispiele für Fehler im Deutschen, die Ihrer Erfahrung nach häufig durch Übergeneralisierung oder falsche Übertragung von Regeln aus einer anderen Fremdsprache entstehen.

1. _____

2. _____

3. _____

4. _____

5. _____

Aufgabe 44

Wenn man sich bei der Auswahl der Testaufgaben nur an den Interferenzbereichen orientiert, erhält man kein umfassendes Bild über den Grad der Beherrschung von Grammatik und Lexik. Bei der Erstellung von Testaufgaben zu Wortschatz und Grammatik geht man deshalb nicht mehr von Interferenzbereichen aus, sondern von den schon erwähnten Stoffkatalogen*, in denen diejenige Grammatik und Lexik aufgeführt wird, die der Schüler beherrschen soll (vgl. die Listen zu Wortschatz und Grammatik. In: *Das Zertifikat Deutsch als Fremdsprache* und: Baldegger, M. u. a.: *Kontaktschwelle Deutsch als Fremdsprache*).

In der nun folgenden Aufgabe geht es darum, an einem konkreten Beispiel Gemeinsamkeiten und Unterschiede zwischen zwei Testaufgaben zum Leseverstehen zu analysieren. Schlüpfen Sie zunächst einmal in die Schülerrolle, und führen Sie die beiden Tests in dieser Rolle durch. In der darauffolgenden Reflexionsphase bitten wir Sie, die Texte und Aufgabenstellungen der beiden Tests zu analysieren. Sicher wird Ihnen dabei schnell deutlich, welcher der beiden Tests dem audiolingualen Ansatz und welcher eher dem kommunikativen Ansatz entspricht.

Beispiel 1

Aufgabe 45

Lesen Sie den Text. Anschließend finden Sie Aussagen zum Text als Mehrfachwahlantworten. Kreuzen Sie die richtigen Alternativen an.

Rudi Emsing und seine Eltern sind vor fünfzehn Jahren von Deutschland nach Amerika ausgewandert. Rudis Bruder und Schwester wurden danach in Amerika geboren. Hier ist Rudis Vater ein ziemlich reicher Kaufmann geworden. Alle drei oder vier Jahre fährt er mit seiner Familie nach Europa. Nächsten Sommer nehmen sie Rudis Freund Tommy Reynolds mit.

9 Herr Emsing hat
  (a) mehr als drei Kinder.
  (b) zwei Kinder.
  (c) nur ein Kind.
  (d) drei Kinder.

10 Die Emsings können so oft nach Europa fahren, weil Herr Emsing
  (e) aus Deutschland kommt.
  (f) ein junger Kaufmann ist.
  (g) viel Geld hat.
  (h) Tommy Reynolds kennt.

11 Nächsten Sommer wird Tommy Reynolds
  (a) in Deutschland studieren.
  (b) die Emsings nicht sehen.
  (c) nach Europa mitfahren.
  (d) ein reicher Kaufmann sein.

Pimsleur (1967), 2

Beispiel 2

Aufgabe 46

Lesen Sie nun den zweiten Text. Im Anschluß an den Text finden Sie einige Aussagen dazu. Entscheiden Sie bei jeder Aussage, ob sie „richtig" oder „falsch" ist. Kreuzen Sie die richtige Lösung an.

Erika kommt nach Hause und findet folgenden Brief von Ihrer Freundin im Briefkasten:

Liebe Erika,

ich hab was für uns für die Ferien: Süditalien, kleiner Badeort.
Ein Freund von mir hat da eine Ferienwohnung, und die kann ich für
drei Wochen bekommen. Die Wohnung liegt im zweiten Stock eines
mittelgroßen Hauses und hat viel Platz – zwei Schlafzimmer, ein
großes Wohnzimmer, Küche, Bad, Balkon (Blick aufs Meer!).
Er ist mit 100 Mark pro Woche zufrieden, wenn ich mich um die
Katze kümmere.

Also, machst du mit? Es wird ja nicht teuer! Wir kochen selbst
und brauchen Benzin für ein Auto. Bitte ruf gleich an, ich muß
morgen Bescheid sagen.

Grüße

Helga

Sind die folgenden Aussagen dazu „richtig" (R) oder „falsch" (F)?

26. Helgas Freund hat in Süditalien eine Ferienwohnung.
27. Helga kann die Wohnung auch kaufen.
28. Von der Wohnung sieht man das Meer.
29. Es ist die einzige Wohnung in dem Haus.
30. Die Freundinnen können zusammen fahren.
31. Erika soll bei dem Freund anrufen.

Grundbaustein zum Zertifikat DaF, Modelltest (1981 c), 10

Sehen Sie sich bitte die beiden Tests nun noch einmal an.

<u>Aufgabe 47</u>

1. Welche Gemeinsamkeiten und Unterschiede können Sie erkennen?

	Gemeinsamkeiten	*Unterschiede*
Texte		*Beispiel 1:*
		Beispiel 2:
Aufgaben		

2. Was ist Ihrer Meinung nach der Grund für die Unterschiede zwischen den beiden Tests?

3. Welche Gütekriterien erfüllen diese Tests?

2.4 Neuere Testverfahren

Ziele

In den vorangegangenen Kapiteln haben wir immer wieder über den engen Zusammenhang zwischen Lernzielen und Tests gesprochen. In diesem Kapitel möchten wir näher auf diesen Aspekt eingehen. Dabei geht es uns vor allem darum zu zeigen, wie sehr der kommunikative Ansatz nicht nur die Lehrwerke und den Unterricht, sondern auch die Tests und Prüfungen verändert hat.

Für den kommunikativen Fremdsprachenunterricht hat die Testwissenschaft zwei unterschiedliche Verfahren der Leistungsmessung entwickelt:

1. Mit Hilfe von Subtests zu den einzelnen Fertigkeiten wird festgestellt, inwieweit der Lerner sprachlich **handeln** kann, d.h., wieviel er lesend und hörend versteht und ob er sich schriftlich und mündlich angemessen ausdrücken kann.

2. Der Grad der Fremdsprachenbeherrschung wird eher allgemein erfaßt, also unabhängig von den einzelnen Fertigkeiten.

Wir werden diese beiden Verfahren nacheinander vorstellen.

2.4.1 Überprüfung der Kommunikationsfähigkeit

Lernziele

Von den Lernzielen leiten wir ab, was im Unterricht geschieht. Auch Form und Inhalt von Tests und Prüfungen werden von den Lernzielen abgeleitet. Im kommunikativen Deutschunterricht sollen die Schülerinnen und Schüler lernen, das Gelernte (Lexik, Syntax usw.) möglichst rasch auf **Kommunikationssituationen des Alltags** anzuwenden. Dieses Ziel müssen also auch die Tests bzw. die Prüfungen widerspiegeln. Wenn dies nicht der Fall ist, dann sind die Tests nicht valide und erlauben keine Aussagen über den Lernerfolg in bezug auf die Lernziele. Im kommunikativen Deutschunterricht kann man sich also nicht damit begnügen, nur den Wortschatz und die Grammatik zu testen, da solche Tests nur einen kleinen Teil dessen erfassen, was im Unterricht vermittelt wurde. Den Zusammenhang zwischen Lernzielen, Unterrichtsverfahren und Tests kann man folgendermaßen darstellen:

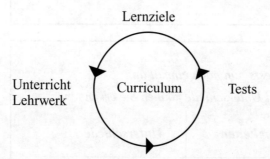

Am Beispiel des Lernziels *Leseverstehen* möchten wir diesen Zusammenhang verdeutlichen.

Rückverweis

Sehen Sie sich bitte noch einmal die beiden Tests zum Leseverstehen in Aufgabe 45 und 46 auf den Seiten 46 und 47 an. Der erste Lesetext ist einem Test entnommen, der sich auf einen audiolingualen Unterricht stützt. Der zweite Text ist einem Test entnommen, der sich auf den kommunikativen Ansatz bezieht.

An diesen beiden Tests kann man deutlich machen, wie unterschiedlich die Fertigkeit *Leseverstehen* im kommunikativen Fremdsprachenunterricht im Gegensatz zum audiolingualen Sprachunterricht definiert wird.

Bitte halten Sie diese Unterschiede beim Weiterlesen im folgenden Raster fest:

	Leseverstehen	
	Fähigkeiten	*Textsorten*
audiolingualer Fremdsprachenunterricht		
kommunikativer Fremdsprachenunterricht		

Wir haben schon davon gesprochen, daß das Lernziel *Leseverstehen* in der strukturalistischen Testtheorie als die Fähigkeit definiert wurde, eine bestimmte Lexik und bestimmte grammatische Strukturen in einem Text zu verstehen (vgl. Lado 1971 und Kapitel 2.3.2). Um diese Fähigkeit zu überprüfen, schrieb der Testautor mehrere kurze Texte, in denen die zu überprüfenden Elemente und Strukturen vorkamen. Im *Grundbaustein Deutsch als Fremdsprache** hingegen, einer dem kommunikativen Ansatz verpflichteten, weitverbreiteten Prüfung, die den halben Weg zum *Zertifikat Deutsch als Fremdsprache* markiert, wird das Lernziel *Leseverstehen* nicht nur als eine linguistische Kompetenz (d. h. die Fertigkeit, sprachliche Elemente zu verstehen) definiert, sondern vor allem als die Fähigkeit, **Textinhalte zu erfassen** (kommunikative Kompetenz):

„Erreicht werden soll ein Leseverstehen, das den Lernenden befähigt, authentische Texte in der Gesamtaussage und/oder in ihren Einzelinhalten zu verstehen."

Grundbaustein zum Zertifikat Deutsch als Fremdsprache (1984), 14

Es wird also nicht nur festgelegt, welche Lexik und Grammatik die Lernenden verstehen können sollen, sondern auch die **Art** des Verstehens (Global- und Detailverstehen) und **welche Texte** sie auf diesem Niveau verstehen sollen. Auf dem Niveau des *Grundbausteins* sind dies die folgenden authentischen (oder leicht bearbeiteten) Textarten:

- „(private oder halbformelle) Briefe
- Nachrichten, Artikel von allgemeinem Interesse
- Werbung, Hinweise"

Grundbaustein zum Zertifikat Deutsch als Fremdsprache (1984), 24

Das übergeordnete Lernziel *Kommunikationsfähigkeit** beinhaltet sowohl die Fähigkeit, authentische Lese- und Hörtexte zu verstehen, als auch die Fähigkeit, sich schriftlich und mündlich angemessen äußern zu können, d. h., es bezieht sich sowohl auf die **rezeptiven** als auch auf die **produktiven Fertigkeiten**. Die Notwendigkeit, Testformen und Testinhalte diesem übergeordneten Lernziel anzupassen, verlangt also Tests, die Aufgaben zum freien Schreiben und Sprechen enthalten (d. h. zur interaktiven Kommunikationsfähigkeit*) sowie Aufgaben zum Verstehen authentischer Texte (d. h. zur rezeptiven Kommunikationsfähigkeit). Nur mit solchen Tests ist es möglich, eine Aussage darüber zu machen, ob die Lernziele erreicht worden sind oder nicht. Fassen wir zusammen: Die Überprüfung des Lernziels *Kommunikationsfähigkeit* hat also zum einen Konsequenzen, was die **Auswahl** der Texte betrifft, die als Vorlage für die Überprüfung des Lese- und Hörverstehens dienen. Zum anderen hat sie Konsequenzen für die **Testaufgaben**: Ein kommunikativ angemessenes Schreiben und Sprechen z.B. läßt sich nur mit offenen Aufgaben überprüfen. Wir werden im folgenden auf beide Aspekte (d.h. auf die Auswahl der Texte und die Testaufgaben) näher eingehen.

Zuvor aber möchten wir Sie noch zu folgender Überlegung einladen:

Aufgabe 49

Wahrscheinlich haben Sie selbst schon öfters Tests im Zusammenhang mit kommunikativen Lernzielen entworfen und durchgeführt. Vergegenwärtigen Sie sich noch einmal einige Beispiele, und veranschaulichen Sie den Zusammenhang zwischen Ihren Lernzielen, den ausgewählten Texten und den entsprechenden Testaufgaben im folgenden Raster:

	Lernziele			
	Lesen	**Schreiben**	**Sprechen**	**Hören**
Texte				
Testaufgaben				

2.4.1.1 Auswirkungen auf die Testaufgaben

Sprechfertigkeit

Wenn man überprüfen will, ob die Lernenden in alltäglichen Kommunikationssituationen sprachlich angemessen handeln können, so erfordert dies Tests, die **authentischen Verwendungssituationen*** der Fremdsprache möglichst nahekommen. Natürlich ist ein Test keine reale Kommunikationssituation, aber die Aufgaben in einem Test sollten versuchen, sich einer solchen Situation möglichst weitgehend anzunähern. Das heißt, daß der Schüler oder die Schülerin beim Lösen der Aufgaben sich so verhalten können soll, wie er oder sie es in wirklichen Kommunikationssituationen auch tun würde. Wir möchten diese Anforderung an die Testaufgaben anhand von einigen Beispielen für die verschiedenen Fertigkeiten verdeutlichen. Die Beispiele sind Testaufgaben für die Grundstufe entnommen.

Wir bitten Sie nun, sich wieder in die Rolle des Testkandidaten oder der Testkandidatin hineinzuversetzen.

Aufgabe 50

1. *Bitte lösen Sie zunächst die Testaufgaben in Beispiel 1 und 2.*

2. *Analysieren Sie dann die beiden Testaufgaben zur Überprüfung der Fertigkeit „Sprechen". Welchen Test halten Sie für besser und warum?*

Beispiel 1

Aufgabe 51

Beschreiben Sie das folgende Bild mündlich oder schriftlich. Achten Sie dabei auf den Wortschatz und die Strukturen, die Sie verwenden. Machen Sie sich Notizen zu Ihren Beobachtungen.

SPRECHEN 1

SP 1

S: Den Schülern wird ein Bild vorgelegt.

I: Sie verbalisieren den Bildinhalt.

R: Sie beschreiben das Bild mündlich.

Beispiel:

Beschreibe bitte mündlich dieses Bild.

Doyé (1988), 72; Scherling (1985), 47

Beispiel 2

Aufgabe 52

Dem jugendlichen Prüfungskandidaten werden drei Bilder vorgelegt, mit der Aufforderung, eines davon als Grundlage für ein Gespräch auszuwählen.

Bitte lesen Sie die unter dem Bild auf Seite 52 stehenden Fragen. Wenn Sie die Möglichkeit haben, dann simulieren Sie das Prüfungsgespräch mit einem Partner oder einer Partnerin. Können Sie in Ihrem persönlichen Eindruck und in Ihren sprachlichen Reaktionen (Wortschatz, Strukturen) im Gespräch einen Unterschied zu der Beschäftigung mit dem vorangegangenen Bild feststellen?

Goethe-Institut München

Abschlußprüfung Grundstufe für Jugendliche (1991), 01/MA

Fragen zu Beispiel 2

Warum hast du dieses Foto ausgewählt?
Was gefällt dir an diesem Foto?
Erzähl' doch mal, was du auf diesem Foto siehst und was dir dazu einfällt.

AM MEER

Was kann man am Meer alles machen?
Wohin fährst du, wenn du an den Strand willst?
Wann fährst du ans Meer?
Wie oft fährst du ans Meer?

FERIEN

Was machst du in den Ferien?
Wo verbringst du deine Ferien?
Wo wohnst du dann?
Mit wem verbringst du deine Ferien?
Wo/Wie würdest du am liebsten deine Ferien verbringen?
Warum?

FERIENERLEBNIS

Was hast du in den Ferien einmal erlebt, was besonders schön oder spannend für
dich gewesen ist?
(Ferienfreunde, Abenteuer, Unwetter, Bootsfahrt, Ausflug, Tiere, o.ä.)

Abschlußprüfung Grundstufe für Jugendliche (1991), 01/MA

Wenn man die Fertigkeit *Sprechen* testen will, so ist ein Gespräch zwischen Kandidat und Prüfer über ein bestimmtes Thema eine wirklichkeitsnähere Aufgabe als die Testaufgabe *Bildbeschreibung*, zumal es sich im Beispiel um ein Thema handelt, das normalerweise ziemlich weit von den sprachlichen Bedürfnissen und Lebenserfahrungen der Lerner entfernt ist. Mehr noch: Indem die Kandidaten aus drei Bildern eines auswählen, über das sie gerne (oder zumindest lieber als über die anderen Bilder) sprechen möchten, fühlen sie sich auch persönlich angesprochen und motiviert. Die erste Frage des Prüfers knüpft dann ganz natürlich an die getroffene Auswahl an, und die Kandidaten können sich selbst ins Gespräch einbringen, anstatt über ein Bild zu sprechen, das nichts mit ihnen zu tun hat. Das Gespräch über das selbst gewählte Thema *Ferien am Meer* erlaubt den Kandidaten, über sich selbst, über ihr Leben und ihre Vorlieben zu sprechen.

In derselben Prüfung wird auch die Fertigkeit *Schreiben/Schriftlicher Ausdruck* anhand einer realen Kommunikationssituation überprüft.

Fertigkeit *Schreiben/ Schriftlicher Ausdruck*

Aufgabe 53

> *Überlegen Sie bitte:*
>
> *In welchen Kommunikationssituationen außerhalb des Unterrichts sollten sich Ihre Schüler schriftlich auf deutsch ausdrücken können?*

Eine in Tests zum Schreiben häufig verwendete Testaufgabe ist, die Lernenden private oder halbformelle* Briefe schreiben zu lassen. Wenn es auch für Ihre Schülerinnen und Schüler eine realistische Situation sein könnte, einen Brief an einen deutschen (Brief-) Freund oder eine (Brief-) Freundin zu schreiben, dann könnte eine Testaufgabe zur Fertigkeit *Schreiben* folgendermaßen lauten:

Beispiel 3

Aufgabe 54

> *Bitte versetzen Sie sich in die Rolle eines Testkandidaten oder einer Testkandidatin, und schreiben Sie den Brief. Auf diese Weise können Sie ein wenig erahnen, welchen Schwierigkeiten Ihre Schülerinnen und Schüler beim Schreiben eines solchen Briefes begegnen könnten und ein Gefühl dafür bekommen, wieviel Zeit man dafür braucht.*
> *Beobachten Sie sich selbst beim Verfassen des Briefes: Worauf achten Sie und warum? Wie schreiben Sie und warum? Welche Vorgaben sind wichtig für das Schreiben eines Briefes?*
>
> *Überlegen Sie dann auch, wie Sie Ihre Schülerinnen und Schüler am besten auf eine solche Aufgabe vorbereiten können, was besonders geübt werden müßte usw.*

SCHRIFTLICHER AUSDRUCK

Wir sind umgezogen

Vor 3 Wochen bist du mit deiner Familie umgezogen.

Schreibe darüber einen Brief an deine Brieffreundin oder deinen Brieffreund nach Deutschland.

Auf der nächsten Seite findest du 5 Punkte, die in deinem Brief vorkommen müssen. Schreibe zu jedem Punkt mindestens 2 Sätze.

Vergiß nicht Datum, Anrede, Gruß und Unterschrift!

Abschlußprüfung Grundstufe für Jugendliche (1991), 01/SA

Abschlußprüfung Grundstufe für Jugendliche (1991), 01/SA

kommunikative Absicht

An diesem Beispiel zum *Schriftlichen Ausdruck* ist Ihnen sicher ein weiterer, sehr wichtiger Punkt deutlich geworden: In der Testaufgabe muß auf jeden Fall angegeben werden, **wer** mit **wem wozu** (d.h. mit welchem Ziel) korrespondiert. An einen Vorgesetzten z.B. schreibt man anders als an den besten Freund. Auch das **kommunikative Ziel*** des Briefes (ob man sich z.B. für etwas bedanken oder sich bei jemandem entschuldigen möchte) hat Einfluß auf das sprachliche Verhalten (d.h., **wie** man etwas sagt). Das bedeutet, daß in den Testaufgaben zur Schreibfertigkeit die Faktoren **Situation***, **Kommunikationspartner*** und **kommunikative Absicht*** deutlich gemacht werden müssen, denn nur so kann überprüft werden, ob der Schüler oder die Schülerin sich in bestimmten Kommunikationssituationen schriftlich angemessen ausdrücken kann.

Orientierung an realen Situationen

Auch die Aufgaben zum Lese- und Hörverstehen müssen sich an realen Verwendungssituationen der Fremdsprache orientieren. Wenn ich z.B. in einer realen Situation einen fremdsprachlichen Text höre, so höre ich jeden Text auf eine ganz bestimmte Art und Weise. Manchmal genügt es mir, den Text nur **global**, also in seinen wichtigsten Aussagen zu verstehen. Manchmal brauche ich nur bestimmte Einzelinformationen aus einem Text zu verstehen (**selektives Lesen/Hören**), in anderen Situationen jedoch möchte ich jedes **Detail** verstehen. Aufgaben zum Hörverstehen – und das gleiche gilt für das Leseverstehen – müssen also je nach Hörsituation das Verstehen der Kernaussagen/Gesamtaussagen eines Textes oder das Verstehen der Einzelinhalte überprüfen.

Wenn Sie sich gern intensiver mit der Fertigkeit Hörverstehen beschäftigen möchten, empfehlen wir Ihnen die Fernstudieneinheit *Fertigkeit Hören.*

$\Longrightarrow$

2.4.1.2 Auswirkungen auf die Textauswahl

Im letzten Abschnitt haben wir festgestellt, daß in den Tests zum *Schriftlichen Ausdruck* möglichst realitätsnahe Aufgaben gestellt werden sollten. Wir haben dazu drei Faktoren genannt, die reale Kommunikationssituationen kennzeichnen und bei Testaufgaben zum *Schriftlichen Ausdruck* unbedingt angegeben werden müssen.

Aufgabe 55

Die drei Faktoren, die bei Testaufgaben zum Schriftlichen Ausdruck angegeben werden müssen, sind:

1. _____

2. _____

3. _____

Auch im Bereich des Leseverstehens führte die Forderung nach möglichst realitätsnahen Testaufgaben zu einer Kritik an den in früheren Tests verwendeten Texten, die – wie wir am Beispiel 1 auf Seite 46 bereits gesehen haben – meistens vom Testautor selbst geschrieben und genau auf den Lernstand der Schüler abgestimmt wurden. Ihr einziger Zweck war es, als Vorlage für Aufgaben zur Lexik bzw. zur Grammatik zu dienen. Die Wahrscheinlichkeit, daß die Lernenden auch außerhalb der Testsituation solchen Texten begegneten, war also äußerst gering. Das Lernziel **rezeptive Kommunikationsfähigkeit*** bedeutet aber, daß die Schüler lernen sollen, **authentischen** Texten aus der fremdsprachlichen Alltagswirklichkeit Informationen zu entnehmen.

An dieser Stelle müssen wir kurz den Begriff *authentisch* näher definieren. Wirklich authentische Texte, d. h. Texte, die z. B. von Muttersprachlern spontan gesprochen oder geschrieben wurden, sind im Anfängerunterricht und Grundstufenbereich oft nicht zu gebrauchen. In der Fremdsprachendidaktik spricht man deshalb von einer **gemäßigten Authentizität***. Darunter versteht man, daß die **Textmerkmale*** stimmen. Das bedeutet beispielsweise, daß der Text, wie ein Schüler es einmal formulierte, *sich wie richtiges Deutsch anhört,* und das wiederum meint, daß eine Radioansage wie eine Radioansage, ein Streitgespräch zwischen Jugendlichen wie ein Streitgespräch zwischen Jugendlichen klingen soll usw. Bei schriftlichen Texten bedeutet *richtiges Deutsch* auch, daß die Texte auch optisch so aussehen müssen, als könnten sie authentisch sein.

authentische Texte

Aufgabe 56

Lesen Sie jetzt bitte den folgenden Text, und lösen Sie die dazugehörige Aufgabe.

Der Wetterbericht

FRANKFURT A. M., 13. Dezember (FR). Das Wetteramt rechnet mit andauernden Schneefällen am heutigen Montag, örtlich von großer Ergiebigkeit. Dabei auf den Straßen Schneeglätte und Schneeverwehungen. Aussichten: Noch kälter.

(Siehe Lokalteil)

Sind die folgenden Aussagen zu diesem Wetterbericht „richtig" (R) oder „falsch" (F)?

	R	*F*
1. Es wird heute sehr viel schneien.		
2. Langsam wird es wieder wärmer.		

nach: Test Grundbaustein zum Zertifikat DaF, Erprobungsfassung (1981), Test 2/LV

Aufgabe 57

Bitte beantworten Sie nun die folgenden Fragen:

1. Woran können Sie erkennen, ob dies ein authentischer Text ist?

2. Welche Art von Leseverstehen überprüfen die Fragen: eher ein Verstehen der Gesamtaussagen (Globalverstehen) oder eher ein Verstehen der Einzelinhalte (Detailverstehen)?

2.4.2 Überprüfung der Sprachbeherrschung

Cloze-Test

Neben den in Kapitel 2.4.1 dargestellten Testverfahren, die den Grad der rezeptiven und produktiven Kommunikationsfähigkeit feststellen, gibt es noch ein anderes Verfahren der Leistungsmessung, den Cloze-Test, den wir Ihnen schon in Kapitel 2.2.2 bei den halboffenen Aufgaben mit einem Beispiel vorgestellt haben. Dieses Testverfahren versucht, den Grad der Fremdsprachenbeherrschung nicht mit Hilfe von Tests zu den vier Fertigkeiten zu messen; statt dessen soll die linguistische Kompetenz des Lerners, die diesen vier Fertigkeiten zugrunde liegt, erfaßt werden. Die Vertreter dieser Richtung der Leistungsmessung glauben, daß der Cloze-Test ein geeignetes Verfahren ist, um die linguistische (die grammatische und lexikalische) Kompetenz zu erfassen, da diese Kompetenz sich in der Fähigkeit beweist, die Lücken im Text angemessen ergänzen zu können. Damit erfüllt der Cloze-Test das Kriterium der Validität. Auch das Kriterium der objektiven Bewertung läßt sich bei halboffenen Aufgaben sehr viel leichter herstellen als bei offenen Aufgaben.

Obwohl der Cloze-Test – neben dem Leseverstehen – vorwiegend die linguistische Kompetenz der Lernenden erfaßt, unterscheidet er sich dennoch erheblich von den in Kapitel 2.3.1 vorgestellten Aufgaben zur Überprüfung von Lexik und Grammatik. So handelt es sich beim Cloze-Test nicht um die Überprüfung einzelner grammatischer und lexikalischer Elemente in isolierten Aufgaben, sondern die Aufgaben sind in einen Gesamttext eingebettet. Es geht also beim Lösen der Aufgaben nicht nur um das Verstehen einzelner Sätze, sondern die Lernenden müssen den Text auch in seinem Gesamtzusammenhang verstehen, um alle Lücken richtig füllen zu können.

Im Gegensatz zu einem Lückentext, in dem der Testautor die Lücken nach didaktischen Prinzipien auswählt, um ganz bestimmte grammatische und lexikalische Elemente zu überprüfen, erfolgt beim Cloze-Test das Löschen der Textstellen mechanisch: In bestimmten, vorher festgelegten Abständen wird ein Wort ausgelassen. Die Wahl des Abstandes zwischen den Lücken hat Konsequenzen für den Schwierigkeitsgrad des Tests, denn je mehr Wörter ausgelassen werden, desto schwieriger ist der Test. An dem folgenden Beispiel aus dem Märchen *Der Froschkönig und der eiserne Heinrich* der Brüder Grimm wird das deutlich erkennbar.

Aufgabe 58

Lücke nach jedem 4. Wort

Bitte versuchen Sie, die Lücken zu füllen.

1. Jedes fünfte Wort wurde gelöscht:

In den alten Zeiten, _____ das Wünschen noch geholfen _____ , lebte ein König, dessen _____ waren alle schön, aber _____ jüngste war so schön,

_____ die Sonne selber, die _____ so vieles gesehen hat, _____ verwunderte , sooft sie ihr _____ Gesicht schien.

2. Jedes achte Wort wurde gelöscht:

Lücke nach jedem 7. Wort

In den alten Zeiten, wo das Wünschen _____ geholfen hat, lebte ein König, dessen Töchter _____ alle schön, aber die jüngste war so _____, daß die Sonne selber, die doch so _____ gesehen hat, sich verwunderte, sooft sie ihr _____ Gesicht schien.

Brüder Grimm, in: Frank (1985), 69

Sie haben sicher gemerkt: Das erste Beispiel, in dem jedes fünfte Wort gelöscht wurde, ist schwerer zu lösen als das zweite Beispiel, weil der Text zwischen den Lücken kürzer ist und er damit beim Erschließen der Wörter weniger Hilfen anbietet. Wie der Text beim Erschließen der Lücken hilft, möchten wir Ihnen an dem nächsten Beispiel zeigen. In diesem Beispiel haben wir jedes achte Wort gelöscht, den ersten Satz aber intakt gelassen. Eine solche Vorgabe hilft dem Leser, sich in den Text einzulesen. Der Text ist eine moderne Version des Märchens von *Hänsel und Gretel.*

Aufgabe 59

1. *Lesen Sie den Text erst einmal, ohne die Lücken zu beachten.*
2. *Lesen Sie den Text ein zweites Mal, und versuchen Sie nun, die Lücken auszufüllen.*
3. *Notieren Sie für jede Lücke die Strategie, die Sie beim Ausfüllen angewandt haben.*

Holger und Gesine

In einem Vor- (genauer gesagt) Hinterort der Großstadt Hamburg wohnte bis letztes Jahr eine sechsköpfige Familie, die so arm war, daß sie sich monatelang kaum noch richtig satt gegessen hatte. Auch die Miete konnte sie nicht mehr _____ (1). Die Arbeitslosenunterstützung des Vaters reichte vorne und _____ (2) nicht. Deshalb entschlossen sich die Eltern schweren _____ (3), die beiden ältesten Kinder in den weit _____ (4) liegenden Stadtpark zu bringen und ihrem Schicksal _____ (5) überlassen. Eines frühen Morgens nahm der Vater _____ (6) und Gesine an die Hand und führte _____ (7) in den verwirrend duftenden Park. Dort setzte _____ (8) sie auf eine Bank und sagte: „Hier _____ (9) ihr sitzen, bis ich euch wieder abhole."

Mai, in: Frank (1985), 64

Lösungsstrategien:

(1) _____

(2) _____

(3) _____

(4) _____

(5) _____

(6) _____

(7) _____

(8) _____

(9) _____

Sie haben beim ersten Lesen des Textes sicher festgestellt, daß Sie den Text trotz der Lücken verstanden haben. Das zeigt, wie sehr der gesamte Kontext und Kenntnisse über das Thema helfen, einen Text zu verstehen. Deshalb ist es bei Cloze-Tests auch notwendig, einen kleinen Teil des Textes am Anfang intakt, d. h. ohne Lücken, zu lassen, damit die Lernenden sich in den Text einstimmen können.

Beim Ausfüllen der Lücken werden Sie außerdem sicher bemerkt haben, daß Sie – je nach Lücke – unterschiedliche Strategien angewendet haben. Das Ausfüllen einiger Lücken geschieht beim Cloze-Test aufgrund des **gesamten** Textes oder der **Überschrift**. In dem Beispieltext _Holger und Gesine_ betrifft das die Lücke (6): Es waren zwei Kinder, und wie das andere Kind heißt, kann der Lerner aus der Überschrift ersehen.

Eine weitere wichtige Strategie beim Ausfüllen der Lücken betrifft das Erschließen der fehlenden Wörter aus dem näheren und weiteren Umfeld der Lücken aufgrund **semantischer*** Regeln. Haben Sie diese Lösungsstrategie auch bei folgenden Lücken eingesetzt?

Lösungsstragien

(1) _[Miete]_ **bezahlen**

(2) _[vorne und]_ **hinten**

(3) _[schweren]_ **Herzens**

(4) _[weit]_ **entfernt** _[liegenden Park]_.

Eine dritte wichtige Lösungsstrategie ist das Erschließen der Lücken aufgrund **grammatischer** Regeln. Dies betrifft folgende Lücken:

(5) _[entschlossen sich die Eltern … ihrem Schicksal]_ **zu** _[überlassen]:_ Infinitiv mit _zu_

(7) _[führte]_ **sie**_:_ Pronomen, Plural, Akkusativ

(8) _[dort setzte]_ **er**_:_ Pronomen, Singular, Nominativ

(9) _[Hier]_ **bleibt** _[ihr sitzen]:_ Imperativ, Plural.

Mit der folgenden Aufgabe schließen wir nun das zweite Kapitel ab.

Aufgabe 60

> _Lesen Sie den Text „Holger und Gesine" weiter, und machen Sie sich Notizen, welche Strategie Sie diesmal beim Ausfüllen jeder Lücke angewendet haben. Haben Sie über die oben genannten Strategien hinaus noch weitere Strategien angewendet? Welche?_
>
> _____ (10) die Kinder brav und folgsam waren, blieben _____ (11) auf der Bank sitzen. Ihnen gegenüber saß _____ (12) alter Mann und beobachtete alles, sagte jedoch _____ (13) Wort. Gegen Mittag erhob er sich ächzend _____ (14) stöhnend und hinkte, auf einen Stock gestützt, _____ (15). „Du, Holger, ich habe Hunger", sagte Gesine. „_____ (16) noch ein bißchen, der Papa wird uns _____ (17) holen". Es dauerte nicht lange, da kam _____ (18) alte Mann wieder und setzte sich auf _____ (19) Bank wie am Morgen. Er nickte den _____ (20) Kindern zu. Holger und Gesine nickten freundlich _____ (21).

Mai, in: Frank (1985), 64

Lösungsstrategien:

(10) _____

(11) _____

(12) _____

(13) _____

(14) _____

(15) _____

(16) _____

(17) _____

(18) _____

(19) _____

(20) _____

(21) _____

3 Analyse verschiedener Tests und Prüfungen für die Grundstufe

In Kapitel 1 haben wir uns mit den verschiedenen Testarten (Einstufungstest, Lernfortschrittstest, Sprachstandstest), in Kapitel 2 mit Gütekriterien und Aufgabenformen für Tests beschäftigt. In diesem Kapitel wollen wir einige existierende Prüfungen und Tests für den Unterricht Deutsch als Fremdsprache mit Ihnen eingehender untersuchen.

Machen wir uns zunächst noch einmal klar, was man unter *Testen* im Sinne von *Prüfen* (und zwar unter dem Vorgang) genauer versteht. Eine Definition hierfür lautet wie folgt:

Definition: *Testen*

> „Testen bedeutet […] das Herstellen einer standardisierten* (in gleicher Weise wieder reproduzierbaren) Beobachtungssituation, in der alle Probanden (Personen, die getestet werden) unter gleichen Bedingungen die gleiche Aufgabenstellung zu lösen suchen. Die Lösungen der Probanden und die Beobachtungen des Testleiters werden dann noch in einer festgelegten (standardisierten) Weise protokolliert, so daß die Protokolle von verschiedenen Personen in genau der gleichen Weise und inhaltlich gleich ausgewertet und interpretiert werden können."

Kleber (1979), 12

In dieser Definition tauchen einige wichtige Begriffe auf, die im Zusammenhang mit Prüfungen immer wieder benutzt werden:

➤ standardisiert,

➤ Beobachtungssituation,

➤ (gleiche) Bedingungen,

➤ (gleiche) Aufgaben(stellungen).

Im folgenden Abschnitt wird erläutert, was diese Begriffe bedeuten.

Aufgabe 61

Bitte notieren Sie beim Lesen der folgenden Erläuterungen stichwortartig die Bedeutung der im Raster aufgeführten Begriffe.	
	Das bedeutet:
standardisiert	
Beobachtungssituation	
(gleiche) Bedingungen	
(gleiche) Aufgabenstellungen	

Unter standardisiert versteht man, daß z. B. eine Beobachtungssituation (also die Durchführung eines Tests oder einer Prüfung) nach bestimmten Regeln festgelegt ist, so daß sie auch bei einem zweiten und dritten Mal wieder unter den gleichen Bedingungen ablaufen kann. Ebenso muß die Methode, wie die Ergebnisse festgehalten und ausgewertet werden, immer wieder gleich, also standardisiert sein. Die Bedingungen können sich in vielfältiger Weise von einer Prüfung zur nächsten unterscheiden, z. B. durch die Größe des Raums, durch den Zeitpunkt, an dem die Prüfung stattfindet (früh am Morgen, am Mittag oder spät am Abend), durch die Zahl der Probanden (der Prüflinge) in einem Raum, durch Ablenkungen (Lärm, Hitze, Kälte etc.) und so weiter. Dies sollte aber möglichst nicht vorkommen. Ebenso sollten bei vergleichbaren Tests oder Prüfungen jeweils ähnliche Aufgabentypen, also z. B. Multiple-choice-Aufgaben, Cloze-Tests etc., zugrunde gelegt werden, nicht aber solche Aufgaben z. B. gegen Aufgaben zum freien *Schriftlichen Ausdruck* ausgetauscht werden.

Aufgabe 62

> *Entsprechen die Prüfungen in Ihrer Institution diesen Anforderungen? Überprüfen Sie sie einmal daraufhin, indem Sie die obengenannten Begriffe auf die Ihnen bekannten Prüfungen beziehen.*

Die Definition des Begriffs *Testen* auf Seite 60 sagt noch nichts darüber aus,

➤ was getestet werden soll und

➤ mit welchem Ziel etwas getestet werden soll.

die Aufgabe von Prüfungen

Es wird aber klar, daß *Testen* (im Sinne von *Prüfen*) in jedem Fall die Aufgabe hat, Informationen über Personen zu sammeln, Informationen, aus denen bestimmte Konsequenzen gezogen werden sollen:

> „ … die Informationen, die ein Lehrer auf diese Weise über eine Person oder das jeweilige Lerninformationsniveau eines Schülers, d. h. auch über die jeweilige Position eines Schülers in einem konzipierten Lernprozeß erhält, sind objektiv und mit Informationen von anderen Schülern bzw. mit vorliegenden Erwartungswerten vergleichbar. Objektiv in diesem Sinne bedeutet, sie sind nicht ein zufälliges Beobachtungsergebnis und nicht subjektiv, d. h. von den Einstellungen und Meinungen des Lehrers (von der Persönlichkeit des Lehrers) abhängig.“

Kleber (1979), 12

Hier kommt noch einmal der Begriff *objektiv* vor, über den wir schon gesprochen haben. Darunter versteht man, daß die Informationen, die der Lehrer mit Hilfe einer Prüfung oder eines Tests über seine Schüler erhält, nicht das Ergebnis zufälliger Beobachtungen, sondern das Resultat eines für alle gleichen formalen und standardisierten Vorgangs ist.

Objektivität von Prüfungen

Die Fragen, was und wozu etwas getestet werden soll, kann man nur an konkreten Tests und Prüfungen untersuchen. Aus der Fülle von Tests und Prüfungen, die weltweit im Bereich Deutsch als Fremdsprache durchgeführt werden, haben wir folgende Beispiele zu den drei wichtigsten Testarten ausgesucht:

Beispiele von Prüfungen zu den drei wichtigsten Test- und Prüfungsarten

1. **Einstufungstest:**

   – *Einstufungstest des Eurozentrums Köln* für Kurse mit Erwachsenen,

   – *Zentraler Einstufungstest* beim Übergang von der Sekundarstufe 1 in die Sekundarstufe 2 in Frankreich.

2. **Lernfortschrittstest:**

   – Test zu dem indonesischen Deutschlehrwerk für Jugendliche *Kontakte Deutsch I.*

   Dieses Thema wird in dieser Studieneinheit jedoch nur gestreift, da sie eine allgemeine Einführung in verschiedene Prüfungsformen geben soll. Wer sich jedoch mit der Erstellung von Lernfortschrittstests beschäftigen möchte, sei auf den Titel *Probleme der Leistungsmessung, Lernfortschrittstests* verwiesen.

3. Allgemeine **Sprachstandsprüfung*:**

   – *Zentrale schriftliche Abschlußprüfung* nach Ende der Sekundarstufe 1 in Dänemark,

   – die *Prüfung Grundstufe I* des Goethe-Instituts,

   – das *Zertifikat Deutsch als Fremdsprache.*

3.1 Zwei Einstufungstests

Rückverweis

Bevor wir mit der Analyse unserer Testbeispiele beginnen, möchten wir Sie bitten, die allgemeinen Ausführungen zu Einstufungstests in den Abschnitten 1.2.1 und 1.5.1 des ersten Kapitels noch einmal nachzulesen.

Tests, die dazu dienen, aus einer Vielzahl von Kursteilnehmern unterschiedliche, hinsichtlich des sprachlichen Kenntnisstandes aber jeweils annähernd homogene Kursstufen zu bilden, wie es im Bereich des Erwachsenenunterrichts häufig notwendig ist, werden dort (Kap. 1.5.1) eher den informellen Tests zugeordnet (zur Unterscheidung zwischen formellen und informellen Tests/Prüfungen vgl. Kapitel 1.5).

Um einen solchen informellen Test geht es in unserem ersten Beispiel.

3.1.1 Der *Einstufungstest des Eurozentrums Köln*

Voraussetzungen für die Zusammenstellung von Lerngruppen

Viele Institutionen außerhalb des schulischen Bereichs, die Deutsch als Fremdsprache unterrichten, stehen vor einem gemeinsamen Problem: Teilnehmer, die einen Kurs beginnen wollen, bringen unterschiedliche Vorkenntnisse der Fremdsprache mit. Teilnehmer, die etwa über ein gleiches sprachliches Niveau verfügen, müssen deshalb erst zu einer Gruppe zusammengefaßt werden. Das heißt: Man bildet (annähernd) **homogene** Lernergruppen in bezug auf ihre Vorkenntnisse in der Fremdsprache Deutsch.

homogene
Lernergruppen

Natürlich sind die Vorkenntnisse von verschiedenen Personen nie völlig gleich. Das Ziel, sprachlich homogene Gruppen zu bilden, kann also immer nur annähernd erreicht werden. Wie nahe man ihm kommt, hängt von mehreren Faktoren ab, z.B. davon,

➤ wie viele Gruppen gebildet werden können,

➤ wie weit die Vorkenntnisse der Teilnehmer auseinanderliegen,

➤ wie genau man den Stand der Vorkenntnisse feststellen kann.

sprachliche Kriterien zur
Gruppenbildung

Wenn die Teilnehmer etwa nur in zwei Gruppen aufzuteilen sind, wäre ein denkbares Kriterium, eine Gruppe für Teilnehmer ohne Vorkenntnisse und eine für Teilnehmer mit (egal welchen) Vorkenntnissen zu bilden. Diese Einteilung wäre denkbar grob, hätte aber den Vorteil, daß sie ohne einen Test vorgenommen werden könnte. Etwas weitergehende Differenzierungen könnten etwa zu den Gruppen

➤ Anfänger ohne Vorkenntnisse,

➤ Anfänger mit geringen Vorkenntnissen,

➤ Grundstufe,

➤ Mittelstufe,

➤ Oberstufe

führen. Hierbei stellen sich dann zwei Probleme:

1. Wie sind diese Stufen zu definieren?

2. Wie sind die individuellen Vorkenntnisse jedes einzelnen Kursteilnehmers auf diese Stufen zu beziehen?

Wahrscheinlich sind auch Sie schon mit diesem Problem konfrontiert worden. In der folgenden Aufgabe geht es um die Gruppe, die Sie zur Zeit unterrichten.

Aufgabe 63

> *Würden Sie die Gruppe, in der Sie gegenwärtig selbst unterrichten, als homogen bezeichnen, und zwar im Hinblick auf die sprachlichen Voraussetzungen, ihre Herkunft, ihr Alter, ihre Kultur?*
> *Begründen Sie Ihre Meinung.*

Was für ein sprachliches Niveau trifft auf diese Gruppe Ihrer Meinung nach zu?

- *Anfänger ohne Vorkenntnisse* ☐
- *Anfänger mit geringen Vorkenntnissen* ☐
- *Grundstufe* ☐
- *Mittelstufe* ☐
- *Oberstufe* ☐

Für die Zusammenstellung von Lernergruppen (insbesondere im Zielsprachenland) können verschiedene Kriterien berücksichtigt werden:

andere Kriterien zur Gruppenbildung

- **die Ausgangssprache der Lerner**

  Es kann sinnvoll sein, homogene Gruppen in bezug auf die Ausgangssprache zu bilden, um kontrastiv arbeiten zu können (auch wenn die Teilnehmer in bezug auf die Zielsprache unterschiedliche Vorkenntnisse besitzen).

- **Kenntnisse anderer Fremdsprachen**

  Wer schon eine Fremdsprache, z. B. Englisch, gelernt hat, wird leichter Deutsch lernen als jemand, für den Deutsch die erste Fremdsprache ist.

- **der allgemeine Bildungs- und Ausbildungsstand**

  Es kann sinnvoll sein, getrennte Gruppen zu bilden, und zwar nach Teilnehmern, die daran gewöhnt sind, „geistig" zu arbeiten, und nach Teilnehmern, die eher praktisch arbeiten.

- **kulturelle, nationale, religiöse, weltanschauliche und andere Ausgangsbedingungen**

  Durch die Berücksichtigung dieser Kriterien bei der Kurszusammenstellung kann man versuchen, zu große Spannungen zu vermeiden; andererseits kann man aber auch unter diesen Aspekten bewußt eine „interessante Mischung" von Menschen im Kurs anstreben.

- **das Ziel, für das Deutsch gelernt wird**

  Ein Wissenschaftler, der lernen will, Fachliteratur über Chemie in Deutsch zu lesen, ein Hotelmanager, der sich auf deutsche Gäste in seinem Hotel im Ausland einstellen will, und etwa ein Techniker, der in einer deutschen Firma arbeiten will, haben sehr unterschiedliche Lernziele.

Welches Kriterium jeweils den Ausschlag bei der Bildung der Gruppen gibt, muß in jedem einzelnen Fall entschieden werden. Wir beschäftigen uns im folgenden ausschließlich mit der Frage, wie der sprachliche Kenntnisstand durch einen Einstufungstest bestimmt werden kann.

Niveau-Stufen* am Eurozentrum Köln

Der Einstufungstest, den wir jetzt vorstellen, wird am Eurozentrum Köln seit mehreren Jahren eingesetzt. Die Kursteilnehmer kommen aus den verschiedensten Ländern der ganzen Welt, sind mindestens 16 Jahre alt, haben unterschiedliche Bildungs- und Berufserfahrungen und lernen Deutsch mit ganz verschiedenen Zielsetzungen. Sie bilden also unter allen diesen Gesichtspunkten eine sehr heterogene Gruppe. Genauso heterogen sind auch ihre Vorkenntnisse in der deutschen Sprache: von Teilnehmern ohne jegliche Vorkenntnisse bis hin zu sehr fortgeschrittenen Lernern.

Anders als an den Goethe-Instituten in der Bundesrepublik Deutschland liegt das Niveau der Kurse am Eurozentrum nicht von vornherein fest, sondern die Klassen werden jeweils dem Kenntnisstand der Teilnehmergruppen entsprechend gebildet. Dazu muß es als Grundlage eine Definition von Kursstufen geben. Sie orientiert sich an der vom Goethe-Institut und vom Deutschen Volkshochschulverband gemeinsam entwickelten Prüfung für Deutsch als Fremdsprache, dem *Zertifikat Deutsch als Fremdsprache*, und an der vom Goethe-Institut entwickelten *Zentralen Mittelstufenprüfung*.

Über dem Anfängerniveau (diese Teilnehmer machen keinen Einstufungstest) gibt es drei Grundstufenniveaus. Der Abschluß der Grundstufe ist definiert als *Zertifikatsniveau*, d. h., er orientiert sich an den Lernzielen, die für die Zertifikatsprüfung festgelegt sind (siehe dazu Kapitel 3.5). Darüber gibt es drei Mittelstufenniveaus, die in ähnlicher Weise mit Bezug auf die *Zentrale Mittelstufenprüfung* definiert sind, und aufbauend darauf eine Oberstufe. Die einzelnen Niveaustufen sind durch Lernzielbeschreibungen näher bestimmt, in denen Lerninhalte, Lernmaterialien und Fertigkeiten festgelegt sind.

Das Curriculum der Mittelstufe* und die *Zentrale Mittelstufenprüfung* sowie die Oberstufe* und weitere Prüfungen auf hohem Niveau werden in der Fernstudieneinheit *Testen und Prüfen in der Mittel- und Oberstufe* beschrieben.

Die Frage, die uns hier interessiert, ist nun: Wie werden neue Kursteilnehmer durch den Einstufungstest (= E-Test) der für sie richtigen Kursstufe zugeordnet?

Forderungen an einen Einstufungstest

Dabei sind einige grundlegende Forderungen an den Test zu stellen:

➤ Der Test soll eine möglichst verläßliche Information über den Vorkenntnisstand jedes einzelnen Kursteilnehmers geben.

➤ Die Ergebnisse des Tests sollen immer ungefähr gleich zu interpretieren sein.

➤ Der Test soll nicht zuviel Zeit in Anspruch nehmen und

➤ er soll möglichst schnell ausgewertet werden können.

Welche Informationen soll der E-Test liefern?

Besonders wichtig ist die Entscheidung darüber, wie viele und welche Informationen der Einstufungstest liefern soll. Hier kann es zwei mögliche Vorgehensweisen geben.

detaillierte Informationen

1. Der Test soll z. B. **detaillierte** Informationen liefern über:

• die Grammatikkenntnisse. Hier kann noch weiter differenziert werden,

– z. B. im Bereich des Verbs (Welche Tempusformen beherrscht der Teilnehmer: Präsens, Perfekt, Präteritum etc.?)

– oder im Bereich der Syntax (Welche Satzformen kennt er: Hauptsätze, einfache Nebensätze, Infinitivkonstruktionen etc.?),

• den Beherrschungsgrad des Teilnehmers in den klassischen Fertigkeitsbereichen *Hörverstehen, Leseverstehen, Sprechfertigkeit, Schriftlicher Ausdruck* oder allgemeiner: im Bereich der schriftlichen und mündlichen Kommunikation,

• weitere spezielle Kenntnisse und Fertigkeiten.

allgemeiner Gesamteindruck

2. Der Test soll nur einen **allgemeinen** und unspezifischen **Gesamteindruck** über die Kenntnisse und Fertigkeiten des Kursteilnehmers in der deutschen Sprache geben.

Aufgabe 64

> *1. Haben Sie selbst einmal einen Einstufungstest für Deutsch (oder eine andere Fremdsprache) abgelegt?*
>
> – *Aus welchen Teilen bestand dieser Test?*
>
> – *Was mußten Sie in diesem Test machen?*
>
> – *Wie lange hat der Test gedauert?*
>
> – *Wann haben Sie Ihr Testergebnis erfahren?*
>
> *2. Überlegen Sie bitte, welche Kriterien für Einstufungen in Ihrem Land zugrunde gelegt werden, und welcher der hier und in Kapitel 3.1.2 behandelten Einstufungstests sich dazu eignen würden, solche detaillierten Informationen zu ermitteln. Kommen Sie nach der Lektüre von Kapitel 3.1.1 und 3.1.2 noch einmal auf diese Aufgabe zurück.*

Vorteile und Nachteile des Einstufungstests

Zu 1: Der Test soll detaillierte Informationen liefern.

Hier liegt der Vorteil darin, daß alle diese detaillierten Informationen ein sehr genaues Bild der Vorkenntnisse jedes einzelnen Kursteilnehmers geben. Einstufungstests, die diese Erwartungen erfüllen, werden am häufigsten verwendet.

Eine Beschreibung eines umfangreichen Einstufungstests, mit dem eine exakte Einschätzung aller genannten Bereiche vorgenommen werden kann, gibt Harrison in:

Harrison, Andrew (1983, 4–6 und 24–48) in *A Language Testing Handbook*.

Ein Beispiel für einen detaillierten Einstufungstest stellt der *Zentrale Einstufungstest* aus dem Sekundarschulbereich in Frankreich dar, den wir Ihnen in Kapitel 3.1.2 vorstellen. In diesem Test dienen die detaillierten Informationen über die Vorkenntnisse der Testteilnehmer dazu, die zukünftige Unterrichtsplanung auf die in diesem Test festgestellten Defizite auszurichten.
Der Nachteil eines solchen detaillierten Einstufungstests ist allerdings, daß er sehr viel Zeit in Anspruch nimmt. Außerdem müßten die beteiligten Prüfer sehr gut geschult werden, damit die Ergebnisse vergleichbar wären. Darüber hinaus ist es fraglich, ob derart genaue Informationen für die Einstufung und die Bildung von Klassen überhaupt benötigt werden.

Zu 2: Der Test soll einen allgemeinen Gesamteindruck geben.

In diesem Fall werden die oben genannten Nachteile vermieden. Das Problem liegt jedoch darin, **wie** der Fertigkeitsstand in einer Sprache „ganz allgemein", also ohne Prüfung einzelner Kenntnis- und Fertigkeitsbereiche festgestellt werden kann.

Bitte fassen Sie die Vor- und Nachteile der beiden Formen von E-Tests im folgenden Raster noch einmal zusammen:

Der E-Test liefert:	Vorteile	Nachteile
detaillierte Informationen		
einen allgemeinen Gesamteindruck		

Ein Beispiel für einen Test, der einen allgemeinen Gesamteindruck geben soll, stellt der Einstufungstest des Eurozentrums Köln dar.

Der Test

Der Einstufungstest besteht aus vier kurzen Texten, in denen ganz regelmäßig von jedem zweiten Wort die zweite Hälfte weggelassen wird. Wenn ein Wort aus einer ungeraden Anzahl von Buchstaben (also 3, 5, 7, …) besteht, wird ein Buchstabe mehr als die Hälfte weggelassen (also 2, 3, 4, usw.)

Beispiel 1:

Gerade Anzahl von Buchstaben $\rightarrow$ die Hälfte fehlt:

2: *er* $\rightarrow$ *e_____*
4: *Haus* $\rightarrow$ *Ha_____*
6: *Sommer* $\rightarrow$ *Som_____*

Beispiel 2:

Ungerade Anzahl von Buchstaben $\rightarrow$ die Hälfte plus einer fehlt:

3: *sie* $\rightarrow$ *s_____*
5: *gehen* $\rightarrow$ *ge_____*
7: *Deutsch* $\rightarrow$ *Deu_____*

Marginalien (rechte Spalte):

E-Test gibt detaillierte Informationen

Literaturhinweis

Hinweis

allgemeine Auskunft über den Fertigkeitsstand

Aufgabe 65

Zusammenfassung

Einstufungstest des Eurozentrums Köln

65

C-Test	Diese Testart nennt man C-Test*. Es handelt sich dabei um die Weiterentwicklung der Cloze-Tests (oder der Cloze-Texte), die wir Ihnen schon im Kapitel 2.4.2 vorgestellt haben.

Aufgabe 66

> *Erinnern Sie sich noch, wie ein Cloze-Test aufgebaut ist? Welche der folgenden Angaben ist richtig? Bitte kreuzen Sie an.*
>
> | | R | F |
> |---|---|---|
> | *Der Cloze-Test ist ein Text mit Lücken.* | | |
> | *Beim Cloze-Test werden die Lücken nach didaktischen Prinzipien (grammatische/lexikalische Schwerpunkte) gesetzt.* | | |
> | *Beim Cloze-Test wird in regelmäßigen Abständen ein Wort gelöscht.* | | |
> | *Mit dem Cloze-Test werden besonders grammatische Kenntnisse geprüft.* | | |
> | *Mit dem Cloze-Test wird vor allem die linguistische Kompetenz überprüft.* | | |
> | *Je mehr Wörter gelöscht werden, um so schwieriger ist der Test.* | | |

Rückverweis

Lesen Sie zur Überprüfung Ihrer Lösungen im Abschnitt 2.4.2 nach.

Dem Cloze-Test und dem C-Test gemeinsam ist das Prinzip, daß aus einem Originaltext in regelmäßiger Folge etwas weggelassen wird, das vom Testteilnehmer (oder bei der Übung: vom Lerner) ergänzt werden soll. Beim Cloze-Test geht man dabei von einem wesentlich längeren Text aus als beim C-Test und tilgt jedes 5. oder 6. oder 7. usw. Wort. Es ist klar, daß bei ein und demselben Text die Rekonstruktion* (und damit der Test) schwieriger wird, je mehr Wörter weggelassen werden.

reduzierte Redundanz

In der Fachwissenschaft werden diese beiden Arten von Tests als *Test der reduzierten Redundanz** (vgl. Klein-Braley [1985b], 1–13; Raatz [1985], 14–19) bezeichnet. Sie nutzen also die Tatsache aus, daß Informationen in der Sprache meist nicht nur durch ein einziges sprachliches Signal realisiert werden, sondern durch mehrere Signale gleichzeitig, die sich wechselseitig ergänzen oder auch einfach dieselbe Information wiederholen. So sind z. B. in dem Satz

Er schenkt seiner neuen Freundin einen teuren goldenen Ring

folgende Informationen mehrfach enthalten:

– Das Subjekt ist Singular, 3. Person: in *er* und in *schenkt*.

– Die Information *Dativ* kommt vor in *seiner, neuen*.

– Die Information *Akkusativ* kommt sogar dreimal vor in *einen, teuren, goldenen*.

Aufgabe 67

> *Bitte überlegen Sie: Welcher der beiden folgenden Beispielsätze stammt aus einem C-Test, welcher aus einem Cloze-Test? Ergänzen Sie jeweils die Lücken.*
>
> **Beispielsatz 1:**
>
> *Er schenkt seiner _____ Freundin einen teuren _____ Ring.*
>
> **Beispielsatz 2:**
>
> *Er sch_____ seiner ne_____ Freundin ei_____ teuren gold_____ Ring.*
>
> *Cloze-Test: _____ C-Test: _____*

Vergleich
C-Test – Cloze-Test

In Beispielsatz 1 ist es relativ schwierig, die fehlenden Wörter zu ergänzen, selbst wenn der Satz innerhalb eines längeren Textes vorkommt. Man muß hier zu oft raten, um welches Wort es sich jeweils handeln könnte. In Beispielsatz 1 könnte es z. B. auch *liebsten, besten, treuesten, schönen, jungen Freundin* heißen. Damit wird also im wesentlichen der Wortschatz getestet, der aber nur einen Teil der Sprachfertigkeit ausmacht.

In Beispielsatz 2 muß sehr viel weniger geraten werden, da ja die erste Hälfte jedes Wortes, das vervollständigt werden soll, vorgegeben wird. Hier werden die Wortschatzkenntnisse der Prüflinge gezielter getestet, da in die Lücken nur „die richtigen" Ergänzungen passen. Auch hierbei können mehrdeutige Vorgaben entstehen, wie z. B. das zweite Wort zeigt, bei dem die richtige Lösung *schenkt* oder *schickt* lauten kann, keinesfalls aber *gibt* oder *kauft* oder ähnliches.

Neben dem Wortschatz werden bei einem C-Test aber auch viele Bereiche der Grammatik überprüft – insbesondere natürlich alle durch Endungen ausgedrückten grammatischen Erscheinungen, und das sind im Deutschen ja sehr viele. Dabei werden sie nicht in isolierten, oft sehr künstlichen Testformen (etwa Umformungs-* oder Einsetzübungen*) geprüft, sondern eingebettet in authentische Texte. Natürlich erfolgt die „Auswahl" der getesteten Wortschatz-, Grammatik- und sonstigen Einheiten nicht gezielt, sondern nach dem Zufallsprinzip.

Die Anleitung zum Erstellen eines C-Tests lautet: Wählen Sie einen vollständigen authentischen Text von ca. 60 bis 70 Wörtern aus (es kann auch der Anfang eines längeren Textes oder Textabschnitts sein). Lassen Sie den ersten (und eventuell zweiten) Satz vollständig, damit das Thema klar wird. Entfernen Sie bei den folgenden 40 Wörtern von jedem zweiten Wort die zweite Hälfte (oder die 2. Hälfte plus einen Buchstaben), so daß im Text 20 Lücken entstehen. Erstellen eines C-Tests

In der folgenden Aufgabe geht es um die Erstellung eines C-Tests.

---

1. Stellen Sie aus dem folgenden Text nach diesen Regeln einen C-Test her: Aufgabe 68

    Nun bin ich hier und will Deutsch lernen, und alle fragen mich, warum. Ein bißchen Deutsch habe ich schon in der Schule gelernt, und ich dachte: „In Köln kann ich sicher die Leute verstehen." Aber schon im Taxi hatte ich Probleme. Der Fahrer sprach viel zu schnell, und ich habe gesagt: „Bitte, sprechen Sie langsam. Ich kann Sie nicht verstehen." Diesen Satz habe ich auf der Reise nach Köln gelernt, und das war gut.

2. Wird dieses Testprinzip im Deutschunterricht bei Ihnen schon verwendet, oder lernen Sie es hier zum erstenmal kennen?

3. Suchen Sie selbst deutsche Texte, die sich Ihrer Meinung nach für C-Tests eignen.

4. Ist das Prinzip des C-Tests auch auf Ihre Muttersprache anwendbar, oder sehen Sie dabei Schwierigkeiten, die es im Deutschen nicht gibt?

Anders als beim C-Test besteht beim Cloze-Test ein weiteres Problem in der Auswahl der Texte. Da es beim Cloze-Test besonders auf Wortschatzwissen ankommt, ist es ganz besonders wichtig, ob jemand sich in dem Thema auskennt (in der Muttersprache oder in der Zielsprache) oder ob es für ihn ganz fremd ist. Auch dieses Problem ist beim C-Test weniger gewichtig – und zwar aus zwei Gründen: Auswahl der Texte

1. Wie schon erwähnt, ist es wesentlich leichter, die Ergänzungen für die beschädigten Wörter zu finden, weil die erste Hälfte vorgegeben ist. Das Raten wird damit in eine bestimmte Richtung gelenkt.

2. Ein vollständiger C-Test besteht in der Regel nicht nur aus einem Text, sondern meistens aus vier bis fünf kurzen Texten aus verschiedenen Themenbereichen mit je 20 Lücken. Es ist wahrscheinlich, daß die Testteilnehmer den Wortschatz, der in den Texten vorkommt, jeweils mehr oder weniger gut kennen. Im Durchschnitt sind die Chancen aller Testteilnehmer dadurch in etwa gleich groß.

Die Auswahl der vier oder fünf Texte ermöglicht es dem Testautor zudem, die gewünschte Anwendungsbreite seines Tests festzulegen und ihn damit auf die Zielgruppe, die er testen möchte, zu beziehen. In der Regel wird er Texte wählen, die Bezug auf die Zielgruppe möglich unterschiedlich schwer sind (vom Thema, Wortschatz und von der Grammatik her). Man beginnt mit einem sehr leichten Text, den alle Testteilnehmer möglichst ohne große Schwierigkeiten rekonstruieren können – auch um sie so mit dem Testprinzip vertraut zu machen – und steigert die Schwierigkeit vom zweiten oder dritten Text an. Den letzten Text sollten nur noch wenige der Teilnehmer am Einstufungstest vervollständigen können. Auf diese Weise ermöglicht der ganze C-Test (also die vier oder fünf Texte) eine gute Aussage über die Kenntnisse der Testteilnehmer in der Fremdsprache Deutsch von der Grundstufe bis weit in den Bereich der Mittelstufe hinein. Eine andere Möglichkeit liegt darin, Texte aus dem Fachgebiet der Testkandidaten zu wählen, falls es sich um eine homogene Gruppe handelt.

Bitte lösen Sie jetzt die beiden Aufgaben zum Einstufungstest des Eurozentrums Köln. Für die erste Aufgabe bitten wir Sie wieder einmal, in die Rolle des Testkandidaten/der Testkandidatin zu schlüpfen.

Aufgabe 69

> 1. *Bitte ergänzen Sie die Lücken in den folgenden C-Tests.*
>
> 2. *Versuchen Sie, die vier C-Tests zu ordnen: Nr. 1 sollte der leichteste Text sein, Nr. 4 der schwierigste.*

Text A:

Haschisch und Diebesgut gefunden.

Zwei Männer (22 und 19 Jahre) machten in Mülheim auf Polizisten den Eindruck, als stünden sie unter dem Einfluß von Drogen. Bei ei____ Durchsuchung wur____ 80 Gr____ Haschisch entd_____. Die Män____ berichteten, s____ hätten d____ Drogen v____ einem Beka_____ bekommen. Di____ führte z____ einer Wohnungsdu_____ in d____ Innenstadt. Der 24 jäh_____ Wohnungsinhaber ha____ die 400 Gramm i____ Keller vers_____. Eine Stereo_____ wurde a____ Beute ei____ Wohnungseinbruchs im Oktober 1993 identifiziert.

Text B:

Die Radwandertour „Auf den Spuren des Bayernkönigs Ludwig II." kombiniert Bewegung mit Geschichte.

Auf dem eigenen Rad fah____ Sie i____ sieben Ta_____ von Prien a____ Chiemsee na____ Immenstadt im Allgäu, w____ Sie si____ zwei Ta____ in ei_____ rustikalen Ho_____ inmitten d____ Berge erh_____ können. Abe_____ gibt e____ Vorträge üb_____ Ludwig II., d____ vor hun_____ Jahren i____ Starnberger See a____ mysteriöse We_____ ums Leben kam.

Text C:

Schattenwirtschaft.

Die Bundesanstalt für Arbeit in Nürnberg geht davon aus, daß grundsätzlich in allen Berufen schwarzgearbeitet wird.

Die mei_____ Fälle, et____ 50 Pro_____, seien jed____ in d____ Bauwirtschaft z____ beklagen. Dar____ hinaus si____ die Häl_____ aller ille_____ Arbeitnehmer Ausl_____ aus d____ Staaten d____ Europäischen Gemein_____. Von d____ Bundesanstalt wur____ 1991 fa____ 160000 Fä____ ermittelt und Strafa_____ erstattet. Geldb_____ und Verwarnungen in Höhe von fast 10 Millionen Mark wurden verhängt.

Text D:

Liebe Eltern,

ich bin gut in Köln angekommen. Die Re____ war la_____, aber i____ habe net____ Leute kenneng_____. Mit ei____ Taxi b____ ich z____ meiner Gastfa_____ gefahren. Sie wo_____ in ei_____ Einfamilienhaus m____ Gar-

ten. Me____ Zimmer i____ sehr sch____. Frau Meister ist freun_____.
Herrn Meister ke____ ich no____ nicht. E____ ist je____ in Hamburg. Morgen
beginnt die Schule.

Herzliche Grüße von Eurer Maus

Einstufungstest Eurozentrum Köln

Ihre Lösung: *Nr. 1:*   *Text* _____

                     Nr. 2:   *Text* _____

                     Nr. 3:   *Text* _____

                     Nr. 4:   *Text* _____

Anmerkung zur Lösung: Ziffern und Eigennamen werden beim Zählen der Wörter meist nicht berücksichtigt.

3.1.2   *Zentraler Einstufungstest* beim Übergang von der Sekundarstufe 1 in die Sekundarstufe 2 in Frankreich

Mit dieser „Prüfung" möchten wir Ihnen einen Test für Deutsch als Fremdsprache vorstellen, der im Rahmen der Reform der gymnasialen Oberstufe in Frankreich zum ersten Mal zu Beginn des Schuljahres im Herbst 1992 durchgeführt wurde. Der Test erscheint uns in mehrfacher Hinsicht bemerkenswert.

Einstufungstest aus Frankreich

Der Test wurde für 14 bis 15jährige Schüler entwickelt, die Deutsch als erste Fremdsprache, in Frankreich also bereits seit 4 Jahren, gelernt haben.

Der Test befindet sich noch in der Entwicklung. So fehlt z. B. der Prüfungsteil *Mündlicher Ausdruck* in den beiden Prüfungssätzen für 1992 und 1993, weil die Prüfungsmaterialien dafür bis zu diesem Zeitpunkt noch nicht erarbeitet werden konnten. Auch wurde der Bereich *Wortschatz und Strukturen* (linguistische Kompetenz), der im ersten Anwendungsjahr noch getrennt geprüft wurde, im zweiten Jahr in die drei Fertigkeitsbereiche *Hörverstehen, Leseverstehen, Schriftlicher Ausdruck* integriert. Darin äußert sich die Überzeugung der Testautoren, daß die linguistische Kompetenz nicht isoliert, sondern als integraler Bestandteil der Kommunikationsfähigkeit in den vier Fertigkeitsbereichen (*Mündlicher Ausdruck, Hörverstehen, Leseverstehen, Schriftlicher Ausdruck*) zu betrachten sei. Konsequenterweise wird in den Testzielen der aktive und rezeptive Umgang mit grammatischen Elementen als Fertigkeit formuliert (vgl. dazu die Übersicht auf Seite 72f.).

Bei unseren bisherigen Ausführungen zu Einstufungstests waren wir davon ausgegangen, daß es sich bei dieser Testart in der Regel eher um informelle Tests handelt (siehe Kapitel 1.5 und 1.5.1), die mit dem Ziel durchgeführt werden, entweder Teilnehmer mit unterschiedlichem Sprachniveau in verschiedene Kursstufen einzuordnen (wie beim Einstufungstest des Eurozentrums Köln) oder um sich zu Beginn eines Schuljahres über den Kenntnisstand einer neuen Klasse zu informieren. Anders ist es bei den sogenannten „Zulassungs- oder Aufnahmeprüfungen", die meist institutionenübergreifend festgelegt sind.

Rückverweis

Der französische Einstufungstest, von dem wir hier sprechen, ist weder eine Zulassungs- noch eine Aufnahmeprüfung. Dennoch hat er alle Merkmale einer formellen Prüfung: Er wird einheitlich für das ganze Land erarbeitet und durchgeführt; er ist obligatorisch, d. h., alle Schülerinnen und Schüler, die von der Sekundarstufe 1 in die Sekundarstufe 2 überwechseln, müssen an ihm teilnehmen, und er ist systematisch, d. h., er überprüft den Testgegenstand umfassend (zur Definition formeller Tests siehe Kapitel 1.5).

ein Einführungstest: national, obligatorisch, systematisch

Rückverweis

Die Testziele

Testziele

Obwohl der Test institutionenübergreifend und in ganz Frankreich verwendet wird, ist er keine Prüfung. So heißt es in den Durchführungsbestimmungen für Lehrer: „Dieser Test ist keine Prüfung", und weiter: „Es geht nicht darum, die Kenntnisse und Fertigkeiten, die der Schüler mit Abschluß der Sekundarstufe 1 erworben hat, zu überprüfen, sondern darum, zu erfassen, wieweit der Schüler die notwendigen sprachlichen *Fähigkeiten* beherrscht, die er braucht, um die Ziele der ersten Gymnasialklasse zu erreichen". Ziel des Tests ist also eine „prospektive Diagnose", d. h. eine Diagnose, die in die Zukunft weist. Und weiter heißt es in diesem Zusammenhang: „Auch die Schüler sollen mit Hilfe dieses Tests ihre Stärken und Schwächen deutlich erkennen. Der Test soll in einer ruhigen, streßfreien Atmosphäre stattfinden". Und: „Die Lehrer dürfen die offiziellen Prüfungsteile um eigene Elemente erweitern".

Wir haben so ausführlich aus diesen Durchführungsbestimmungen zitiert, weil hier eine andere als die im schulischen Bereich meist übliche Auffassung von Testen und Prüfen deutlich wird: Der Test stellt keine Sanktion für „vergangene Taten" (erfolgreiches/fleißiges Lernverhalten oder weniger erfolgreiches/ungenügendes Lernen) dar; er hat auch nicht die Funktion eines Auswahlkriteriums für die Zulassung zu einer höheren Lernstufe; statt dessen wird er definiert als Hilfe für den zukünftigen Unterricht, indem er zum einen den Schülern hilft, ihre persönlichen Defizite zu erkennen (den Lehrern wird empfohlen, die Ergebnisse des Tests mit den Schülern gemeinsam zu besprechen) und zum andern den Lehrern hilft, bestimmte Schwerpunkte ihres Unterrichts von Anfang an besser zu planen. Dabei soll der Schwerpunkt auf den sprachlichen Fähigkeiten und Fertigkeiten liegen. Mit Hilfe eines mitgelieferten Computerprogramms können die Lehrer aufgrund der im Test erzielten Ergebnisse ein ziemlich genaues Profil der sprachlichen Fähigkeiten der einzelnen Schüler als auch der ganzen Klasse als Grundlage dieser Planung erstellen.

Freiräume für den Lehrer:

Umsetzung der Testergebnisse im Unterricht

Der Lehrer soll also – wie es in den oben zitierten Durchführungsbestimmungen heißt – mit Hilfe des Tests in die Lage versetzt werden, im Deutschunterricht bestimmte Schwerpunkte zu setzen. Dafür gibt es seit der Reform von 1992 neben der vorgeschriebenen Pflichtstundenzahl für das Kernprogramm zusätzliche Stunden. Auf diese Weise sollen pädagogische „Freiräume" geschaffen werden, in denen der Lehrer entsprechend der bei dem Einstufungstest zutage getretenen Defizite einzelner Schüler oder der ganzen Klasse schülerorientiert arbeiten kann oder soll. Zwar wird für die Bewertung der Schülerarbeiten in den Testbögen eine Anleitung mit entsprechendem Code mitgeliefert, aber es bleibt dem Lehrer selbst überlassen, **wie** er mit den Ergebnissen des Tests im Unterricht umgeht, d. h., **was** genau er in seinem Unterricht macht. Daß hier auf jeden Fall die „Freiheitsbäume" nicht in den Himmel wachsen, zeigt der Umfang der zusätzlichen Stunden. Während die Pflichtstundenzahl für das vorgeschriebene Kernprogramm 2 1/2 Wochenstunden umfaßt, stehen für den „Freiraum" (im Schuljahr 1993) 45 Minuten pro Woche zur Verfügung. Es wird interessant sein, zu beobachten, wie die Entwicklung hier weitergeht.

Bevor wir uns Auszüge der einzelnen Testteile betrachten, bitten wir Sie, sich zu folgender Frage Gedanken zu machen:

Aufgabe 70

> *Was halten Sie von dieser Art eines formellen Tests? Gibt es ähnliche „prospektiv-diagnostische", zentral erstellte Tests in dem Schulsystem Ihres Landes? Oder könnte man solche Tests auch der Eigeninitiative der einzelnen Schulen, vielleicht sogar des einzelnen Lehrers überlassen? Wie sehen Sie das?*

Wir möchten nun einige der Prüfungsteile mit Ihnen näher betrachten.

Zum Schuljahresbeginn 1993 umfaßt der Einstufungstest die folgenden Fertigkeitsbereiche:

	Testdauer:
– Hörverstehen	25 Minuten

Testdauer:

– Leseverstehen   30 Minuten

– Schriftlicher Ausdruck   35 Minuten

Der Teilbereich *Mündlicher Ausdruck* lag, wie schon gesagt, zu diesem Zeitpunkt noch nicht vor.

Testunterlagen

Die Testunterlagen bestehen aus einem Schülerarbeitsheft (48 Seiten) und einer Tonkassette für das Hörverstehen sowie einer Prüfungsdokumentation mit Bewertungsanleitungen für den Lehrer (64 Seiten). Dazu kommt das oben genannte Computerprogramm. Die Testunterlagen bieten zwei komplette Testsätze (a, b) zur Auswahl durch den Lehrer.

Bewertungsskala

Die Bewertungsskala hat fünf Stufen:

1 = richtige Antwort

2 = inhaltlich akzeptable Antwort, die eine erfolgreiche Kommunikation nicht behindert

3 = eindeutige Fehler, die im Unterricht bearbeitet werden können

9 = falsche oder unangemessene Antwort, die zeigt, daß die betreffende Fertigkeit nicht beherrscht wird

0 = keine Antwort

Zusammenhang zwischen Test und (zukünftigem) Unterricht

In Kapitel 1 und 2 haben wir immer wieder den engen Zusammenhang betont, der zwischen curricularer Planung einerseits und Tests und Prüfungen andererseits besteht. Dabei haben wir die Tätigkeit des Testens und Prüfens meist auf einen Unterricht bezogen, der bereits stattgefunden hat, also auf etwas Vergangenes. Das Besondere an dem Einstufungstest, den wir jetzt betrachten, ist, daß das Hauptaugenmerk **nicht** auf den bereits **erworbenen** Kenntnissen und Fähigkeiten liegt, sondern auf den Fähigkeiten und Kenntnissen, die erst noch **vermittelt werden** sollen, also auf etwas Zukünftigem, denn die Ergebnisse des Tests sollen ja eine tragfähige Basis für die zukünftige Unterrichtsarbeit liefern.

Dafür ist zweierlei erforderlich:

1. Die Beschreibung der Testziele muß zu der Beschreibung der Unterrichtsziele des zukünftigen Unterrichts passen.

2. Die Testvorlagen und die Aufgabenstellungen müssen, wie bei allen Tests, valide sein, d.h., sie müssen so beschaffen sein, daß sie auch wirklich überprüfen, was geprüft werden soll (zum Begriff *Validität* siehe Kapitel 2.1.1, S. 22f.).

Rückverweis

Übersicht Testziele

Die Beschreibung der Testziele zu den drei Fertigkeitsbereichen *Hörverstehen, Leseverstehen* und *Schriftlicher Ausdruck* finden Lehrer und Schüler in einer Übersicht in ihren Testunterlagen. Jedem dort beschriebenen Testziel ist **eine** bestimmte Testaufgabe zugeordnet. So entspricht z.B. dem Testziel 3 a in der Übersicht der Testziele zum Hörverstehen auf Seite 72 die Testaufgabe 3 a auf Seite 75. Auf diese Weise können die Ergebnisse der Testaufgaben direkt auf das Test- und – je nach Ergebnis des Tests – auf das zukünftige Unterrichtsziel bezogen werden. Bezogen auf das obige Beispiel zum Hörverstehen, heißt das: Die Fertigkeit *Personen identifizieren* wird gut/ weniger gut/nicht beherrrscht und muß im Unterricht viel/wenig/nicht geübt werden.

Wir stellen Ihnen die Übersichten zu den Fertigkeiten *Hörverstehen, Leseverstehen* und *Schriftlicher Ausdruck* hier in ihrer Gesamtheit vor, weil darin der Zusammenhang zwischen Testzielen und zukünftigen Unterrichtszielen sehr deutlich wird.

Aufgabe 71

> *Bitte lesen Sie die folgende Übersicht über die getesteten Fähigkeiten und Fertigkeiten gründlich durch. Überlegen Sie sich dann,*
> – *welche Testteile innerhalb der drei Bereiche die linguistische Kompetenz überprüfen?*
> – *wie das Verhältnis von Testaufgaben zur linguistischen Kompetenz und zu anderen Testaufgaben in den drei Bereichen ist.*

Übersicht über die getesteten Fähigkeiten und Fertigkeiten

	Fertigkeiten	Fähigkeiten/Techniken
H Ö R V E R S T E H E N		1 a. in einer Situation Sprechabsichten* erkennen wie Vermutungen (Hypothesen), Zustimmung/Nichtzustimmung (Widerspruch) äußern, Informationen erfragen
	(Wieder-) Erkennen Identifizieren	2 a. Bekanntes heraushören: Informationen, Strukturen, Wörter
		3 a. Personen identifizieren
	Kurzzeitgedächtnis aktivieren	4 a. Signale für Zeit- und Raumangaben erkennen
	Raum- und Zeitverhältnisse identifizieren	5 a. Direktiv- und Lokalergänzungen (z. B. *in die Stadt/in der Stadt*) erkennen
		6 a. die Zeiten des Verbs erkennen
	prosodische Elemente (Melodie, Rhythmus, Intonation) unterscheiden können	7 a. den Satztyp mit Hilfe der Intonation erkennen
		8 a. den Satzakzent für die Hervorhebung der wichtigen Informationen erkennen
		9 a. die Stellung des konjugierten Verbs in verschiedenen Aussagen erkennen
	Zuordnen	10 a. Personen und Informationen einander zuordnen
	Zusammenfassen	11 a. die wichtigsten Informationen eines Hörtextes zusammenfassen
L E S E V E R S T E H E N	Antizipieren (Inhalte gedanklich vorwegnehmen)	12 a. Hypothesen (Annahmen, Vermutungen) über den Textinhalt bilden aufgrund von: Hauptüberschrift, Zwischenüberschriften, Datum, Name des Autors, Einleitung
	(Wieder-) Erkennen Identifizieren	13 a. Verweismittel (z. B. *der Mann: er, dieser, ihn ...*) den betreffenden Personen zuordnen
		14 a. die Deklinationsform der Nominalgruppen bestimmen (z. B.: *den warmen Mantel* = Akkusativ)
		15 a. die Personalpronomen und ihre Funktion identifizieren
		16 a. die Relativpronomen und ihre Funktion identifizieren
		17 a. verschiedene Satzglieder erkennen
	Textzusammenhänge erkennen	18 a. aus dem Kontext unbekannte Wörter erschließen
	Ableiten	19 a. mit Hilfe von Wortbildungsregeln (Zusammensetzung/Ableitung) die Bedeutung eines unbekannten Wortes erschließen
		20 a. die Bedeutung der Nebensätze mit *daß, ob, weil, als, wenn* erkennen
	tiefere Textzusammenhänge erkennen	21 a. den inneren (nicht explizit gesagten/geschriebenen) Textgehalt erfassen
	Schlußfolgern	22 a. Wörter und Ausdrücke erkennen, die die logische Verknüpfung zwischen zwei Sätzen herstellen (z. B. *nämlich, jedoch* usw.)
	die Textargumentation erkennen	23 a. den Modus der Verben (Indikativ/Konjunktiv) erkennen

	Fertigkeiten	Fähigkeiten/Techniken
S C H R I F T L I C H E R A U S D R U C K	vorhandene Kenntnisse aktivieren	24 a. beim Verfassen eines Textes alle zur Verfügung stehenden sprachlichen Elemente (Strukturen, Wörter) aktivieren
		25 a. Hypothesen bilden
		26 a. Zustimmung/Nichtzustimmung ausdrükken
		27 a. Informationen erfragen
	Informationen zu einem Textganzen zusammenfügen	28 a. aus Einzelaussagen einen zusammenhängenden Text erstellen
		29 a. die Zeiten und den Modus (Indikativ/Konjunktiv) der Verben benutzen
		30 a. Nebensatzkonjunktionen (z. B. *weil, daß* usw.) verwenden
		31 a. logische (z. B. begründend: *denn*, einschränkend: *obwohl* ...), chronologische (zeitlich gegliedert: *damals, als, danach*) und korrelierende (z. B. *Es kommt darauf an, daß* ...) Argumentationstypen realisieren
	Sprachmittel situationsangemessen verwenden	32 a. vorhandene sprachliche Defizite mit Hilfe anderer Formulierungen überbrücken
	einen geschriebenen Text selbst überprüfen und korrigieren	33 a. geschriebene Texte selbst korrigieren
		34 a. die Verbstellung in verschiedenen Aussagen überpüfen und berichtigen
		35 a. korrekte Deklinationsform der Nominalgruppe anwenden
		36 a. Personalpronomen und Relativpronomen verwenden

nach: Einstufungstest Sek. II Frankreich (1993b), 5; übersetzt

Im folgenden zeigen wir Ihnen nun noch einige ausgewählte Testteile aus den Bereichen *Hörverstehen* und *Leseverstehen*. Sie sollen verdeutlichen, wie das Testziel (Erkennen der bereits vorhandenen sprachlichen Fähigkeiten und Fertigkeiten und Feststellen der Defizite, die dann auf der Basis der Testergebnisse im Unterricht bearbeitet werden können), erreicht werden soll.

Auf den Bereich *Schriftlicher Ausdruck* gehen wir hier nicht ein, da wir diesen Fertigkeitsbereich in den Abschnitten 3.3 und 3.4 anhand zweier anderer Prüfungen (*Prüfung Grundstufe I* des Goethe-Instituts und *Erweiterte Abschlußprüfung* der Sekundarstufe 1 in Dänemark) betrachten wollen.

Bitte schlüpfen Sie nun wieder einmal in die Schülerrolle, und führen Sie die Testaufgaben selbst durch (Simulation). Im Anschluß an die Testaufgaben der beiden Fertigkeitsbereiche finden Sie dann Aufgaben, in denen wir gemeinsam mit Ihnen über einige methodische Aspekte nachdenken wollen.

Testteil *Hörverstehen* (Ausschnitte), Gesamtdauer: 25 Minuten

Bitte bearbeiten Sie die folgenden Aufgaben, und ziehen Sie dabei die abgedruckte Transkription heran. Sollten Sie Interesse haben, diese Tests einmal in der Klasse auszuprobieren oder sie selber anzuhören, so finden Sie sie auf der Begleitkassette zu der Fernstudieneinheit *Probleme der Leistungsmessung, Lernfortschrittstests.*

Alle Hinweise und Aufgabenformulierungen sind im Originaltest auf französisch. Wir haben sie hier übersetzt. Am rechten Rand finden Sie den jeweiligen Bewertungscode*. Die Lösungen und die Bewertungsanleitungen aus den Testunterlagen für die französischen Lehrer finden Sie im Lösungsteil auf Seite 172f.

Sie haben jetzt 30 Sekunden Zeit, um die Aufgabenstellung zu lesen.

Testaufgabe 1 a.:

Sie hören jetzt 8 Aussagen. Jede Aussage hören Sie nur einmal. Die Aussagen enthalten eine Vermutung, eine Informationsfrage, eine Zustimmung, einen Widerspruch.

Markieren Sie während der kurzen Pause zwischen den Sätzen die entsprechenden Kästchen in der Tabelle unten.

Hörtext: (Die Situationsangaben werden auf französisch gesprochen.)

1. Auf der Straße:
   „Können Sie mir bitte sagen, wie ich zum Bahnhof komme?"

2. Nach der Kinovorstellung:
   „Du findest diesen Film doof. Da kann ich dir nur recht geben."

3. Im Reisebüro:
   „Kommt nicht in Frage. Wir waren doch schon in der Schweiz."

4. In den Bergen:
   „Ich glaube, daß es heute abend schneien wird. Es sieht jedenfalls so aus."

5. In einem Geschäft:
   „Aber sicher, Liebling! Das kannst du dir kaufen."

6. In Erwartung eines Freundes:
   „Kann sein, daß er den Bus verpaßt hat."

7. Ein Schüler zu seinem Freund:
   „Du, erklär mir doch mal, wie dieser Fotoapparat funktioniert."

8. Über die Deutschen:
   „Man hört überall, daß alle Deutschen fleißig sind. Das würde ich aber nicht sagen."

Einstufungstest Sek. II Frankreich (1993 b), 13

	Aussagen							
	1	2	3	4	5	6	7	8
Vermutung (Hypothese)								
Informationsfrage								
Zustimmung								
Widerspruch								

1 2 9 0

Schließen Sie jetzt Ihre Hefte. Sie hören nun eine längere Hörszene.

Sie sollen dann in der nächsten Aufgabe die Informationen, die Sie zu den Personen und zu Ort und Zeit des Geschehens gehört haben, sammeln und ordnen.

Hörszene:

Man hört eine Klingel, eine Tür geht auf.
Brigitte: Guten Tag, Frau Heitmann!
Frau Heitmann: Ach, du bist es, Brigitte!

(Die Tür wird zugemacht.)

Nett, daß du kommst. Harald wird sich freuen. Geh rauf in sein Zimmer. Seit heute morgen geht es ihm viel besser, und er hat kein Fieber mehr.
Harald ruft von oben: Komm rauf, Brigitte.

(Sie geht die Treppe hinauf.)

Brigitte:	Prima, daß du da bist. Ich langweile mich nämlich zu Tode. Tag, Harald. Du hast vielleicht Glück. Da spielst du krank, und wir müssen Klassenarbeiten schreiben … Übrigens, weißt du das Neueste? Bald soll unsere Partnerschule aus Bordeaux kommen. Sie wollen zehn Tage hier in Köln bleiben.
Harald:	Ja, richtig. Wann kommen sie denn eigentlich?
Brigitte:	Zwei Wochen vor den Osterferien.
Harald:	Kennst du deine Brieffreundin? Ich habe Matthieu noch nie gesehen, aber ich habe ein Foto von ihm. Damit werde ich ihn auf dem Bahnhof erkennen. Ich weiß auch, daß sein Hobby Informatik ist. Da können wir uns mit meinem Computer amüsieren.
Brigitte:	Das ist ja alles schön und gut. Aber Matthieu und die anderen kommen ja nicht nach Köln, um Computerspiele zu machen. Ich meine, wir sollten ihnen auch Bonn zeigen.
Harald:	Och, Bonn zeigen. Warum nicht nach Berlin fahren? Berlin ist ja jetzt die Hauptstadt.
Brigitte:	Aber da waren wir doch schon voriges Jahr, und im Osten der Stadt sah es manchmal ziemlich trostlos aus.
Harald:	Na, und … ? Es wäre doch interessant zu sehen, was sich inzwischen geändert hat.

Einstufungstest Sek. II Frankreich (1993 b), 12

Lösen Sie nun die Testaufgaben 2 a., 3 a. und 4 a. Sie haben 3 Minuten Zeit.

Testaufgabe 2 a.:

Notieren Sie in dem Rahmen alle deutschen Wörter und Ausdrücke, die Sie im Hörtext erkannt haben:

– zu den Personen;

– zu Ort und Zeit;

– andere Informationen.

1 2 3 9 0

Testaufgabe 3 a.:

Wie viele Personen sprechen?
Machen Sie einen Kreis um die richtige Zahl.

2   3   4   5   6

Welche Personen sprechen?
Machen Sie einen Kreis um die entsprechenden Personen.

Die Mutter	Der Vater	Der Sohn	Ein Lehrer
Ein junger Franzose	Eine Freundin des Sohnes		Ein Arzt

1 2 3 9 0

Testaufgabe 4 a.:

Machen Sie einen Kreis um die richtige Angabe.
Die Szene spielt:

In Berlin   In Bordeaux   In Bonn   In einem Gymnasium

In einer Familie   Beim Arzt   In Köln

(In Testaufgabe 5 a. sollen Direktiv- und Richtungsergänzungen erkannt werden.)

Testaufgabe 6 a.:

Sie haben jetzt 20 Sekunden Zeit, um die Aufgabenstellung zu lesen.

Sie hören jetzt 6 Sätze. Jeden Satz hören Sie nur einmal. Markieren Sie während der kurzen Pause zwischen den Sätzen die entsprechende(n) Spalten in der Tabelle.

Vorsicht! Einige Sätze enthalten zwei Verben. In diesem Fall müssen Sie zwei Kreuze machen.

Hörtext:	
1.	Nett, daß du kommst. Harald wird sich freuen.
2.	Seit heute morgen geht es ihm viel besser.
3.	Ich habe Matthieu noch nie gesehen, aber ich habe ein Foto von ihm.
4.	Damit werde ich ihn auf dem Bahnhof erkennen.
5.	Ich weiß auch, daß sein Hobby Informatik ist.
6.	In dieser Stadt waren wir schon voriges Jahr, und da sah es manchmal trostlos aus.

Einstufungstest Sek. II Frankreich (1993 b), 17

	Vergangenheit	Gegenwart	Zukunft
Satz 1			
Satz 2			
Satz 3			
Satz 4			
Satz 5			
Satz 6			

Testaufgabe 7 a.:

Sie haben 15 Sekunden Zeit, um die Aufgabenstellung zu lesen.

Sie hören jetzt 6 Sätze. Jeden Satz hören Sie nur einmal. Einige Sätze sind Fragesätze. Kreuzen Sie beim Hören diejenigen Kästchen an, wo Sie einen Fragesatz hören.

Hörtext:	
1.	Geh rauf in sein Zimmer.
2.	Tag, Harald, du hast vielleicht Glück!
3.	Da spielst du krank, und wir müssen Klassenarbeiten schreiben.
4.	Übrigens, weißt du das Neueste?
5.	Und wann kommen sie denn eigentlich?
6.	Kennst du deine Brieffreundin?

Einstufungstest Sek. II Frankreich (1993 b), 18

Satz 1 ☐

Satz 2 ☐

Satz 3 ☐

Satz 4 ☐

Satz 5 ☐

Satz 6 ☐

(In Testaufgabe 8 a. soll jeweils das Wort, das den Hauptakzent trägt, aufgeschrieben werden.)

Testaufgabe 9 a.:

Sie haben 15 Sekunden Zeit, um die Aufgabenstellung und die Grafik zu lesen.

Sie hören jetzt 8 Sätze. Jeden Satz hören Sie nur einmal. In jedem Satz sollen Sie die Stellung des konjugierten Verbs erkennen.

Schreiben Sie während der Pause zwischen den Sätzen die Nummer des entsprechenden Satzes in den richtigen Verbkasten.

Hörtext: 1. Nett, daß du kommst!
2. Geh rauf in sein Zimmer.
3. Seit heute morgen geht es ihm viel besser.
4. Bald soll unsere Partnerschule aus Bordeaux kommen.
5. Wann kommen sie denn eigentlich?
6. Kennst du deine Brieffreundin?
7. Schön, daß sein Hobby Informatik ist.
8. Ob sich inzwischen etwas geändert hat? Und wie!

Einstufungstest Sek. II Frankreich (1993 b), 19

```
┌──────┐
│      │
│      │  Konjugiertes Verb in Position I
├──────┤ _____
│ Verb │
└──────┘
```

```
              ┌──────┐
              │      │
              │      │  Konjugiertes Verb in Position II
_____ ├──────┤ _____
              │ Verb │
              └──────┘
```

```
                            ┌──────┐
                            │      │
   Konjugiertes Verb in Endstellung │      │
_____├──────┤
                            │ Verb │
                            └──────┘
```

Testaufgabe 10 a.:

Sie hören noch einmal die ganze Hörszene. Diesmal in Abschnitten mit Pausen. In jeder Pause hören Sie zwei Sätze aus dem Abschnitt ein zweites Mal. Zu jedem Satz hören Sie dann auf französisch eine Frage.

Sie haben jetzt 20 Sekunden Zeit, um die Aufgabenstellung und die Tabelle zu lesen.

Beantworten Sie die Fragen, indem Sie in den einzelnen Tabellen die entsprechende (n) Spalte (n) markieren. Sie haben dafür jeweils 5 Sekunden Zeit.

Personen:	Brigitte	Harald	Matthieu	Die Partnerschüler
Satz 1				
Satz 2				

Personen:	Brigitte	Harald	Matthieu	Die Partnerschüler
Satz 3				
Satz 4				

Personen:	Brigitte	Harald	Matthieu	Die Partnerschüler
Satz 5				
Satz 6				

Personen:	Brigitte	Harald	Matthieu	Die Partnerschüler
Satz 7				
Satz 8				

1 2 9 0

Hörszene (in Abschnitten mit Fragen):

Man hört eine Klingel, eine Tür geht auf.
Brigitte: Guten Tag, Frau Heitmann!
Frau Heitmann: Ach, du bist es, Brigitte!
     (Die Tür wird zugemacht.)
     Nett, daß du kommst. Harald wird sich freuen. Geh rauf in sein Zimmer. Seit heute morgen geht es ihm viel besser, und **er hat kein Fieber mehr.**
Harald ruft von oben: Komm rauf, Brigitte.

Satz 1:   Nett, daß du kommst. *(An wen richtet sich dieser Satz?)*

Satz 2:   Er hat kein Fieber mehr. *(Von wem wird gesprochen?)*

Harald: Prima, daß du da bist. Ich langweile mich nämlich zu Tode.
Brigitte: Tag, Harald. **Du hast vielleicht Glück.** Da spielst du krank, und wir müssen Klassenarbeiten schreiben ... Übrigens, weißt du das Neueste? Bald soll unsere Partnerschule aus Bordeaux kommen. Sie wollen zehn Tage hier in Köln bleiben.
Harald: Ja, richtig. **Wann kommen sie denn eigentlich?**
Brigitte: Zwei Wochen vor den Osterferien.

Satz 3:   Du hast vielleicht Glück. *(Von wem wird gesprochen?)*

Satz 4:   Wann kommen sie denn eigentlich? *(Um wen geht es?)*

Harald: Kennst du deine Brieffreundin? Ich habe Matthieu noch nie gesehen, aber **ich habe ein Foto von ihm.** Damit werde ich ihn auf dem Bahnhof erkennen. Ich weiß auch, daß sein Hobby Informatik ist. **Da können wir uns mit meinem Computer amüsieren.**

Brigitte:	Das ist ja alles schön und gut. Aber Matthieu und die anderen kommen ja nicht nach Köln, um Computerspiele zu machen.
Satz 5:	Ich habe ein Foto von ihm. *(Um wen geht es?)*
Satz 6:	Da können wir uns mit meinem Computer amüsieren. *(Wen bezeichnet das Wort „wir"?)*
Brigitte:	Ich meine, **wir sollten ihnen auch Bonn zeigen.**
Harald:	Och, Bonn zeigen. **Warum nicht nach Berlin fahren?** Berlin ist ja jetzt die Hauptstadt.
Brigitte:	Aber da waren wir doch schon voriges Jahr, und im Osten der Stadt sah es manchmal ziemlich trostlos aus.
Harald:	Na, und … ? Es wäre doch interessant zu sehen, was sich inzwischen geändert hat.
Satz 7:	Wir sollten ihnen auch Bonn zeigen. *(Wer schlägt das vor?)*
Satz 8:	Warum nicht nach Berlin fahren? *(Wen betrifft diese Reise?)*

Einstufungstest Sek. II Frankreich (1993 b), 20

Testaufgabe 11 a.:

Sie haben 5 Minuten Zeit.

Schreiben Sie nun in der Muttersprache (Französisch) eine strukturierte Zusammenfassung der Hörszene.

_____

_____

_____

_____

_____

_____

_____

_____

_____

_____

_____

1 2 3 9 0

Einstufungstest Sek. II Frankreich (1993 a), 2ff.; teilweise übersetzt

Sie haben nun 8 von 11 Testteilen selbst gelöst. Was ist Ihr Eindruck?

> *Halten Sie die Bearbeitungszeit von 25 Minuten für ausreichend, oder finden Sie sie zu kurz bemessen? Wieviel Zeit würden Sie Ihren Schülern einer vergleichbaren Alters- und Lernstufe für diesen Test zum Hörverstehen geben?*

Aufgabe 73

Aufgabe 74

> *Bitte nehmen Sie noch einmal die Übersicht auf S. 72f. zur Hand. Wie beurteilen Sie die „Validität" der Aufgabenstellungen im Zusammenhang mit den in der Übersicht formulierten Testzielen für den Bereich „Hörverstehen"? Bitte kreuzen Sie an, und versuchen Sie, Ihre Meinung zu begründen:*
>
> ☐ *sehr gut, denn* _____
>
> ☐ *gut,   denn* _____
>
> ☐ *nicht gut, denn* _____

Sie haben Ihre Lösung der Testaufgaben sicher mit den Lösungen im Lösungsschlüssel verglichen. Zu jeder Testaufgabe haben wir dort auch die Bewertungsanleitung aus den Testunterlagen abgedruckt.

Sie haben bei allen Testaufgaben natürlich die Bewertung 1 (nur richtige Antworten) erhalten.

Wenn Sie nun die Aufgabenstellungen zu den Bewertungsanleitungen in Beziehung setzen – wie beurteilen Sie dann die **Reliabilität**, d.h. die Zuverlässigkeit (siehe Kapitel 2.1.2) und die **Objektivität** (siehe Kapitel 2.1.3) der Bewertung? Kreuzen Sie an, und begründen Sie Ihre Meinung.

Aufgabe 75

> *Die Testaufgaben zum Hörverstehen sind meiner Meinung nach*
>
> ☐ *reliabel,*   *denn* _____
>
> ☐ *weitgehend reliabel,*   *denn* _____
>
> ☐ *nicht reliabel,*   *denn* _____
>
> ☐ *objektiv,*   *denn* _____
>
> ☐ *weitgehend objektiv,*   *denn* _____
>
> ☐ *nicht objektiv,*   *denn* _____

Entwerfen Sie nun zusammen mit Kollegen kleinere Hörverstehenstests. Orientieren Sie sich dabei an dem Modell einzelner Teiltests aus dem französischen Einstufungstest.

Aufgabe 76

> *Schreiben Sie selbst einen Dialog, oder suchen Sie sich aus vorhandenen Materialien einen Dialog (am besten einen Dialog auf einer Tonkassette) heraus. Hierzu können Sie auch die „Hörszenen zur Weiterarbeit" in der Fernstudieneinheit „Fertigkeit Hören", die alle auf der dazugehörigen Kassette enthalten sind, verwenden.*
>
> *Schreiben Sie zu diesem Dialog Testaufgaben zu verschiedenen Testzielen. Wenn Sie selbst einen Dialog schreiben, sollten Sie Ihre Testziele vorher festlegen. Bei einem vorgefundenen Dialog müssen Sie Ihre Testziele aus den Möglichkeiten, die der Dialog Ihnen bietet, entwickeln.*
>
> *Mögliche Testziele:*
>
> *– bestimmte Sprechabsichten erkennen,*
>
> *– bereits Bekanntes heraushören und notieren,*

- *Personen und Informationen einander zuordnen,*
- *Raum- und Zeitverhältnisse erkennen,*
- *...*

Testteil *Leseverstehen* (Ausschnitte), Gesamtdauer: 30 Minuten

Aus dem sehr umfangreichen Testteil zum *Leseverstehen* können wir hier nur einige Beispiele mit Ihnen betrachten. Dazu haben wir sechs Beispiele ausgewählt, in denen die Testkandidaten zeigen sollen, wie gut sie in der Lage sind, wesentliche Textstrukturen zu erkennen und Textinhalte zu verstehen. (Diese Beispiele haben wir auch deshalb ausgewählt, weil sie gleichzeitig beispielhaft zeigen, wie Aufgaben zum **Üben** von Lesestrategien aussehen können). Bei einem weiteren Beispiel geht es nur um die linguistische Kompetenz. Alle Hinweise und Aufgabenformulierungen sind im Originaltest wieder auf französisch und wurden von uns übersetzt.

Bitte führen Sie die nun folgenden Testbeispiele zum „Leseverstehen" in Ihrer Rolle als Testkandidat oder Testkandidatin durch. (Auch hierzu finden Sie die Formulierung des Testziels unter der entsprechenden Testnummer in der Übersicht auf Seite 72f.)

Aufgabe 77

Testaufgabe 12 a.:

Testaufgaben zum
Leseverstehen

Taschenbuch
von Jo Pestum

Udo träumt sich gern weg aus seinem tristen Alltag. Verrückte Ideen hat er genug. Und große Gefühle. Aber vor allem will er Spaß haben.

Auf einem weißen Pferd nach Süden

Sie haben soeben die Einleitung und den Titel eines Taschenbuchs gelesen. Worum könnte es Ihrer Meinung nach in dem Buch gehen? Schreiben Sie dazu einige Zeilen in Ihrer Muttersprache (Französisch).

_____

_____

_____

_____

_____

_____

_____

1 2 3 9 0

Einstufungstest Sek. II Frankreich, (1993 a), 16; übersetzt

Der Reisende im Frühzug suchte wie verrückt nach <u>seinem</u> Fahrausweis, den <u>er</u> nicht finden konnte. Die anderen Fahrgäste, die <u>ihn</u> dabei ironisch ansahen, lächelten, denn er steckte <u>dem Mann</u> zwischen den Lippen. **Der Schaffner,** <u>dem</u> das Ganze allmählich auf die Nerven ging, zog <u>ihm</u> das Ding aus dem Mund, knipste es und gab es <u>ihm</u> zurück. Als <u>er</u> weiterging, sagte **einer** zu dem Reisenden, <u>dessen</u> Gesicht ganz rot geworden war : « Das ist <u>mir</u> auch schon mal passiert und dabei bin <u>ich mir</u> mit der Karte im Mund ganz schön dumm vorgekommen. » « Dumm, sagten <u>Sie</u> », meinte der Reisende, « ach, <u>lieber Freund, meine</u> Fahrkarte war ja nicht mehr gültig, deshalb habe <u>ich</u> das Datum weggekaut ! »

Schreiben Sie alle unterstrichenen Nomen, Personalpronomen, Relativpronomen und Possessivpronomen in der Reihenfolge ihres Vorkommens im Text ab, und ordnen Sie sie dabei den richtigen Personen zu.

Erste Person: **Der Reisende,** _____

_____

Zweite Person: **Der Schaffner,** _____

_____

Dritte Person: **Einer,** _____

1 2 3 9 0   _____

Der Reisende **im Frühzug** (1) suchte wie verrückt nach seinem Fahrausweis, den er nicht finden konnte. **Die anderen Fahrgäste** (2), die ihn dabei ironisch ansahen, lächelten, denn er steckte **dem Mann** (3) **zwischen den Lippen** (4). **Der Schaffner** (5), dem das Ganze allmählich **auf die Nerven** (6) ging, zog ihm das Ding **aus dem Mund** (7), knipste es und gab es ihm zurück. Als er weiterging, sagte einer zu dem Reisenden, dessen Gesicht ganz rot geworden war : « Das ist mir auch schon mal passiert und dabei bin ich mir **mit der Karte** (8) im Mund ganz schön dumm vorgekommen. » « Dumm, sagten Sie », meinte der Reisende, « ach, **lieber Freund** (9), meine Fahrkarte war ja nicht mehr gültig, deshalb habe ich **das Datum** (10) weggekaut ! »

Übertragen Sie die Nummern der unterstrichenen Nominalgruppen entsprechend ihrem Fall in die folgende Tabelle.

Nominativ	
Akkusativ	
Dativ	

1 2 3 9 0

82

Lesen Sie den folgenden Text.

Als Friedrich mich anrief, lief *der Film* schon in der achten Woche. *Jeder sollte ihn gesehen haben.* Er **lockte** (1) ja jeden, *weil darüber so viel geredet und geschrieben wurde.*

Vor dem Kino *fragte mich Friedrich,* ob ich mir die Bilder schon angeschaut hätte *und* **fügte hinzu** (2) : «Ich bin wirklich froh, daß du mich mitnimmst. Allein hätte ich es nämlich nicht gewagt. Aber kauf du doch bitte die Karten!»

Ich löste also zwei Eintrittskarten.
«Hast du sie bekommen?» *fragte er* mich **flüsternd** (3) und *schaute sich dabei vorsichtig um.* «Ich habe wirklich *befürchtet, die Kassiererin würde etwas bemerken.* »

«Gehen wir jetzt!» sagte ich zu ihm. Mit beiden Karten in der Hand ging ich dann langsam und scheinbar sicher zum Eingang hin. Friedrich folgte mir. Aber er hielt sich immer so, *daß die Platzanweiserin,* die die Karten prüfte, *ihn nicht sehen konnte.* Sie blickte uns jedoch nicht einmal an. Friedrich **atmete auf** (4), *als fiele ihm ein Stein vom Herzen.* Er konnte sich gar nicht vorstellen, was passiert wäre, wenn die Platzanweiserin etwas bemerkt hätte.

Finden Sie mit Hilfe der kursiv (schräg) gedruckten Textteile eine muttersprachliche (französische) Entsprechung für die unterstrichenen Wörter und Ausdrücke:

(1) lockte: _____

(2) fügte hinzu: _____

(3) flüsternd: _____

(4) atmete auf: _____

1 2 9 0

Schreiben Sie die unterstrichenen unterordnenden Konjunktionen ab, und ordnen Sie sie den entsprechenden Bedeutungen zu.

Als Friedrich mich anrief, lief der Film schon in der achten Woche. Jeder sollte ihn gesehen haben. Er lockte ja jeden, **weil** darüber so viel geredet und geschrieben wurde.

Vor dem Kino fragte mich Friedrich, **ob** ich mir die Bilder schon angeschaut hätte und fügte hinzu : «Ich bin wirklich froh, daß du mich mitnimmst. Allein hätte ich es nämlich nicht gewagt. Aber kauf du doch bitte die Karten!»

Ich löste also zwei Eintrittskarten.

«Hast du sie bekommen?» fragte er mich flüsternd und schaute sich dabei vorsichtig um. «Ich habe wirklich befürchtet, die Kassiererin würde etwas bemerken.»

«Gehen wir jetzt!» sagte ich zu ihm. Mit beiden Karten in der Hand ging ich dann langsam und scheinbar sicher zum Eingang hin. Friedrich folgte mir. Aber er hielt sich immer so, **daß** die Platzanweiserin, die die Karten prüfte, ihn nicht sehen konnte.

Sie blickte uns jedoch nicht einmal an. Friedrich atmete auf, als fiele ihm ein Stein vom Herzen. Er konnte sich gar nicht vorstellen, was passiert wäre, **wenn** die Platzanweiserin etwas bemerkt hätte.

Ergänzen Sie:

Die unterordnenden Konjunktionen bezeichnen:

– einen Grund: _____

– eine Folge: _____

– eine Frage: _____

– eine Bedingung: _____

1 2 9 0 – eine Zeitangabe: _____

Testaufgabe 21 a.:

Lesen Sie den Text noch einmal. (Jetzt sind andere Wörter unterstrichen.) Die Aufgabe 22 a. bezieht sich auch auf diesen Text.

Als Friedrich mich anrief, lief der Film **schon** in der achten Woche. Jeder sollte ihn gesehen haben. Er lockte **ja** jeden, weil darüber so viel geredet und geschrieben wurde.

Vor dem Kino fragte mich Friedrich, ob ich mir die Bilder schon angeschaut hätte und fügte hinzu : « Ich bin **wirklich** froh, daß du mich mitnimmst. Allein hätte ich es **nämlich** nicht gewagt. **Aber** kauf du doch bitte die Karten ! »

Ich löste **also** zwei Eintrittskarten.

« Hast du sie bekommen ? » fragte er mich flüsternd und schaute sich **dabei** vorsichtig um. « Ich habe wirklich befürchtet, die Kassiererin würde etwas bemerken. »

« Gehen wir jetzt ! » sagte ich zu ihm. Mit beiden Karten in der Hand ging ich **dann** langsam und scheinbar **sicher** zum Eingang hin. Friedrich folgte mir. Aber er hielt sich immer so, daß die Platzanweiserin, die die Karten prüfte, ihn nicht sehen konnte.

Sie blickte uns **jedoch** nicht einmal an. Friedrich atmete auf, als fiele ihm ein Stein vom Herzen. Er konnte sich **gar nicht** vorstellen, was passiert wäre, wenn die Platzanweiserin etwas bemerkt hätte.

Markieren Sie den Satz (oder die Sätze), der etwas ausdrückt (die etwas ausdrükken), was man „zwischen den Zeilen lesen" kann, was aber nicht ausdrücklich gesagt wird. (Die Beispielsätze sind im Test auf französisch.)

1. Die beiden Personen fürchten, nicht genug Geld für die Kinokarten dabeizuhaben. ☐

2. Sie fürchteten, es gäbe keine Kinokarten mehr. ☐

3. Sie wissen, daß sie etwas Verbotenes tun. ☐

4. Der eine von den beiden hat Hausarrest. ☐

5. Der eine von den beiden ist noch zu jung für den Film. ☐

1 2 9 0 6. Keiner von beiden darf in den Film. ☐

Testaufgabe 22 a.:

1 2 9 0 Machen Sie einen Kreis um diejenigen unterstrichenen Wörter im Text, die die logische Verknüpfung zwischen zwei Sätzen herstellen.

Einstufungstest Sek. II Frankreich (1993 a), 17ff.; Übungsanweisungen übersetzt

*Nachdem Sie nun die Testaufgaben selbst gelöst haben, möchten wir mit
Ihnen noch zwei Testteile näher betrachten.*

1. *In der Testaufgabe 18 a. sollen Wörter aus dem Kontext erschlossen werden. Versuchen Sie, ausgehend von den kursiv gedruckten Textteilen, die
gedanklichen Wege nachzuvollziehen, die die Testkandidaten hier gehen können, um das unbekannte Wort (wenn es wirklich unbekannt ist)
herauszubekommen. Beispiel:*

„lockte":

> Jeder soll den Film sehen. Es wurde viel darüber ge-
> redet und geschrieben. → Der Film ist wohl inter-
> essant, attraktiv; der Film (Subjekt) tut etwas, er lockt,
> weil er interessant und attraktiv ist; er lockt jeden, also
> alle Leute, d. h., er „ruft" sie, zieht sie an ...

„fügte hinzu":

_____

_____

_____

_____

„flüsternd":

_____

_____

_____

_____

„atmete auf":

_____

_____

_____

_____

*Was würden Sie hier erwarten und bewerten: eine genaue Übersetzung
des Wortes in die Muttersprache oder eine sinngemäße Übertragung?
(In der Bewertungsanleitung zu dieser Aufgabe gibt es dazu keine
präzisen Angaben.)*

2. *Betrachten Sie sich noch einmal die Bewertungsanleitung zu der Testaufgabe 12 a. (im Lösungsschlüssel auf S. 176). Versuchen Sie, die Bewertungsanleitung so umzuformulieren, daß stärker berücksichtigt
wird, wenn Schüler über den Fortgang der Geschichte frei phanta-
sieren.*

Schlußbemerkung

Wir meinen, daß dieser Einstufungstest einen interessanten und in großen Teilen recht
gelungenen Versuch darstellt, mit Hilfe genau definierter Testziele möglichst **konkrete** Aussagen darüber zu erhalten, welche Fähigkeiten und Fertigkeiten die Schülerinnen und Schüler bereits beherrschen und welche in der Folge im Unterricht geübt
werden müssen. Die Testaufgaben können gleichzeitig als Beispiele für Aufgaben
dienen, mit deren Hilfe die angestrebten Testziele geübt werden können.

3.2 Ein Lernfortschrittstest aus Indonesien

In Kapitel 3.1 haben wir zwei verschiedene Einstufungstests mit ganz unterschiedlichen Zielsetzungen analysiert. In diesem Kapitel wollen wir uns ein Beispiel für die

Lernfortschrittstest = informeller Test

Hinweis

Rückverweis

Ziel des Tests

zweite wichtige Testart, den Lernfortschrittstest, ansehen. Dieses Thema wird ausführlich in der Studieneinheit *Probleme der Leistungsmessung, Lernfortschrittstests* behandelt.

Lernfortschrittstests sind eher zu den **informellen** Testarten zu rechnen, da sie sich in der Regel ausschließlich auf eine bestimmte Lernergruppe beziehen, d.h., daß sie nicht über diese Gruppe hinaus vergleichbar sein müssen. Damit unterscheiden sie sich ganz wesentlich von den Sprachstandsprüfungen, für die gerade diese Vergleichbarkeit eine ganz wichtige Eigenschaft darstellt. Mit den Sprachstandstests werden wir uns ausführlicher in den nächsten beiden Kapiteln beschäftigen. Über die Unterschiede zwischen formellen und informellen Tests können Sie noch einmal in Kapitel 1.5, besonders im Abschnitt 1.5.2, nachlesen.

Was soll nun beim Lernfortschrittstest getestet werden und mit welchem Ziel?

Fangen wir mit der zweiten Frage an: Was ist das Ziel des Lernfortschrittstests? Die Antwort ist naheliegend: Mit dem Lernfortschrittstest soll festgestellt werden, ob die Lernenden überhaupt irgendwelche Lernfortschritte gemacht haben oder genauer gesagt: Der Lernfortschrittstest will feststellen, ob und wie gut die Lernenden bestimmte Lerninhalte innerhalb eines begrenzten Zeitraums auch wirklich gelernt haben. Damit können noch weitergehende Ziele verbunden sein, wie z.B.

➤ festzustellen, ob bestimmte Lerninhalte **für eine ganze Gruppe** verständlich (also gut lernbar) dargestellt worden sind,

➤ festzustellen, ob einzelne Schülerinnen und Schüler bestimmte Lerninhalte gelernt haben,

➤ Noten zu geben,

➤ einzelnen Schülern Hilfen und Hinweise für die Bewältigung von speziellen Lernproblemen zu geben,

➤ festzustellen, ob Wiederholungs- oder Vertiefungsübungen notwendig sind;

usw.

Was wird getestet?

Nun läßt sich auch die erste Frage klar beantworten. In einem Lernfortschrittstest werden immer ganz bestimmte Lerninhalte getestet. Diese **Lerninhalte** ergeben sich aus dem Lernprogramm, das für die Gruppe vorgesehen ist, und dieses wiederum hängt eng mit der Unterrichtsmethode zusammen, nach der unterrichtet wird. Den Zusammenhang zwischen Unterrichtszielen/Unterrichtsinhalten und Tests oder Prüfungen haben wir in dieser Fernstudieneinheit schon häufiger diskutiert (besonders in Kapitel 1.5) Liegt z.B. im Unterricht der Schwerpunkt auf der Vermittlung von Grammatik, Wortschatz, Orthographie oder stehen kommunikative Lernziele, d.h. die Fähigkeit der Lernenden, die Fremdsprache in bestimmten Situationen und zu bestimmten Zwecken verstehen und anwenden zu können, im Vordergrund? Lernfortschrittstests, die solch unterschiedliche Unterrichtsziele überprüfen sollen, sehen notwendigerweise ganz verschieden aus.

kommunikativer Ansatz

Wir wollen auf den folgenden Seiten in sehr geraffter Form einen Lernfortschrittstest mit Ihnen gemeinsam diskutieren, der sich am kommunikativen Ansatz orientiert. Der kommunikative Ansatz geht ja davon aus, daß die Lerner eine Fremdsprache lernen, um sie in Situationen zu benutzen (zu hören, zu lesen, zu sprechen, zu schreiben), die für sie persönlich wichtig sind.

Zunächst wollen wir versuchen, die Konsequenzen, die sich aus dem kommunikativen Ansatz für Lernfortschrittstests ergeben, zu erfassen.

Aufgabe 79

> *Bitte halten Sie bei der Lektüre des folgenden Abschnitts die wesentlichen Inhalte in Stichpunkten fest.*
>
> **Konsequenzen des kommunikativen Ansatzes für Lernfortschrittstests:**
>
> *1.* _____
>
> _____

```
┌─────────────────────────────────────────────────────┐
│                                                     │
│   2. _____        │
│                                                     │
│      _____        │
│                                                     │
└─────────────────────────────────────────────────────┘
```

Konsequenzen aus dem kommunikativen Ansatz

Konsequenzen für den Test

1. Die im Test verwendeten Situationen, Texte und Verwendungszusammenhänge sollten sich danach richten, was für die Lernenden wichtig ist, wozu sie die Sprache jetzt oder später benutzen wollen oder müssen. Daraus wird vielfach die Forderung abgeleitet, daß möglichst authentische – d.h. „echte"– Texte verwendet oder Aufgaben gestellt werden sollten, die der Lebensrealität der Lernenden entsprechen. (Zum Begriff *authentisch* vgl. Abschnitt 2.4.1.2, S.55.) Das heißt auch, daß die Testaufgaben nicht nur darin bestehen dürfen, z.B. einzelne Grammatikbereiche abzutesten, sondern daß in ihnen verschiedene fremdsprachliche Fähigkeiten überprüft werden, also etwa die Fähigkeit, Informationen aus einem Hör- oder Lesetext zu entnehmen oder sich angemessen zu einem Thema zu äußern.

Hinweis

2. Grundlage für jeden einzelnen Lernfortschrittstest müssen die Lerninhalte (Texte, Situationen, Grammatik- und Wortschatzeinheiten) sein, die vorher im Unterricht behandelt worden sind. Der Lernfortschrittstest ist also (im Gegensatz zu Einstufungstests und Sprachstandsprüfungen) immer auf das Lehrbuch oder das Lehrmaterial bezogen, das im Unterricht verwendet wird. Und er kann zusätzlich noch die besondere Lernsituation in einer Lernergruppe berücksichtigen.

Wie wird das nun in dem Beispiel, das wir Ihnen präsentieren wollen, in die Praxis umgesetzt?

Umsetzung in die Praxis

Zunächst einige Angaben zum Zusammenhang, in dem die Testbeispiele stehen: Es handelt sich um eine Sammlung von Übungen und Tests, die am Goethe-Institut Jakarta 1989 zu dem indonesischen Deutsch-Lehrbuch *Kontakte Deutsch 1* erstellt worden sind. Diese Testbeispiele erscheinen uns besonders interessant, weil sowohl im Lehrbuch als auch in den Test- und Übungsmaterialien die Forderung nach dem „Lernerbezug" sehr konsequent umgesetzt worden ist: Das Lehrbuch ist ganz entsprechend den Vorbedingungen und den Bedürfnissen von deutschlernenden Jugendlichen in Indonesien geschrieben worden. Und die Übungen und Tests beziehen sich ausschließlich auf dieses Lehrbuch. Beide, Lehrbuch und Tests, orientieren sich an der **kommunikativen Didaktik***.

Kontakte Deutsch 1

Der Test, den wir hier vorstellen, bezieht sich auf die Lektion 6. Er ist formal nach demselben Muster aufgebaut wie die Tests zu allen anderen Lektionen, d.h., er besteht aus mehreren Untertests zu den Fertigkeiten

➤ Leseverstehen,

➤ Schriftlicher Ausdruck,

➤ Hörverstehen,

➤ Strukturen und Wortschatz,

➤ Alltagssituationen,

➤ Gelenktes Gespräch.

Der Teiltest *Leseverstehen*

Teiltest *Leseverstehen*

Wir beginnen mit dem Teiltest *Leseverstehen*. Bitte versetzen Sie sich bei allen Aufgabenstellungen des Tests, bei denen das möglich ist, wieder in die Schülerrolle, und lösen Sie die Aufgaben. Diese Simulationen werden wir zwischendurch wieder verlassen, um mit Ihnen gemeinsam über die Aufgabenstellungen nachzudenken.

Zu dem Teiltest *Leseverstehen* gehören ein Text und einige (hier 7) Fragen zum Text.

Sehen Sie sich den Lesetext genauer an. Kann man ihn Ihrer Meinung nach als authentisch bezeichnen? Lesen Sie dazu noch einmal die Anmerkungen zum Begriff „authentisch" auf Seite 55.

LV

Jugendmagazin

Typisch deutsch?

EINE INDONESIERIN* ENTDECKT DEUTSCHLAND

Bei uns zu Hause sagt man, die Deutschen haben besonders viel Disziplin, aber das finde ich nicht. Nehmen wir zum Beispiel die Universität: Die Studenten bringen oft Kaffee und Cola mit in den Unterricht oder stricken** sogar. Manchmal sind auch Babys mit
5 dabei. Wenn ein Student nicht mehr zuhören will, geht er und sagt nicht mal „Auf Wiedersehen"! Das ist in meinem Land anders.

Die Mädchen in Deutschland haben keine Angst, abends allein auszugehen. Sie machen sogar allein Reisen. Das finde ich toll!

Aber ich kann nicht alles akzeptieren: Nehmen wir zum Beispiel das
10 Wohnen. Oft wohnen Jungen und Mädchen zusammen! Oder etwas anderes: Oft möchten die Deutschen keinen Besuch. Sie bleiben lieber allein.

Und noch etwas: In der Familie haben die Väter nicht immer recht, und die Großeltern spielen auch keine so große Rolle wie in Indonesien.

15 So gibt es viele Unterschiede zwischen Deutschen und Indonesiern. Man muß das alles wissen, um das andere Volk zu verstehen.

*   Lita Priatna studiert in Köln.
**   merajut

Bartels (1989), 71

1. Lösen Sie nun die folgenden Testaufgaben.

2. Überlegen Sie dann: Was wird geprüft: das Detail-, Selektiv- oder Globalverstehen?

3. Welche Aufgaben könnten gestellt werden, um die beiden anderen Arten des Leseverstehens zu überprüfen?

Was ist richtig? Kreuzen Sie an!

1. Zeile 1 – 2:
   a) Die Indonesier meinen, die Deutschen haben viel Disziplin.
   b) Lita findet die Deutschen sehr diszipliniert.
   c) In Deutschland sagt man, die Deutschen haben viel Disziplin.

2. Zeile 3 – 6:
   a) Die Deutschen sind sehr höflich.
   b) Lita findet die deutschen Studenten wenig diszipliniert.
   c) Die deutschen Studenten rauchen im Unterricht.

3. Zeile 7 – 8:
   a) Deutsche Mädchen gehen nur mit Jungen aus.
   b) Lita findet toll, was die deutschen Mädchen machen.
   c) Die deutschen Mädchen gefallen Lita nicht.

4. Zeile 9 – 11:
   a) Lita gefällt nicht alles in Deutschland.
   b) Sie möchte mit einem Jungen zusammen wohnen.
   c) Sie findet alles toll in Deutschland.

5. Zeile 11 – 12:
   a) Die Deutschen sind nicht gern allein.
   b) Lita besucht oft Deutsche.
   c) Die Deutschen möchten oft allein sein.

6. Zeile 13 – 14:
   a) In Deutschland spielen Väter eine sehr große Rolle in der Familie.
   b) Die Väter sind nicht immer die Chefs.
   c) In Deutschland sind die Großeltern die Chefs.

7. Zeile 15 – 16:
   a) Es gibt nicht so viele Unterschiede zwischen Deutschen und Indonesiern.
   b) Es gibt sehr viele Unterschiede.
   c) Lita weiß viel über Deutschland und versteht die Deutschen.

Bartels (1989), 72

Der Teiltest *Schriftlicher Ausdruck*

In diesem Teiltest geht es um das Thema *Leben in der Familie*, das unter anderem in Kapitel 6 des Lehrbuchs behandelt wird. Die Perspektive ist jetzt umgedreht: Während im Lesetext eine Indonesierin ihre Eindrücke von Deutschland schildert, soll nun der indonesische Deutschlerner einen Brief an einen deutschen Brieffreund (oder eine Brieffreundin) schreiben, in dem er oder sie über das Thema *Familie* aus indonesischer Sicht berichtet. Es handelt sich also um eine offene Aufgabe. Um die erwartete Textproduktion zu steuern, werden einige inhaltliche Vorgaben gemacht.

Teiltest
Schriftlicher Ausdruck

Bartels (1989), 73

Bei den Teiltests *Leseverstehen* und *Schriftlicher Ausdruck*, die die schriftliche Teilkompetenz der Lernenden in der rezeptiven und in der produktiven Anwendung testen, werden die Bedürfnisse berücksichtigt, die Deutschlernende bei der Verwendung der deutschen Sprache in schriftlicher Form sicherlich primär haben (besonders, wenn sie relativ weit entfernt vom deutschen Sprachgebiet leben und direkte Kontakte mit Deutschen eher die Ausnahme bilden). Informationen über Deutschland und die Deutschen werden sie sich aus schriftlichen Quellen – also z.B. aus Zeitungen, Zeitschriften, Büchern – besorgen und dabei sicher das Bedürfnis haben, dies aus erster Hand, also aus authentischen deutschen Texten, zu tun. Die Situationen, in denen sie tatsächlich einen schriftlichen Text in der Fremdsprache Deutsch produzieren wollen, werden dagegen weitaus seltener sein. Wenn dies überhaupt vorkommt, dann sicher noch am häufigsten beim Briefeschreiben. Die Fertigkeit *Schriftlicher Ausdruck* ist also weniger wichtig und in ihrem Umfang erheblich mehr begrenzt.

Ähnliches kann auch über die Teilkompetenzen im Bereich der gesprochenen Sprache *Hörverstehen* und *Sprechen* gesagt werden. Auch hier kann der rezeptive Aspekt eine wichtigere Rolle als der produktive spielen, wenn auch Situationen, in denen Indonesier mit Deutschen (Touristen, Geschäftspartnern, Hotel-, Restaurantgästen etc.) sprechen müssen (also Hörverstehen und mündliche Ausdrucksfähigkeit ins Spiel kommen), eher möglich sind als schriftliche Kontakte.

| Teiltest *Hörverstehen* | **Der Teiltest *Hörverstehen*** |

Der Teiltest *Hörverstehen*

Konsequenterweise handelt es sich bei den Gesprächspartnern im Text des Hörverstehenstests ausschließlich um Deutsche; Indonesien ist nur als Thema ihres Gesprächs mit im Spiel, so daß das Interesse der indonesischen Deutschlernenden dennoch geweckt ist (z.B.: *Sind die Informationen richtig? Was denken diese Deutschen über Indonesien?* usw.).

Thema des HV-Textes

Die Anknüpfung an das Thema *Familienverhältnisse* ist über die Gesprächssituation gegeben. Es geht um einen Familienkonflikt: Kann ein deutscher Jugendlicher allein darüber bestimmen, eine weite Reise zu machen, oder können ihm die Eltern das verbieten?

Bitte lösen Sie die nachfolgende Hörverstehensaufgabe mit Hilfe der Transkription des Hörtextes, die oben auf Seite 91 abgedruckt ist. Falls Sie die Hörszene einmal im Unterricht einsetzen wollen, so finden Sie sie auf der Kassette zur Fernstudieneinheit *Probleme der Leistungsmessung, Lernfortschrittstests*.

HV-Text

Familie Huber sitzt beim Mittagessen.

- • Wißt ihr, was ich im August mache?
- ° Nein, woher sollen wir das wissen?
- • Ich fahre vier Wochen nach Bali!
- ° Was, nach Bali?
- Δ Wo liegt denn das überhaupt?
- • Bali ist eine Insel und gehört zu Indonesien.
- ° Du allein nach Indonesien?? Das verbiete ich!
- • Ich bin jetzt 18 und tue, was ich will!
- ° Was fällt dir eigentlich ein? Noch bin ich hier der Chef!
- • Mit euch hat man nur Probleme …

(Pause)

- Δ Sag mal, die Reise ist doch teuer. Woher kommt denn das Geld?
- • Ich jobbe sechs Wochen im Supermarkt. Dann habe ich das Reisegeld.
- ° Also, mir gefällt das nicht. Fahr doch nach Spanien!
- • Nein, ich möchte mal was ganz Exotisches. Und außerdem habe ich ja noch meinen Brieffreund in Jakarta. Den möchte ich auch gern besuchen.

- ° Vor mir aus mach, was du willst!

• Sohn   ° Vater   Δ Mutter

Bartels (1989), 136

Die Aufgaben zu diesem Testteil bestehen in einfachen richtig/falsch-Zuordnungen zu vorgegebenen Aussagen zum Text. Dabei kommt natürlich der Formulierung dieser Aussagen besondere Bedeutung zu. Sie sollten so einfach sein, daß durch sie nicht eine zusätzliche Schwierigkeit mit eingebaut wird und somit das eigentliche Prüfungsziel *Hörverstehen* gar nicht getestet wird. (Über Hörverstehenstexte und die Gestaltung von Hörverstehensaufgaben informiert die Fernstudieneinheit *Fertigkeit Hören*.)

Aufgabentyp: richtig/falsch-Zuordnungen

Aufgabe 82

HV

Hören Sie bitte das Gespräch, ohne zu schreiben!
Sie hören das Gespräch danach in zwei Teilen noch einmal!
Lesen Sie bitte die Aufgaben und kreuzen Sie an!

1. Abschnitt

	richtig	falsch
1. Hans möchte im August einen Monat nach Bali.		
2. Seine Eltern kennen Bali.		
3. Er fährt mit Freunden.		
4. Der Vater ist gegen die Reise.		

2. Abschnitt

1. Hans arbeitet sechs Wochen in einem Hotel.		
2. Er möchte auch gern nach Spanien.		
3. Er hat einen Brieffreund in Jakarta.		
4. Die Eltern wollen mit nach Bali.		

Bartels (1989), 73

Teiltest *Sprechen*

Dieser Teiltest besteht aus zwei Untertests: *Alltagssituationen* und *Gelenktes Gespräch*.

Im ersten Untertest orientieren sich die Redevorgaben an kleinen Situationen, wie sie für indonesische Deutschlernende durchaus vorkommen können. Auch hier wird also versucht, an unmittelbare Interessen der Lernenden anzuknüpfen.

Untertest
Alltagssituationen

Zum Untertest *Alltagssituationen**:

In diesem Teil des Tests sollen die Kandidaten unter Beweis stellen, daß sie in der Lage sind, in Alltagssituationen sprachlich angemessen auf deutsch zu reagieren.

Aufgabe 83

Nehmen Sie sich bitte die Zeit, die folgenden Testbeispiele durchzuführen. Spielen Sie die Alltagssituationen gegebenenfalls mit einem Partner durch.

Alltagssituationen

- Ein deutscher Freund (eine deutsche Freundin) versteht die Mathematikaufgaben nicht. Sie sind gut in Mathe.
  Was schlagen Sie vor?

- Laden Sie Ihren Freund (Ihre Freundin) nach Hause ein.
  Er (sie) soll aber nicht zum Essen kommen!
  Was sagen Sie?

- Ihr Freund (Ihre Freundin) fragt, wie er (sie) zu Ihnen fahren soll.
  Sagen Sie es ihm (ihr)!

- Ihr Freund (Ihre Freundin) fragt: „Kommst du am Sonntag mit in den Film ‚Freunde'?"
  Sie möchten noch nicht ja oder nein sagen. Was sagen Sie?

- Ihr Freund (Ihre Freundin) fragt, seit wann Sie Deutsch lernen.
  Sie antworten:

- Sie sagen, Sie fahren eine Woche nach Bandung. Ihr Freund (Ihre Freundin) fragt, wo Sie in Bandung wohnen.
  Sie antworten:

- In dem Zimmer von Ihrem Freund (Ihrer Freundin) steht eine elegante Reisetasche. Ist die Tasche von Ihrem Freund (Ihrer Freundin)?
  Fragen Sie!

- Sie diskutieren mit Ihrem Freund (Ihrer Freundin) über Liebeskummer. Er (sie) findet alles ganz einfach, aber Sie nicht.
  Was sagen Sie?

Bartels (1989), 76

Untertest
Gelenktes Gespräch

Zum Untertest *Gelenktes Gespräch**:

Im diesem Teil des Lernfortschrittstests führt der Prüfer ein kurzes *Gelenktes Gespräch* zu einem vorgegebenen Thema mit dem Kandidaten. Gelenkt bedeutet hierbei, daß sich keine freie Konversation entwickeln soll, sondern daß der Prüfer durch seine Fragen weitgehend den Fortgang des Gesprächs bestimmt. Auch dabei stehen natürlich Themen im Mittelpunkt, die für die Lernenden in ihrer Situation relevant sind, hier z.B. das Thema *Tourismus*.

Aufgabe 84

Wenn Sie die Möglichkeit dazu haben, dann spielen Sie bitte das folgende Gespräch mit einem Partner oder einer Partnerin durch. Ersetzen Sie gegebenenfalls Indonesien durch Ihr eigenes Land.

```
┌─────────────────────────────────────────────────┐
│  ┌──────────────────────┐                        │
│  │ Gelenktes Gespräch   │                        │
│  └──────────────────────┘                        │
│  Thema: Tourismus!                               │
│                                                  │
│  1. Gibt es viel Tourismus in Indonesien?        │
│     Wohin fahren die Touristen in der Hauptsache?│
│     Woher kommen sie?                            │
│  2. Was meinen Sie, was ein Tourist in Indonesien│
│     besichtigen oder sehen soll?                 │
│     Nennen Sie typische indonesische Souvenirs!  │
│  3. Was gehört zu einem typischen Touristen in   │
│     Indonesien?                                  │
│     Was gefällt Ihnen an den Touristen? Was      │
│     gefällt Ihnen nicht?                         │
│  4. Wo möchten Sie gern einmal hinfahren?        │
│     Nennen Sie einen Grund!                      │
│  5. Was denken Sie über Schüleraustausch?        │
│     Wo wohnt der „Normaltourist", und wo wohnt   │
│     der Austauschschüler?                        │
└─────────────────────────────────────────────────┘
```

Bartels (1989), 77

Nachdem wir nun mit Ihnen gemeinsam die Testaufgaben zu den vier Sprachfertigkeiten betrachtet haben, möchten wir Sie bitten, eine weitere Aufgabe zu lösen.

> *Überlegen Sie, auf welche Interessen der Lernenden sich solche (Unterrichts- und) Testaufgaben, wie Sie sie in diesem Abschnitt kennengelernt haben, in Ihrem Land beziehen könnten. Ist die Situation ähnlich wie in Indonesien, oder gibt es ganz andere Fragen und Probleme?*

Der Teiltest *Strukturen/Wortschatz*

Teiltest *Strukturen/ Wortschatz*

Dieser Teil des Tests scheint zunächst nicht mit der kommunikativen Orientierung des Unterrichts und des Tests vereinbar zu sein. In diesem Teiltest wird scheinbar nur überprüft, ob die grammatischen und lexikalischen Elemente, die in dem betreffenden Kapitel eingeführt worden sind, beherrscht werden. Man könnte diesen Prüfungsteil als ein Überbleibsel der älteren Testformen betrachten, die isoliert die Kenntnisse der Sprach**struktur** testen. Dies ist sicherlich auch bis zu einem gewissen Grad richtig. Dadurch, daß solch ein Teiltest auch in einem kommunikativ orientierten Lernfortschrittstest vorkommt (ebenso wie in den meisten Sprachstandstests – vgl. *Das Zertifikat Deutsch als Fremdsprache*), wird jedoch auch deutlich, daß die kommunikativ orientierte Didaktik das bewußte („kognitive") Lernen von grammatischen Strukturen und Regeln, von Wortschatz und Wortbildungsregularitäten und ähnlichen, eher formalen Bereichen der Sprache nicht ablehnt. Im Gegenteil: auch für die kommunikative Didaktik ist die korrekte Beherrschung der Sprache – und das bedeutet auch die korrekte Verwendung von Strukturen und Formen – ein wichtiges Lernziel des Sprachunterrichts. Im kommunikativ orientierten Fremdsprachenunterricht werden diese formalen Teile jedoch nicht losgelöst von ihrer Verwendung in Sprechsituationen und von den mit ihnen verbundenen Sprechabsichten und -handlungen gelernt.

Das wird an unserem Beispiel aus dem Lernfortschrittstest sehr deutlich: Einige sprachliche Strukturen, die in der Lektion des Lehrbuchs eingeführt werden, werden in zwei Dialoge „verpackt", die ebenfalls noch gewisse Beziehungen zu realen Interessen und (Sprach-)Verwendungszusammenhängen indonesischer Lerner haben. Auf diese Weise wird selbst bei einer Grammatikaufgabe die oberste Forderung an „kommunikative Tests" erfüllt, nämlich, daß sie sich nach den Bedürfnissen der Lerner richten sollen.

> *Bitte spielen Sie die folgenden Testaufgaben durch. Bevor Sie anfangen, die Lücken mit den korrekten grammatischen Formen zu ergänzen, sollten Sie den jeweiligen Dialog im Zusammenhang erfassen. Das ist ein wichtiger Hinweis auch für die Testkandidaten.*

Aufgabe 86

Bitte kreuzen Sie an!

1. Deni ist Touristin in München. Sie möchte den Zoo „Hellabrunn" besuchen.

- Entschuldigung! Wie komme ich denn ... Hellabrunner Straße?

  a) aus der
  b) zur
  c) vom

° Oh, das ist nicht kompliziert! Sie ... sicher in den Zoo?

  a) sollen
  b) suchen
  c) möchten

- Ja, genau.

° Dann fahren Sie doch mit ... Bus Nr. 34.

  a) den
  b) der
  c) dem

  Der fährt direkt ...

  a) her.
  b) hin.
  c) herum.

  Sind Sie Touristin?

- Ja.

° Wie gefällt ... denn München?

  a) Ihnen
  b) Sie
  c) Ihr

- Sehr gut!

° Wie lange sind Sie schon hier?

- ... zwei Wochen.

  a) Nach
  b) Seit
  c) In

° Oh, da kommt der Bus!

Bartels (1989), 74

2. Gepäckkontrolle.

- Guten Tag! Woher kommen Sie?

° Aus Jakarta.

- Gehört der Koffer ...
  a) dir?
  b) Ihnen?
  c) ihm?

° Ja, der ist ... mir.

  a) von
  b) zu
  c) mit

- Dann zeigen Sie mal ...

  a) hier!
  b) her!
  c) hin!

  Was ist denn das?

> ° Das sind Geschenke für ... Freund, Kassetten, ein Spiel und eine Wayang-Figur.
>   a) einem
>   b) eine
>   c) einen
>
> • Aha, na gut. Alles okay. Ich ... Ihnen!
>   a) wünsche
>   b) gebe
>   c) danke

Bartels (1989), 75

In dieser Fernstudieneinheit möchten wir dieses Thema hier beenden. Da es für Sie als Lehrer sehr wichtig ist, selber derartige Tests zu erstellen, haben wir dem Thema *Erstellung von Lernfortschrittstests* eine gesonderte Fernstudieneinheit unter dem Titel *Probleme der Leistungsmessung, Lernfortschrittstests* gewidmet.

3.3 *Erweiterte Abschlußprüfung* aus Dänemark

Bei der zentralen *Erweiterten Abschlußprüfung* aus Dänemark handelt es sich um einen Sprachstandstest. Auch die beiden Prüfungen *Prüfung Grundstufe I* des Goethe-Instituts und das *Zertifikat Deutsch als Fremdsprache*, die wir in den Kapiteln 3.4 bzw. 3.5 mit Ihnen bearbeiten werden, überprüfen den Sprachstand der Teilnehmer. (Ausführliche Erläuterungen zum Überprüfungsziel *Sprachstand* finden Sie im Kapitel 1.5.3, S. 17f.).

Rückverweis

Dänemark hat ein einheitliches, zusammenhängendes Schulsystem, bestehend aus der 9–10jährigen Folkeskole für alle Schüler und der daran anschließenden 3jährigen gymnasialen Oberstufe. Die Folkeskole endet nach dem 10. Schuljahr mit der *Erweiterten Abschlußprüfung* in den Fächern Dänisch, Englisch, Deutsch (oder Französisch) und Mathematik.

Erweiterte Abschluß-prüfung Deutsch

Die dänischen Schüler lernen Englisch als erste Fremdsprache. Deutsch (oder Französisch) wird als zweite Fremdsprache ab dem 7. Schuljahr gelernt. Zum Zeitpunkt der Abschlußprüfung haben die Schüler also vier Jahre Deutschunterricht hinter sich.

Die schriftlichen Abschlußprüfungen werden zentral gestellt. Die mündlichen Abschlußprüfungen werden dezentral an den jeweiligen Schulen durchgeführt.

Im folgenden möchten wir die *Schriftliche Abschlußprüfung Deutsch* (Abschluß Sekundarstufe 1) näher mit Ihnen betrachten.

1. Die Form der Prüfung

Die dänischen Prüfungsbehörden haben sich bewußt und grundsätzlich für freie offene Aufgabenstellungen in dieser Prüfung entschieden. Es gibt keinen weiteren schriftlichen Prüfungsteil (der zum Beispiel der Grammatik gewidmet wäre) als den, den wir Ihnen hier vorstellen.

freie Aufgaben

Die Schüler erhalten drei Aufgaben, aus denen eine ausgewählt werden kann. Jede Aufgabe besteht aus einem großformatigen, vierfarbigen Bild oder einer Bild/Text-collage zu einem eindeutig erkennbaren Thema. Die Aufgabenformulierung fordert dazu auf, zu dem durch das Bild vorgegebenen Thema einen zusammenhängenden Text zu schreiben. Es gibt keine weiteren sprachlichen Vorgaben, die den Schülertext steuern sollen. Die Schüler haben drei Stunden Zeit.

Auf den folgenden Seiten haben wir die Prüfungsaufgaben vom Juni 1993 abgedruckt.

> *Bitte wählen Sie eine der Aufgaben aus, und schreiben Sie den gewünschten Text. Sie können auf diese Weise am besten nachvollziehen, welche Leistung die Schüler hier erbringen müssen.*

Aufgabe 87

Die Zeitschrift »Schüler und Schule« wendet sich an Abgangsschüler in Deutschland und den Nachbarländern mit der Frage:

War eure Klasse

Eine wirklich gute Klasse ist keine Selbstverständlichkeit. Eine Klasse wird »von oben« zusammengesetzt, und da kann es schon vorkommen, daß ganz unterschiedliche Schüler in die Klasse kommen: Mädchen und Jungen, laute und leise Typen, Angeber und Schüchterne... Oft gibt es auch Gruppen, Cliquen und Außenseiter. Es hängt von allen ab, ob eine Klasse gut ist oder nicht, natürlich auch von einem selbst.

2

Abschlußprüfung Sek. I Dänemark (1993)

virklich klasse?

✓ Unterricht
✓ Noten
✓ Lehrer
✓ Kameraden
✓ Fächer
✓ Schulfeste
✓ Schüleraustausch
✓ Projekte
✓ Klassenfahrt
✓ Berufspraktikum
...

AUFGABE:

Du hast jetzt 10 Jahre die Schule besucht.
Vielleicht hast du die Schule und auch die Klasse gewechselt.
Du hast sicher Gutes und Schlechtes in der Klasse erlebt.

**War eure Klasse wirklich klasse?
Erzähle, wie es bei euch war.**

Schreibe an:
»Schüler und Schule«
Heinrich-Heine-Allee 125
D-2000 Hamburg 2

An

„Schüler und Schule"
Heinrich-Heine-Allee 125
D-2000 Hamburg 2

_____

_____

_____

_____

_____

3

4

Abschlußprüfung Sek. I Dänemark (1993)

chten erzählen

AUFGABE:

Welche Geschichte erzählt dir dieses Bild?

3 Sporterlebnisse

Am Freitag, dem 26. Juni 1992, wurde die dänische Nationalmannschaft Europameister im Fußball. Die dänische Elf gewann über Deutschland in Göteborg mit 2:0. Vorher hatten die dänischen Fußballspieler überraschend Frankreich und in einem spannenden Halbfinale auch Holland besiegt.

Die Überraschung und Begeisterung in Dänemark war groß. Auch in den anderen europäischen Ländern wurde man überrascht und zeigte Sympathie für die dänischen Fußballer.

Hier sind einige Ausschnitte aus deutschen und dänischen Zeitungen.

Abschlußprüfung Sek. I Dänemark (1993)

Schweriner Volkszeitung

HBS
Vertragshändler
Güstrower Str. 90
Tel./Fax (Schwerin) 86 44 38
O-2756 Schwerin
O-2721 Sternberg
Brüeler Chaussee 1
23 06
RENAULT AUTOS ZUM LEBEN.

Heute wieder
Lehrstellen-Börse
Seite 5

Sonnabend, 27. Juni 1992

Mecklenburgische Zeitung

Unabhängige Tageszeitung für das Land Mecklenburg-Vorpommern

80 Pf./Nr. 148/47/2F 7246 A

Unglaublich: Dänen sind Europameister

Haushoher Favorit Deutschland unterlag 0:2 (0:1)

Auf einen Blick

Göteborg (EB) – Mit einer unglaublichen Energieleistung bezwang gestern abend im mit 37 725 Zuschauern ausverkauften Ullevi-Stadion von Göteborg der krasse Außenseiter Dänemark den haushohen Favoriten und Weltmeister Deutschland mit 2:0 (1:0) und wurde sensationell Fußball-Europameister.

In der ersten Halbzeit blieb die deutsche Elf schon spielerisch unter den hochgeschraubten Erwartungen. Reuters

se kämpfte die Elf von Berti Vogts mit höchstem Einsatz und erkämpfte sich zahlreiche Chancen bei diesem Spiel fast nur noch auf das Tor der D...

Dänemarks Schütze zum 1...

Foto: dpa

Postfach 30 46 50
2000 Hamburg 56 **C 3390 A**

Abendblatt

Norddeutsche Zeitung · ÜBERPARTEILICH   Nr. 148 / 26. W. / 45. Jg. / 1,60 DM

...en sind die Größten

Hamburg freut sich mit den Dänen

Hamburg freut sich mit den rund 2000 in der Stadt lebenden „Exil"-Dänen, daß Dänemark im Endspiel der Fußball-Europameisterschaft ist. Berichte über exzellente Wirtschaftsverbin- dungen, eine lange gemeinsame Geschichte, die erst 1863 mit dem Ende der dänischen Herrschaft über Altona endete, sowie über dänisches Familienleben in Hamburg lesen Sie auf **Seite 11**

Glæden flød over i gaderne

Hjemmepublikum på plads

Af Nils Thorsen

Landsholdet var i Göteborg, dets publikum i København – og nationalsangen rungede højest på Rådhuspladsen midt i hovedstaden, allerede da EM-finalen blev fløjtet i gang i aftes.

Foran megaskærm og under en plantage af Dannebrog holdt broderparten af det danske hjemmepublikum sig på denne side af sundet.

Og fejrede vejen mod sejren. Skridt for skridt. Inviteret til EM-finale i byen af TV 2, Mejerierne, Ekstra Bladet og Politiken. Uden at noget-som-helst. hjemmebanefordel- aftes så absolut ...enhavnerne. ...gen blev mæng- ...d højere, når Pe- ...ichel narrerede

og lyd i flere minutter.

Begejstringen flød smart over og ud i gaderne. Københavns hjerte fik en trafikprop, men der var ikke brug for bypass-operationer og ambulancer. Det var så mænd bare en overdosis nationalt hjerteblod forsamlet i bymidten, og der var alligevel bilfrit som på 70'er-søndag. De få fremmedte firhjulere stod parkeret som i en drive-in-biograf. Og selv lovens lange arm kunne ikke dy sig for at vise flaget – det rød-hvide – gennem et hul i taget.

I aftes kunne københavnerne ikke som efter sejren over Holland forbløffede betragte sig selv lægge de små atuer bag sig og søge selskab i byen for at råbe og flage af lutter ubehjælpelig, tvingende glæde. Næsten uden at genkende sig selv.

I går vidste vi, hvad der var i vente – og opsøgte det med en anden slags glæde. Forventningens. Og således begav man sig afsted i god ...

LØRDAG 27. JUNI 1992
Årgang 108. Uge 26. Nr. 26...
Løssalg over hele landet 7,00 k...
Tlf. 33 11 85 11 døgnet rundt
Abonnements-service tlf. 33 91 01 0...

...bedste

...old-historie

KÖHLER 4   BUCHWALD 6

350 mill. så finalen på TV

...nteressen for EM vokser

...f Niels Rasmussen

...M-finalen i aftes blev ...t af omkring 350 milli- ...r mennesker. Da den ...erikanske astronaut ...Armstrong i 1969 ...t det første menneske ...e en fod på Månen ...en historiske begi- ...hed fulgt af 490 milli- ...721 lande. EM i fod- ...bold 1992 bliver fulgt af 3,9 milliarder menne- sker. Fordelt på 120 natti- oner.

Interessen for EM i fod- bold bare vokser og vokser.

EM i Frankrig i 1984 ble set af 1,6 milliarder i 100 lande. EM i Vesttyskland fire år senere nåede op over 3 milliarder fordelt på 119 lande.

VM i fodbold i Italien slog alle rekorder. 26 milliarder fulgte de 52 kampe.

Den skarpsindige læser vil naturligvis undre sig over, at en begivenhed kan blive overværet af flere folk, end der er på jorden. Men det skyldes naturligvis, at mange af seerne ser flere kampe.

AUFGABE:

1. Wie hast du diese Tage im Juni 1992 erlebt?

und

2. Was bedeutet Sport für dich und deine Familie?

In Kapitel 2.2.1 haben wir über Vorteile und Nachteile offener Aufgabenstellungen in Prüfungen gesprochen. Als Vorteile nannten wir die Tatsache, daß offene Aufgaben vor allem für die Überprüfung produktiver Sprachleistungen geeignet sind. Darin liegt ihre Validität. Diese Aufgabenform entspricht damit dem in den Richtlinien des dänischen Ministeriums für Unterricht von 1988 formulierten Testziel* (Übersetzung):

> „Das Lernziel (hier: Ziel des Tests) ist, daß sich die Schüler verständlich, zusammenhängend und im wesentlichen korrekt ausdrücken können. Die grammatische Korrektheit ist auf dieses Ziel zu beziehen [...] .“

Lammers (1993), 5

2. Begründung

offene Aufgaben:
Begründung

Begründet wird diese Entscheidung für freie, offene Aufgaben und der Verzicht auf eine Überprüfung der linguistischen Kompetenz mit Hilfe geschlossener Testformen mit dem Hinweis auf die Auswirkungen von Prüfungen und Prüfungsformen auf den Unterricht. Die Entscheidung für offene Aufgaben ist also eine Entscheidung für einen bestimmten Unterricht (zum Zusammenhang zwischen Prüfungen und curricularer Planung des Unterrichts siehe Kapitel 1). So schreibt Hans Lammers, Lektor an der Dänischen Hochschule für Lehrerfortbildung in Kopenhagen und Mitglied der ministeriellen Aufgabenkommission, zur Erläuterung:

Rückverweis

> „Je geschlossener und enger eine Prüfung ist, wie dies zum Beispiel bei objektiven Testverfahren der Fall ist, desto mehr wird der Unterricht auf die Vermittlung grammatischer Formen gerichtet. Werden dagegen freiere und offenere Prüfungsaufgaben verwendet [...], hat dies normalerweise auch Folgen für den Inhalt des Unterrichts. [...] Freie, offene Aufgaben führen eher zu einem Unterricht, in dem die Schüler unter Begleitung und Anleitung ihres Lehrers oder ihrer Lehrerin eigenverantwortlich und selbständig ihren Lernprozeß gestalten können, und in dem Phantasie, Engagement und Kreativität zur Geltung kommen können [...].“

Lammers (1993), 1f.

Phantasie und Kreativität aber sind notwendige Voraussetzungen für die Gestaltung freier Texte.

Aufgabe 88

> *Würden Sie den vorangegangenen Ausführungen vorbehaltlos zustimmen? Oder sehen Sie auch Nachteile in der ausschließlichen Verwendung offener Aufgaben für eine zentrale Abschlußprüfung? Wenn ja, welche? (Sie können hierzu gegebenenfalls in Kapitel 2.2.1 auf Seite 27f. nachlesen.)*
>
> *Offene Aufgabenformen bei einer Abschlußprüfung:*
>
> | *Vorteile* | *Nachteile* |
> |---|---|
> | _____ | _____ |
> | _____ | _____ |
> | _____ | _____ |

Vergleich
freie Aufgaben –
Cloze-Test

Die *Schriftliche Abschlußprüfung* in Dänemark existiert erst seit 1988 ausschließlich in der hier beschriebenen Form. Bis dahin wurde neben der freien Aufgabe noch ein Cloze-Test gegeben, durch den formale Kenntnisse und Wortschatz gesondert geprüft werden sollten. Neun Jahre lang wurden die Ergebnisse der beiden Prüfungsteile (bei jeweils zwei abgehaltenen Prüfungen pro Jahr) verglichen. Dabei zeigte sich, daß die Beurteilungen der freien Aufgabe und die Ergebnisse der Cloze-Tests einander weitgehend entsprachen, so daß man schließlich ganz auf die Cloze-Tests verzichtete.

Aufgabe 89

> *Vielleicht wundern Sie sich darüber, daß die Ergebnisse dieser so unterschiedlichen Prüfungsformen immer ähnlich ausfielen. Wie läßt sich das Ihrer Meinung nach erklären?*

3. Die Beurteilung

„Das dänische Notensystem umfaßt 10 Noten von 13 bis 00:

13: entspricht einer außergewöhnlich selbständigen, ausgezeichneten Leistung,

11: entspricht einer ausgezeichneten, selbständigen Leistung,

10: entspricht einer ausgezeichneten, etwas routinemäßigen Leistung,

09: entspricht einer guten, etwas über dem Durchschnitt liegenden Leistung,

08: entspricht einer durchschnittlichen Leistung,

07: entspricht einer recht guten, etwas unter dem Durchschnitt liegenden Leistung,

06: entspricht einer etwas unsicheren, aber einigermaßen befriedigenden Leistung,

05: entspricht einer unsicheren und nicht befriedigenden Leistung,

03: entspricht einer sehr unsicheren, sehr mangelhaften und unbefriedigenden Leistung,

00: entspricht einer völlig unannehmbaren Leistung.“

Lammers (1993), 6

Der folgende Text ist ein Aufsatz, den eine Schülerin zum Thema *Sporterlebnisse* (siehe Aufgabe 3 der *Erweiterten Abschlußprüfung* 1993 auf Seite 100/101) geschrieben hat.

Aufgabe 90

Bitte lesen Sie die folgende Arbeit. Welche Note (13 bis 00 im dänischen Notensystem oder, wenn Sie wollen, auch im Notensystem Ihres Landes) würden Sie für diese Arbeit geben? Wenn Sie die Möglichkeit haben, könnten Sie mit einer Kollegin oder einem Kollegen diese Aufgabe parallel lösen und danach Ihre Bewertungen vergleichen und Ihre Bewertungskriterien diskutieren (Auf Seite 179f. im Lösungsschlüssel finden Sie die Bewertungsrichtlinien für die „Schriftliche Abschlußprüfung“ der Folkeskole und die Note, die diese Schülerin bekommen hat.)

Sporterlebnisse

Als EM im Jahre 1992 begann, war Fußball egal für mich. Ich hasste es, und ich konnte nicht verstehen, daß mein Vater und meine Brüder immer Fußball sehen wollten.

Mein Bruder arbeitet auf einem Schiff, das zwischen Kopenhagen und Oslo fährt, und deshalb sollte ich die Fußballspiele aufzeichnen. Ich wollte die Spiele nicht sehen, aber als sie die Halbfinale spielten, kam meinen Vater und sagte daß sie einen Wiederholungsspiel spielen sollten, und daß ich deshalb den Videorecorder noch einmal programmieren musste. Ich blieb in dem Zimmer um das Spiel zu sehen, weil ich ein bißchen neugierig geworden war. Ich fand, daß den Wiederholungsspiel sehr spannend war und dann sollten sie überdies auch Strafstoßwettbewerb machen, und dann war ich fertig. Ich jauchzte und wollte auch die Finale sehen. Ich <u>musste</u> die Finale sehen!

Freitag, dem 26. Juni kam, und als das Spiel beginnen sollte, wurde die Stadt ganz öde. Meine Mutter, mein Vater und ich sahen das Spiel, und wir waren alle ein bißchen nervös. Es war ja Deutschland, das sie gegen spielten, und Deutschland waren doch die Weltmeisteren. Aber trotzdem siegten Dänemark.

Ich hatte mich nie vorgestellt, wie Menschen auf sowas reagieren wollte, aber ich war nicht lange in Zweifel. Meine Mutter und ich wollte meine Großmutter besuchen, weil sie einen Fußballfan war und deshalb auch das Spiel gesehen hatte. Unterwegs trafen wir viele Menschen. Ich glaube nicht daß so viel Menschen in Nysted auf einmal gewesen sind. Alle waren froh.

Als wir zu meiner Großmutter kamen, mussten wir lachen. Sie saß mit ihrer Freundinnen (Sie war 82 Jahre alt) in dem Garten und sie hatte eine Mütze an mit 2 Flaggen, die eingestaken waren, an. Sie tranken Wein und hatten viel Spaß. Auf dem Weg nach Hause trafen wir Julie, Helena und Christina von meiner Klasse. Ich ging mit ihnen in der Stadt spazieren und wir trafen viele Menschen. Das war ein großes Erlebnis! Am folgenden Tag war ich noch froh und stolz in Namens des Nationalmannschaft. Ich nahm deshalb rotes und weißes Kleider an. Wir sahen auch die Ankunft in Kopenhagen in dem Fernsehen, und es war wie die Jubel keine Ende nehmen wöllten!

Sport bedeutet nicht so viel für meine Familie. Weder Sport in dem Fernsehen noch Amateursport. Mein Vater und meine Brüder sehen gern Fußball in dem Fernsehen, und meine Brüder spielt auch selbst Fußball, aber sie sind nicht Sportsidioten. Ich gehe nicht mehr zu Sport, weil ich die Leiter hochmütig finde, ich habe nicht so viel Zeit dafür und ich hasse die meisten Arten von Sport.

Es gibt Familien, wo alle etwas Sport machen, aber das tun wir nicht in unsere Familie. Nur meine Brüder, aber jetzt wollen meine Mutter und ich zu Aerobic gehen. Es habe nicht so viel mit dem Sport zu tun, aber mit Kameradschaft, und deshalb hoffe ich, daß es da viel Kameradschaft gibt, weil als ich Handball spielte gab es keine Kameradschaft. Das war nur Wettbewerb, und dann ist es langweilig, Sport zu machen!!!

Lammers (1993), 8f.

3.4 *Prüfung Grundstufe I* des Goethe-Instituts

In diesem und im nächsten Kapitel möchten wir mit Ihnen zwei Prüfungen eingehender analysieren und diskutieren, die in der Bundesrepublik Deutschland entwickelt wurden.

Hinweis

Das *Zertifikat Deutsch als Fremdsprache*, das wir in Kapitel 3.5 ausführlich darstellen werden, ist eine der wichtigsten formellen Prüfungen zum Abschluß der Grundstufe. Die Prüfung wird seit den 70er Jahren in der Bundesrepublik an den Volkshochschulen und an den Goethe-Instituten im In- und Ausland durchgeführt. Viele ausländische Partner haben die Zertifikatsprüfung zusätzlich übernommen, die auf diese Weise weltweit eine große Verbreitung gefunden hat.

Die *Prüfung Grundstufe I* des Goethe-Instituts wurde entwickelt, um den verhältnismäßig langen Lernweg bis zum *Zertifikat Deutsch als Fremdsprache* (am Ende der Grundstufe) durch eine Zwischenstufe zu unterteilen. Um das Niveau des *Zertifikats* zu erreichen, benötigt ein Anfänger ohne Vorkenntnisse im Intensivunterricht (d.h. in einem Unterricht mit 15 und mehr Stunden pro Woche) mindestens 400 Unterrichtsstunden; im Extensivunterricht, also mit einer geringeren Stundenzahl pro Woche, dauert es sogar noch länger. Bei einem so langen Lernweg besteht die Gefahr, daß die Motivation der Lernenden erlahmt und sie irgendwo auf dieser Strecke abbrechen. Durch den Einbau eines Zwischenziels erhofft man sich eine positive Auswirkung auf die Lernmotivation.

Teilstrecke bis zum *Zertifikat*

Im Unterricht an den Goethe-Instituten wird der Lernweg bis zum *Zertifikat* in mehrere Stufen unterteilt, und auch die meisten Lehrwerke für Deutsch als Fremdsprache auf der Grundstufe bestehen aus zwei oder drei Bänden, die bestimmte Teilstrecken des Wegs bis zum *Zertifikat* abdecken. Wenn also Kurse und Lehrwerke sich an Teilstrecken orientieren, dann erscheint es sinnvoll, für einen definierten Teilabschnitt auch einen oder mehrere Tests anzubieten. Diese Tests können informell sein und sich auf Kursabschnitte oder Lehrbuchteile beziehen (Beispiele für solche informellen Tests finden Sie in den Kapiteln 1.5.2 und 3.2). Es kann aber auch, wie im Fall der *Prüfung Grundstufe I*, eine formelle Prüfung sein. Als Abschlußprüfung für die Grundstufe I (d.h. die erste Teilstrecke auf dem Weg zum *Zertifikat* im Intensivunterricht an den Inlandsinstituten des Goethe-Instituts) liegt diese Prüfung auf dem halben Weg zum *Zertifikat*, also nach 200 Unterrichtsstunden.

Rückverweis

Die *Prüfung Grundstufe I* haben wir ausgewählt, um an einem Beispiel mit Ihnen gemeinsam Ziele und Inhalte einer Sprachstandsprüfung, die sich auf den kommunikativen Ansatz bezieht, genauer zu analysieren.

Zuvor aber möchten wir Sie bitten, sich die Unterschiede zwischen informellen und formellen Tests/Prüfungen sowie die Voraussetzungen für formelle Prüfungen noch einmal zu vergegenwärtigen.

Aufgabe 91
Rückverweis

> 1. *Wodurch unterscheiden sich informelle Tests von formellen Prüfungen? Vergleichen Sie hierzu noch einmal die Definition auf Seite 14f.*
>
> 2. *Welche Anforderungen müßte eine formelle Prüfung erfüllen, die nach der Hälfte der Grundstufe abgelegt werden soll?*

Das globale Ziel der *Prüfung Grundstufe I* wird folgendermaßen beschrieben:

Ziele der
Prüfung Grundstufe I

> „Prüfungsziel ist ein Nachweis darüber, inwieweit der Kursteilnehmer die Lernziele der Grundstufe I erreicht hat.
>
> Der Unterricht (auf der Grundstufe I, Anmerkung d. Verf.) ist einsprachig, handlungs-bezogen und hat als Ziel die Fähigkeit zur Verständigung in Alltagssituationen. Vermittelt werden die hierfür notwendigen elementaren Satzstrukturen gesprochener und geschriebener einfacher Texte von geringem Umfang, die mündliche und schriftli-che Reproduktion von einfachen Dialogen und Texten aus wenigen Sätzen, das selbstän-dige Führen einfacher Gespräche und die Redaktion einfacher Texte.
>
> Die GI-Prüfung ist bezogen auf die Stoffkataloge der Grundstufe I und damit lehr-buchunabhängig".

Goethe-Institut (1991 a)

In diesem Zitat aus der Prüfungsordnung für die *Prüfung Grundstufe I* wird der Zusammenhang zwischen curricularer Planung, den Lernzielen des Unterrichts und der den Unterricht abschließenden Prüfung, den wir im ersten Kapitel dieser Studieneinheit ausführlich beschrieben haben, sehr klar vermittelt. Bei der Analyse der verschiedenen Prüfungsteile werden wir immer wieder auf diesen Zusammenhang zurückkommen.

Die *Prüfung Grundstufe I* wird am Ende der Grundstufe I abgenommen und besteht aus einer fünfteiligen schriftlichen Prüfung; die Note für den mündlichen Ausdruck ergibt sich aus der Kursnote. In der Prüfung können maximal 100 Punkte erreicht werden, wobei die Punkte sich folgendermaßen auf die fünf Prüfungsteile verteilen:

Prüfungsteil	Punkte
Schriftlicher Ausdruck	20
Strukturen/Wortschatz	30
Diktat	10
Hörverstehen	20
Leseverstehen	20

Bewertung

Die addierten Punktzahlen der gesamten Prüfung werden dann den folgenden Noten zugeordnet:

100	–	90	sehr gut
89	–	80	gut
79	–	70	befriedigend
69	–	60	ausreichend
59	–	0	nicht bestanden

Was denken Sie über die festgelegten fünf Prüfungsteile? Hat die Verteilung der Punktezahl auf die verschiedenen Prüfungsteile Sie überrascht? Welche Schlußfolge-rungen ergeben sich daraus für die Prüfungsschwerpunkte?

Die folgende Aufgabe möchte Sie dazu anregen, diesen Fragen nachzugehen.

Aufgabe 92

> 1. *Gibt es Prüfungsteile, die Sie vermissen? Wenn ja, welche? Welche Gründe können Sie für die in dieser Prüfung getroffene Auswahl vermuten?*
>
> 2. *Wie beurteilen Sie die Punkteverteilung? Welche Rückschlüsse auf die Prüfungsziele lassen sich daraus ziehen?*

> 3. Wo vermuten Sie die Schwerpunkte des Unterrichts, der auf diese Prü-
>   fung vorbereitet? (Einige Hinweise finden Sie in der Beschreibung des
>   Unterrichts auf Seite 105 oben).

Wir möchten Ihnen nun vorschlagen, alle fünf Prüfungsteile (unsere Beispiele stammen aus dem Übungssatz 01) ausführlich zu analysieren. Dabei möchten wir Sie dazu einladen, überall dort, wo es möglich und sinnvoll ist, in die Schülerrolle zu schlüpfen und die Prüfungsteile selbst durchzuführen (Simulation). Für Sie ist das natürlich ganz leicht, aber indem Sie die Prüfungsaufgaben selbst lösen, erfahren Sie, wie diese auf Ihre Schülerinnen und Schüler, die am Ende der Grundstufe I stehen, möglicherweise wirken würden. Danach bitten wir Sie, die Merkmale der einzelnen Prüfungsteile zu bestimmen und die Bewertungskriterien oder Bewertungsformen zu analysieren. Als letztes möchten wir Sie dazu auffordern, für die einzelnen Prüfungsteile die Lernziele des entsprechenden Unterrichtsbereichs zu formulieren.

Schriftlicher Ausdruck

1. *Schriftlicher Ausdruck* (20 Minuten)

Aufgabe 93

Bitte nehmen Sie sich Zeit, und führen Sie die folgende Prüfungsaufgabe durch. Sie bekommen dadurch ein Gefühl für die veranschlagte Zeit und für die Bewertungskriterien.

Übungssatz 01

GOETHE-INSTITUT   Name:

Grundstufe I   _____
Schriftlicher Ausdruck (20 Minuten)

Aufgabe:

Sie machen einen Sprachkurs:
Ein Kollege in Ihrer Klasse heißt Carlo.
Carlo ist schon nach Italien zurückgefahren.
Schreiben Sie ihm eine Karte.

München, 20.6.89

Lieber Carlo,

unsere ganze Klasse ist heute im Biergarten, unser Lehrer natürlich auch.

Wir _____

_____ .

Das Wetter _____

_____ .

Alle sind _____

_____ .

Nächste Woche _____

_____ .

Wie geht es Dir? Was _____

_____ ?

Viele Grüße

von _____ *und den anderen*

5 x 4 Punkte
Ergebnis: _____ /20

Prüfung Grundstufe I 01, SA

106

Bitte notieren Sie auf der Basis der Prüfungsaufgabe (in Aufgabe 92) kurz die Merkmale des Prüfungsteils „Schriftlicher Ausdruck". Kreuzen Sie an und beurteilen Sie:

Schreibimpuls: *natürlich*   ☐

                unnatürlich   ☐

Textsorte: _____

Steuerung der Textproduktion durch

1. _____

2. _____

Generelles Prüfungsziel:

_____

_____

Bitte formulieren Sie nun kurz einige Lernziele für den Unterrichtsabschnitt, der auf diesen Prüfungsteil „Schriftlicher Ausdruck" vorbereitet.

Lernziele:
Eine Postkarte an einen Bekannten schreiben;

_____

_____

_____

Für diesen Prüfungsteil werden insgesamt 20 Punkte vergeben, d. h., auf jeden Inhaltspunkt entfallen maximal vier Bewertungspunkte. Im einzelnen gilt:

   0 Punkte: keine Lösung bzw. unverständlich
   1 Punkt: Mitteilungsabsicht erkennbar
   2 Punkte: Mitteilungsabsicht klar, aber viele Fehler
   3 Punkte: sinnvoll und recht gut formuliert
   4 Punkte: sinnvoll und (annähernd) korrekt.

Auch der Umfang des Textes wird bei der Bewertung berücksichtigt.

Was fällt Ihnen bei dieser Bewertungsskala auf? Wo liegen die Schwerpunkte der Bewertung?

2. Strukturen/Wortschatz (30 Minuten)

Bitte nehmen Sie sich die Zeit, und führen Sie diesen Prüfungsteil (Beispiel 1-3) durch.

Bitte ergänzen Sie die fehlenden Wörter:

Beispiel:

- Kannst du zu meinem Geburtstag kommen?
- <u>Wann</u> hast du denn Geburtstag?
- Am 28.

- Und _____ alt wirst du?   1
- 30 Jahre.

- _____ hast du noch eingeladen?   1
- Ein paar Freunde.

- _____ wünschst du dir?   1
- Ach, eigentlich gar nichts.

Beispiel 2

Beispiel:

- Wie lange brauche ich <u>von</u> mir bis zu dir?
- Ungefähr 30 Minuten.

- Und wie komme ich am besten _____ Grünwald?   1
- _____ der U-Bahn. Wenn du das Auto nimmst,   1
  mußt du _____ die ganze Stadt fahren.   1

Beispiel 3

Beispiel:

- Guten Abend, komm herein! Wir sind alle hier in <u>der</u> Küche.

- Das Essen steht schon auf _____ Tisch.   1
- Prima, ich habe großen Hunger.

- Hier sind ein paar Blumen für _____ Hausfrau.   1

- Oh wie schön! Und ganz frisch!
- Ja, die sind auch aus _____ Garten.   1

_____

_____ /9 Punkte

Prüfung Grundstufe I 01, SW

Aufgabe 98

Bitte beschreiben Sie diesen Prüfungsteil.

Textsorte: _____

_____

Art der Aufgabenstellung: _____

Prüfungsinhalt

- *global:* _____

- *im Detail:* _____

Bitte formulieren Sie nun kurz die Lernziele für den Bereich „Strukturen und Wortschatz".

Lernziele: _____

_____

3. Diktat (ca. 15 Minuten)

Der Text wird zunächst als Ganzes vorgelesen, danach in Sinneinheiten diktiert, wobei jede Einheit mit einer Lücke zweimal diktiert wird. Die Lerner ergänzen dabei die Lücken. Danach wird der Text noch einmal als Ganzes vorgelesen. Auch das folgende Beispiel ist dem Übungssatz 01 entnommen:

Ein Ausflug mit den Kindern zum See

Als dann _endlich_ alle im Auto saßen, stellte sich heraus, daß   1

Lia ihren Badeanzug und die _Mutter_ die _Handtücher_ verges-   1 + 1

sen hatte. Wortlos stiegen sie _wieder_ aus und holten ihre   1

Sachen . Dann fuhren sie los, und nach einiger _Zeit_ blieb   1 + 1

das Auto einfach _stehen_ , weil Leo vergessen hatte zu tanken.   1

Sie schoben das Auto an den _Straßen_ rand, und Leo nahm einen   1

leeren Kanister mit, um an der Tankstelle Benzin zu _kaufen_ .   1 + 1

Der _kleine_ Peter schimpfte am _meisten_ über den Fuß-   1 + 1

marsch, obwohl er sonst ein _guter_ Geher war. „Aber ich habe   1

keine Lust zu _gehen_ , und wenn ich keine Lust habe, _dann_   1 + 1

kann ich auch nicht." Und er setzte sich auf eine _Bank_ am   1

Wegrand, von wo man eine _schöne_ Aussicht hatte. Erst als sie   1

am See oben waren und sich einen _Platz_ an der _Sonne_   1 + 1

gesucht hatten, fiel die _schlechte_ Stimmung von ihnen ab.   1

20 Lösungen
: 2
/10 Punkte

nach: Barbara Frischmuth, Die Ferienfamilie; in: Prüfung Grundstufe I 01, Lehrerblatt

Bitte beschreiben Sie kurz diesen Prüfungsteil.

Textsorte: _____

Art der Aufgabenstellung: _____

Durchführung:

1. _____

2. _____

3. _____

Aufgabe 101

> *Bitte formulieren Sie nun kurz einige Lernziele für den Unterrichtsabschnitt, der auf diesen Prüfungsteil „Diktat" vorbereitet.*
>
> *Lernziele:* _____
>
> _____
>
> _____

Mit der hier verwendeten Aufgabenstellung, die auch als Übungs- und Testform im Unterricht verwendet wird, können mehrere Bereiche der sprachlichen Kompetenz zugleich überprüft werden. Es handelt sich also um eine kombinierte Aufgabenstellung.

Aufgabe 102

> *Welche Kenntnis- und Fertigkeitsbereiche werden in dieser kombinierten Prüfungsform „Diktat" getestet?*
>
> _____
>
> _____
>
> _____
>
> _____

Hörverstehen

4. Hörverstehen (ca. 20 Minuten)

Beim Hörverstehen in realen Kommunikationssituationen spielt auf dem Niveau der Grundstufe das Erschließen unbekannter Wörter aus dem Kontext eine sehr wichtige Rolle. Die Textvorlagen zum Prüfungsteil *Hörverstehen* enthalten deshalb eine Reihe von Wörtern, die über den Wortschatz hinausgehen, der am Ende der Grundstufe I aktiv beherrscht werden sollte, um auch diese wichtige Fertigkeit des Erschließens unbekannter Lexik zu prüfen.

Der Hörtext wird wie folgt bearbeitet: Die Kandidaten erhalten zunächst das Aufgabenblatt und lesen die Aufgaben. Dieses Verfahren, die Aufgaben **vor** dem Hören des Dialogs zu lesen, hilft dem Kandidaten, seine Aufmerksamkeit beim Hören des Textes auf diejenigen Stellen zu konzentrieren, die für die Lösung der Aufgaben relevant sind. (Siehe hierzu auch die Fernstudieneinheit *Fertigkeit Hören*.)

Nach dem Lesen der Aufgaben hören die Kandidaten den Dialog als Ganzes und ohne Pausen von der Kassette; danach wird der Dialog noch einmal abgespielt – diesmal in Abschnitten und mit Pausen zum Lösen der zum Text gehörenden Aufgaben. Um Ihnen einen Eindruck vom Schwierigkeitsgrad des Hörtextes und der Aufgaben zu vermitteln, folgt ein Ausschnitt aus dem Dialog (Transkription des Hörtextes auf der Prüfungskassette) und den Aufgaben im Übungssatz 01.

Bitte schauen Sie sich nun die Transkription des Hörtextes und die zugehörige Aufgabe an. Wenn Sie den Hörtext anhören wollen, so nehmen Sie die Kassette zur Fernstudieneinheit *Probleme der Leistungsmessung, Lernfortschrittstests* hinzu.

Aufgabe 103

> *Bitte nehmen Sie sich die Zeit, und lösen Sie die folgenden Aufgaben zum Hörverstehen auf Seite 111.*

Transkription der Hörszene

Gespräch mit Julia

Spr: Also Julia, wir haben uns ja jetzt eine ganze Weile nicht gesehen und ich möchte natürlich wissen, was in der Zwischenzeit alles passiert ist, ich bin neugierig. Das letzte, was ich von dir weiß, ist, daß du versucht hast, in eine Schauspielschule zu kommen.

J.: Ja.

Spr.: Du willst ja Schauspielerin werden.

J.: Em-he.

Spr.: Immer noch?

J.: Ja, das ist immer noch so.

Spr.: Und du hast das wo überall versucht?

J.: Also meine erste Prüfung war in Essen.

Spr.: Äh.

J.: Dann Hamburg, Berlin, München und die 5. Prüfung war in Stuttgart und da hab ich's dann geschafft.

Spr.: Also das 5. mal hat's geklappt.

J.: Jaja.

Spr.: Und da freust du dich jetzt natürlich.

J.: Ja sehr, ich bin sehr glücklich darüber.

Spr.: Jaja. Und wann wirst du dann konkret anfangen zu studieren? Wann geht es los?

J.: Das Studium beginnt am 17. Oktober.

Spr.: Das heißt, du hast jetzt noch 6 Wochen.

J.: Jaja.

Spr.: Und wie lange dauert das dann, wie viele Semester mußt du denn studieren?

J.: Also offiziell sind's 8 Semester, das heißt 4 Jahre. Aber man sieht sich schon nach 3 Jahren nach einem Engagement um.

Spr.: Drei Jahre, das ist eigentlich nicht zu schlimm.

J.: Nein, das ist in Ordnung.

...

Gespräch mit Julia

Haben Sie das gehört?	JA	NEIN

Beispiel:

		JA	NEIN
0)	Julia aus München will Schauspielerin werden.	✗	

		JA	NEIN
1)	Sie hat in mehreren Städten eine Prüfung gemacht.		
2)	In Stuttgart hat sie die Prüfung bestanden.		
3)	Im November beginnt sie zu studieren.		
4)	Das Studium dauert 2 Jahre.		

Aufgabe 104

Bitte beschreiben Sie kurz diesen Prüfungsteil.

(Hör-)Textsorte: _____

Aufgabenstellung: _____

Art des Hörverstehens vorwiegend:

Globalverstehen ☐

Detailverstehen ☐

Durchführung:

1. _____

2. _____

3. _____

Aufgabe 105

Bitte formulieren Sie nun kurz einige Lernziele für den Unterrichtsabschnitt, der auf diesen Prüfungsteil „Hörverstehen" vorbereitet.

Lernziele: _____

_____

_____

Leseverstehen

5. *Leseverstehen* (30 Minuten)

Was wir bereits im Textteil *Hörverstehen* über die Fertigkeit gesagt haben, unbekannte Lexik aus dem Kontext zu erschließen, gilt auch für das Leseverstehen. Deshalb enthalten auch die Texte aus dem Textteil *Leseverstehen* Wörter, die über den Wortschatz hinausgehen, der am Ende der Grundstufe I beherrscht werden sollte. Das Verstehen der Texte wird mit zwei unterschiedlichen Aufgabenformen geprüft.

Aufgabe 106

Bitte nehmen Sie sich die Zeit, und führen Sie die zwei Testaufgaben zum Leseverstehen auf Seite 113 durch.

Beispiel 1
Text

Übungssatz 01

GOETHE-INSTITUT

Grundstufe I
Leseverstehen

Intercity Der Zug der Zeit. 01

— Die neue Bahn — 02

Intercity ist ein Service 03

nach dem anderen. 04

1 Und damit fangen wir schon bei Ihnen zu Hause an.
2 Auf Wunsch bestellen wir Ihnen ein Taxi, holen Sie ab, reservie-
3 ren Ihnen einen Parkplatz am Bahnhof, wenn Sie mit Ihrem
4 eigenen PKW kommen, und tragen Ihr Gepäck zum Zug.

5	Dann helfen wir Ihnen beim Einsteigen, begleiten Sie zu Ihrem
6	vorbestellten Platz, nehmen Ihnen den Mantel ab, bringen Ihren
7	stufenlos verstellbaren Veloursessel in die Ihnen angenehm-
8	ste Position, sorgen dafür, daß Sie es richtig bequem haben,
9	und stellen Ihnen die Klimaanlage ein.
10	Wenn Sie möchten, servieren wir Ihnen anschließend in der 1.
11	Klasse Snacks und Drinks an Ihrem Platz, reservieren Ihnen für
12	den größeren Appetit einen Platz im Zugrestaurant, informie-
13	ren Sie über Fahrzeiten, Anschlüsse und die neuen Direktver-
14	bindungen, mit denen Sie jetzt noch schneller am Ziel sind,
15	wechseln Ihnen, wenn möglich, Kleingeld für das Münz-Zug-
16	telefon, buchen Ihnen einen Mietwagen oder rufen Ihnen ein
17	Taxi, das dann am Ankunftsbahnhof schon auf Sie wartet. Und
18	schließlich helfen wir Ihnen noch beim Aussteigen mit dem
19	Gepäck und fahren Sie wieder nach Hause.
20	Sie sehen also, Intercity ist ein Service nach dem anderen.

Deutsche Bundesbahn

DB

Übungssatz 01

GOETHE-INSTITUT

Name:

Grundstufe I
LV

_____

Intercity

Wo steht das im Text?

Beispiel:

0)	Intercity, der moderne Zug mit vielen Vorteilen	Zeile	_01 – 04_
1)	Essen und Trinken im Zug	Zeile	_____
2)	Hilfe am Ende der Reise	Zeile	_____
3)	Hilfe beim Platznehmen im Zug	Zeile	_____
4)	Wichtige Informationen zur Reise	Zeile	_____
5)	Telefonieren im Zug	Zeile	_____
6)	Weg von der Wohnung bis zum Bahnhof	Zeile	_____

Ergebnis: _____ /6 Punkte

GOETHE-INSTITUT
Grundstufe I
Leseverstehen

FERIEN IN ALLER WELT

Immer mehr junge Leute möchten im Urlaub aktiv sein und wollen vielleicht auch eine soziale Aufgabe übernehmen. Das Angebot ist groß: Es gibt Arbeitsmöglichkeiten in Asien und Afrika, Saisonarbeit in Europa oder Australien, Aufenthalte in den USA. Wer sich aber nicht früh genug informiert, findet vielleicht nicht mehr das Richtige.

Der „Studienkreis für Tourismus" verschickt drei Informationspapiere (Broschüren). Sie geben Informationen über die Angebote von fast 100 Organisationen. In den Broschüren findet man etwas über Wohnen bei Familien, Sprachkurse, soziale Arbeiten und auch über kulturelle und sportliche Treffen.

Wer schon vorher ein bißchen Geld für Informationen ausgeben will, kann das Buch „Working Holidays" für 19,80 DM bestellen. Dort findet man Arbeitsangebote für 16–35jährige.

Beispiel 2
Aufgaben

Ferien in aller Welt

Steht das im Text?	JA	NEIN

Beispiel:

		JA	NEIN
0)	Junge Leute interessieren sich im Urlaub nur für soziale Aufgaben.		X
1)	Wer im Urlaub eine gute Auslandsarbeit haben möchte, sollte sich rechtzeitig informieren.		
2)	Der Studienkreis organisiert 100 Ferienreisen.		
3)	Der Studienkreis informiert auch über Sportmöglichkeiten.		
4)	Alle Informationen sind kostenlos.		

Prüfung Grundstufe I 01, LV

Aufgabe 107

Bitte beschreiben Sie jetzt diesen Prüfungsteil.

Textsorte:

Text 1: _____

Text 2: _____

Aufgabenstellungen:

Text 1: _____

Text 2: _____

Welche Art des Leseverstehens wird vorwiegend geprüft?

Text 1: Globalverstehen ☐   *Text 2:* Globalverstehen ☐

     Detailverstehen ☐   Detailverstehen ☐

---

*Bitte formulieren Sie nun kurz einige Lernziele für den Unterrichtsab-
schnitt, der auf diesen Prüfungsteil „Leseverstehen" vorbereitet.*

Lernziele: _____

_____

_____

Aufgabe 108

---

*Nachdem Sie nun alle Prüfungsteile der „Prüfung Grundstufe I" selbst
durchgearbeitet, analysiert und die entsprechenden Unterrichtsziele im
einzelnen formuliert haben, möchten wir Sie abschließend bitten, sich noch
einmal die globale Unterrichtsbeschreibung für die Grundstufe I auf Seite
105 anzuschauen und die folgenden Formulierungen durch Beispiele aus
Ihren Lernzielbeschreibungen zu konkretisieren.*

„Handlungsbezogen", das heißt zum Beispiel _____

_____

_____

*„Verständigung in Alltagssituationen" – damit ist nicht nur das Sprechen
mit einem Gesprächspartner gemeint, sondern auch*

_____

_____

Aufgabe 109

Für diejenigen unter Ihnen, die selbst Tests und Prüfungen erstellen müssen oder
möchten, verweisen wir auf die Fernstudieneinheit *Probleme der Leistungsmessung,
Lernfortschrittstests*, in der das Erstellen von Tests und Prüfungen für das Überprüfen
der vier Fertigkeiten *Lesen, Schreiben, Hören, Sprechen* und für Lernkontrollen zu
Wortschatz/Strukturen behandelt wird.

⟹

3.5 Das Zertifikat Deutsch als Fremdsprache

Das Zertifikat Deutsch als Fremdsprache (= *ZDaF*) kann man als eine der wichtigsten formellen Prüfungen in der Grundstufe bezeichnen. Sie wird in der Bundesrepublik Deutschland seit Beginn der 70er Jahre von den Volkshochschulen und den Goethe-Instituten im In- und Ausland durchgeführt und wurde auch von vielen ausländischen Partnern übernommen.

Entstehung der
Konzeption

Die Konzeption geht auf Bemühungen der Volkshochschulen in der Bundesrepublik in der zweiten Hälfte der 60er Jahre zurück: Das Kursangebot sollte durch ein System von Prüfungen ergänzt werden, in denen die Kursteilnehmer die in den Kursen erworbenen Qualifikationen unter Beweis stellen konnten. Neben den Sprachen wurden dabei auch für die Bereiche Mathematik, Naturwissenschaften und Technik Konzepte für Zertifikate erarbeitet. Für Englisch wurden 1967/68 die ersten Zertifikatsprüfungen durchgeführt, für Deutsch als Fremdsprache 1971.

Inzwischen hat sich *Das Zertifikat Deutsch als Fremdsprache* für den Unterricht in der Bundesrepublik und im Ausland zu einer der wichtigsten Bezugsgrößen entwickelt: An dieser Prüfung werden die Niveaus von Kursen ebenso gemessen wie der Kenntnis- und Fertigkeitsstand von Kursteilnehmern. Nicht zuletzt üben die Lernzielformulierungen und die Wort-, Strukturen- und sonstigen Listen (vgl. dazu weiter unten) großen Einfluß auf die Kursinhalte aus, da sich sowohl Curricula als auch viele Lehrbücher an ihnen orientieren. So findet man bei (fast) allen Deutsch-als-Fremdsprache-Lehrwerken aus der Bundesrepublik einen Hinweis auf das *Zertifikat*. Die gängige Einteilung der Kursniveaus selbst (in Grund-, Mittel- und Oberstufe) bezieht sich im allgemeinen für den wichtigen Einschnitt zwischen der Grund- und Mittelstufe auf *Das Zertifikat Deutsch als Fremdsprache*, das daher auch oft als Grundstufen-(abschluß)prüfung* benutzt wird, obwohl es eigentlich eine kursunabhängige Prüfung ist.

Dies alles sind genug Gründe, um das *Zertifikat* in dieser Fernstudieneinheit in seinen einzelnen Prüfungsteilen ausführlich darzustellen und zu analysieren. Bei unserer Analyse werden wir uns besonders intensiv mit den Testaufgaben auseinandersetzen und sie an den drei Gütekriterien *Validität, Reliabilität* und *Objektivität* messen.

Groblernziel

Das Zertifikat Deutsch als Fremdsprache orientiert sich an folgendem **Groblernziel***:

> Das Lernziel des Zertifikats ist eine Fertigkeit im mündlichen und schriftlichen Gebrauch der Standardsprache, die es dem Teilnehmer ermöglicht, sich bei einem Auslandsaufenthalt in den wichtigsten Alltagssituationen sprachlich zu behaupten.

Zertifikat DaF (1992), 7

An diesem Groblernziel werden vier wichtige Aspekte der Zertifikatsprüfung deutlich:

1. Zentraler Begriff in dieser Lernzielbeschreibung ist der Begriff *Fertigkeiten* (des Sprachlerners). Daraus ist unmittelbar zu erkennen, daß es um die Benutzung der Sprache (im Sinne de Saussures* also um die *parole**, die gesprochene Sprache) geht und nicht um den Nachweis von Kenntnissen **über** die Sprache, wie z.B. Vokabeln oder Grammatikregeln (was nach de Saussure der *langue**, dem Sprachsystem, entspräche; vgl. de Saussure [1967], 16–18). Diese Bestimmung hat wesentliche Auswirkungen auf die Formulierung der **Feinlernziele*** und den Unterricht selbst, wie wir später noch sehen werden.

2. Das Groblernziel definiert allgemein die Bereiche der Sprache, die in der Prüfung (und damit im Unterricht) berührt werden: gesprochene und geschriebene Sprache jeweils unter den beiden Aspekten *Verstehen* und *Produzieren*. Es wird damit grundsätzlich eine Beschränkung nur auf die Schriftsprache abgelehnt, wie sie für frühere Phasen des Fremdsprachenunterrichts bestimmend war und die deshalb auch in früher üblichen Prüfungsformen dominiert hat (vgl. Neuner u.a. 1981, 10f. und die Fernstudieneinheit *Methoden des fremdsprachlichen Deutschunterrichts*

1993, 33–35). Die genannten vier Sprachbereiche und -aspekte stehen gleichwertig nebeneinander.

3. In der Fassung von 1977 wird durch die ausdrückliche Bezugnahme auf einen „Auslandsaufenthalt" der Tourismus als ein wesentlicher Anwendungsbereich der Fremdsprache angesprochen. Dies wurde in nachfolgenden Bearbeitungen durch die stärkere Betonung des Hör- und Leseverständnisses, also von Verwendungsmöglichkeiten der Fremdsprache, die auch im Heimatland der Lerner von Bedeutung sind, teilweise aufgehoben (vgl. dazu *Das Zertifikat Deutsch als Fremdsprache* 1977, 11 bis 1992, 9).

4. Als Sprachebene, die für die Prüfung maßgeblich ist, wird die „Standardsprache*" (= Umgangssprache) genannt. Dadurch werden andere Sprachebenen (z. B. literarische Sprache, Fachsprachen) ausgeschlossen.

Lernziele und Kursinhalte

Für die Festlegung der Unterrichtsinhalte sowie der Prüfungsinhalte reicht die Formulierung eines Groblernziels aber nicht aus; dieses muß durch die Formulierung von Feinlernzielen ergänzt werden. Wie wir schon mehrfach gesehen haben, spielt dabei der Zusammenhang zwischen Unterrichtsplanung (Curriculum) und Prüfung eine wichtige Rolle. Dies zeigt sich im einzelnen, wenn wir die Teile der Zertifikatsprüfung mit den curricularen Vorgaben für die zum *Zertifikat* führenden Kurse vergleichen.

Grundlage für die Prüfung ist ein detaillierter Lernzielkatalog*, der die zu beherrschenden Fertigkeiten und den Grad des sprachlichen Könnens genau beschreibt. Diese Beschreibung der Fertigkeitsgrade wird in der Zertifikatsbroschüre durch Textbeispiele präzisiert.

Was soll der Lerner können?

Für den Bereich des sprachlichen Könnens definieren die Verfasser Fertigkeitsniveaus für *Hörverstehen, Mündlichen Ausdruck, Leseverstehen* und *Schriftlichen Ausdruck* in Form von Lernzielbeschreibungen. Diese drucken wir im folgenden ab.

Aufgabe 110

Bitte notieren Sie beim Lesen der auf Seite 118 abgedruckten Lernzielbeschreibungen der Zertifikatsprüfung für jeden der vier Fertigkeitsbereiche stichwortartig zwei bis drei wesentliche Kriterien.

Fertigkeitsbereiche	*wesentliche Kriterien*
Hörverstehen	1. _____
	2. _____
Mündlicher Ausdruck	1. _____
	2. _____
	3. _____
Leseverstehen	1. _____
	2. _____
Schriftlicher Ausdruck	1. _____
	2. _____

I. Lernziel *Hörverstehen*:

> Erreicht werden soll ein Hörverstehen, das den Lernenden befähigt, Äußerungen aus dem alltäglichen Bereich in normalem Sprechtempo und mit nur geringen Abweichungen von gesprochener überregionaler Standardsprache in ihrer Gesamtaussage und/oder in ihren Einzelinhalten zu verstehen.

Zertifikat DaF (1992), 11

II. Lernziel *Mündlicher Ausdruck*:

> Erreicht werden soll eine mündliche Ausdrucksfähigkeit, die den Lernenden befähigt,
> – seine Bedürfnisse, Wünsche, Meinungen und Gefühle in Situationen aus dem alltäglichen Bereich, einschließlich seines persönlichen Lebens- und Erfahrungsbereichs, verständlich und im Ausdruck angemessen zu äußern,
> – auf Aufforderungen, Bitten und Fragen in Situationen aus dem alltäglichen Bereich durch Erklärungen, Mitteilungen, Beschreibungen sprachlich angemessen zu reagieren und
> – sich an Gesprächen zu Themen aus dem alltäglichen Bereich mit Erklärungen, Mitteilungen, Beschreibungen oder Meinungsäußerungen zu beteiligen.

Zertifikat DaF (1992), 13

III. Lernziel *Leseverstehen*:

> Es soll ein Leseverstehen erreicht werden, das den Lernenden befähigt, authentische Texte in der Gesamtaussage und/oder in ihren Einzelinhalten zu verstehen.
> Als authentische Texte gelten auch solche, die bearbeitet worden sind, aber von einem Muttersprachler noch als Originaltexte angesehen werden können.

Zertifikat DaF (1992), 15

IV. Lernziel *Schriftlicher Ausdruck*:

> Erreicht werden soll eine schriftliche Ausdrucksfähigkeit, die den Lernenden befähigt, persönliche und halbformelle Briefe inhaltlich und im Ausdruck angemessen sowie sprachlich möglichst regelgerecht zu schreiben.
>
> Inhaltliche Verständlichkeit und Angemessenheit des Ausdrucks gehen vor Richtigkeit in Grammatik und Rechtschreibung.
>
> Dies heißt aber nicht, daß z.B. auf die Vermittlung orthographischer Gesetzmäßigkeiten verzichtet werden kann. Vielmehr müssen dem Teilnehmer bestimmte konstante Entsprechungen von graphischen und akustischen Zeichen bekannt sein.

Zertifikat DaF (1992), 17f.

In diesen Lernzielen verwendete Begriffe wie z.B. *normales Sprechtempo* oder *gesprochene Standardsprache* werden in der Zertifikatsbroschüre exakt definiert.

Was soll der Lerner wissen?

Auch das, was der Lerner wissen soll, wird detailliert in einer Reihe von Listen festgelegt. Hier sind zu nennen:

Strukturenliste

➤ die Liste der syntaktischen Strukturen, die Prüfungsanforderungen für das *Zertifikat Deutsch als Fremdsprache* sind. Darin wird in neun Grammatikbereichen von 1. *Verb* bis 9. *Der Satz* das aktiv (und/oder passiv) zu beherrschende grammatisch-syntaktische Wissen aufgeführt (siehe dazu das Beispiel auf Seite 45).

➤ die Wortliste (siehe dazu das Beispiel auf Seite 43). Sie ist mit ca. 2000 Stichwörtern sehr umfangreich, da sie zu jedem Stichwort mindestens einen Beispielsatz enthält, der die lexikalische Bedeutung des Stichworts verdeutlichen soll. Bei vielen Stichwörtern werden zudem mehrere Bedeutungsvarianten verzeichnet. Ergänzt wird die Wortliste durch eine Wortgruppenliste, die inhaltlich zusammengehörige Wortgruppen (wie z. B. Zahlen, Woche/Wochentage) aufführt, sowie durch

Wortliste

➤ eine Wortbildungsliste, die die wichtigsten Verfahren der deutschen Wortbildung, die den Kandidaten bekannt sein sollten, zusammenfaßt. Gemeinsam legen diese drei Listen den Teil aus dem Gesamtbestand des deutschen Wortschatzes fest, der die Grundlage für die Prüfung zum *Zertifikat Deutsch als Fremdsprache* bildet.

Die Lernzielangaben werden durch weitere Zusammenstellungen von

weitere Listen

➤ Intentionen (Sprechabsichten),

➤ Themen,

➤ Situationen und

➤ Texten (besser: *Textsorten*)

vervollständigt (siehe dazu die Beispiele für die verschiedenen Listen auf Seite 42 ff.). Besonders bei diesen Listen wird deutlich, daß die Festlegung des geforderten Wissens für die Prüfung primär eine Festlegung der Kursinhalte und der verwendeten Lernmaterialien (also des Curriculums) ist.

Mit der Frage, wie die Lerner ihr Wissen und Können nachweisen sollen, kommen wir nun zur Darstellung der Prüfung selbst. Aus den Lernzielen ergibt sich, daß auch die Prüfung die vier Bereiche *Hören, Sprechen, Lesen* und *Schreiben* berücksichtigen muß.

Wie sollen die Lerner ihr Wissen und Können nachweisen?

Dementsprechend setzt sich das *Zertifikat* aus den folgenden Untertests zusammen:

Prüfungsteile

• einer **schriftlichen Gruppenprüfung**, die ihrerseits aus vier Teiltests besteht:

  – *Leseverstehen*

  – *Hörverstehen*

  – *Schriftlicher Ausdruck*

  – *Strukturen/Wortschatz*

• und einer **mündlichen Einzelprüfung**.

In der Prüfung können maximal 120 Punkte erreicht werden. Sie verteilen sich wie folgt auf die sechs Prüfungsteile:

Bewertungsskala

Leseverstehen	30 Punkte
Hörverstehen	30 Punkte
Mündlicher Ausdruck	30 Punkte
Schriftlicher Ausdruck	15 Punkte
Strukturen/Wortschatz	15 Punkte

In der Zertifikatsprüfung kommt den beiden Teiltests *Leseverstehen* und *Hörverstehen* sowie der mündlichen Einzelprüfung ein jeweils doppelt so großer Stellenwert (je 30 Punkte) zu wie den beiden Teiltests *Schriftlicher Ausdruck* und *Strukturen/ Wortschatz* (je 15 Punkte). Dies wird damit begründet, daß die drei erstgenannten Teiltests Fertigkeiten prüfen, die für das Groblernziel der allgemeinen Kommunikationsfähigkeit in Alltagssituationen von direkter und erheblicher Bedeutung sind. Der Teiltest *Schreiben* wird in bezug auf dieses Ziel als nicht so bedeutend gewertet. (Beim Vergleich der *Zertifikatsprüfung* mit der *Prüfung Grundstufe I*, zu dem wir Sie mit der Aufgabe 127 auf Seite 143 einladen wollen, werden Sie in diesem Bereich Unterschiede zwischen den beiden Prüfungen feststellen.) Der Teiltest *Strukturen/Wortschatz* scheint der formulierten Zielsetzung der Zertifikatsprüfung gar nicht zu entsprechen,

Hinweis

da er sich nur auf den Bereich des **Wissens** (über die Sprache), nicht aber auf das **Können**, also den Gebrauch der Sprache in der Kommunikation, bezieht. Die Aufnahme dieses Teiltests in das *Zertifikat* begründen die Autoren damit, daß dadurch die übrigen kommunikativ orientierten Teiltests von diesen „formalen Kriterien" entlastet werden. Einen anderen Weg haben die Verfasser des französischen Einstufungstests beschritten, den wir in Kapitel 3.1.2 besprochen haben. Sie haben sich dafür entschieden, den Bereich *Strukturen/Wortschatz* mit Hilfe genau definierter Teillernziele in die kommunikativen Teiltests *Leseverstehen, Hörverstehen, Schriftlicher Ausdruck* zu integrieren.

Im folgenden erläutern wir diese Teiltests. Wir stellen jeweils zunächst das Lernziel vor und gehen dann auf die folgenden Punkte ein:

1. Testgegenstand,

2. Testaufgabe(n),

3. Testrahmen,

4. Bewertung.

Wir verdeutlichen die Ausführungen jeweils durch ein Beispiel aus einem Prüfungsatz des Goethe-Instituts. Dabei liegt unser besonderes Augenmerk auf der Form der Testaufgaben.

Aufgabe 111
Rückverweis

> *Bevor wir nun mit der Betrachtung der einzelnen Testteile beginnen, möchten wir Sie bitten, sich noch einmal das Kapitel 2.1 auf Seite 22ff. durchzulesen und sich die Bedeutung und Definition der drei Gütekriterien „Validität", „Reliabilität" und „Objektivität" zu vergegenwärtigen. Bei der Analyse der Aufgabenstellungen werden wir immer wieder auf diese Kriterien zurückkommen.*

Bei der nun folgenden Analyse der einzelnen Prüfungsteile werden wir Sie jeweils bitten, in der simulierten Rolle des Prüfungskandidaten oder der Prüfungskandidatin die Prüfungsaufgaben selbst zu lösen. Auf diese Weise können Sie am ehesten den Schwierigkeitsgrad der verschiedenen Testteile und die Dauer der Bearbeitung abschätzen. Nach dieser „Prüfungssimulation" werden wir einige wichtige Aspekte der Prüfungsaufgaben näher betrachten.

3.5.1 Teiltest *Leseverstehen*

Teiltest
Leseverstehen

Der Teiltest *Leseverstehen* soll folgendes Lernziel überprüfen:

> Es soll ein Leseverstehen erreicht werden, das den Lernenden befähigt, authentische Texte in der Gesamtaussage und/oder in ihren Einzelinhalten zu verstehen.

Zertifikat DaF (1992), 15

Testgegenstand

Der Testgegenstand

Testgegenstand ist ein schriftlicher Text. Der Test kann aus bis zu fünf Texten bestehen mit einer Gesamtlänge von bis zu 1000 Wörtern. Für jede Prüfungsserie werden etwa sechs Prüfungssätze (und drei Übungssätze zur Vorbereitung) angeboten, die natürlich alle „gleich schwer", also von ihrem Ergebnis her vergleichbar sein sollen. Dieses Problem versucht man dadurch zu lösen, daß die zur Verwendung kommenden Texte mit Bezug auf die Themenliste sowie die Wort- und die Strukturenliste zum *Zertifikat* ausgewählt und Vorgaben über die Länge (vgl. Seite 118f.), den Schwierigkeitsgrad und die Textsorte gemacht werden.

Der folgende Lesetext ist der Zertifikatsbroschüre entnommen. Wir geben ihn hier als ein Beispiel für den geforderten Schwierigkeitsgrad wieder. Der Schwierigkeitsgrad ist natürlich im Zusammenhang mit den Aufgaben zu sehen. Das Ziel dieses Prüfungsteils ist nicht das vollständige Verständnis des Textes, sondern dem Text sollen nur einzelne Informationen entnommen werden.

Der Lesetext ist ein authentischer – wenn auch stark bearbeiteter – Text (die Quelle ist leider nicht angegeben). Damit ist ein Bezug zum Lernziel hergestellt (inhaltliche Validität; vgl. Kapitel 2.1.1, Seite 22).

Aufgabe 112

Bitte versetzen Sie sich wieder in die Rolle des Testkandidaten oder der Testkandidatin. Lesen Sie zuerst den Text, und lösen Sie dann die Aufgaben zum Text.

Beispiel:

Lesen Sie zuerst den folgenden Text:

Die Idee kam bei Blitz und Donner: Ein "Hotel" für junge Leute – die Jugendherberge

Eine Idee ging um die Welt: Was einmal ganz klein begann, hat inzwischen Millionen Freunde in 52 Ländern der Erde gefunden. Die Organisation der deutschen Jugendherbergen. das Deutsche Jugendherbergswerk, besteht jetzt seit mehr als 80 Jahren.

Der Lehrer Richard Schirrmann liebte es, viele Stunden durch die freie Natur zu gehen, also zu wandern. Als er im Sommer des Jahres 1909 mit einer Gruppe unterwegs war, fand er oft nur schwer einen Platz zum Schlafen. In einer Gewitternacht im August, als die Gruppe in einem

5 Dorf in einer leeren Schule übernachtete, kam Schirrmann der Gedanke: So wie es in jedem Ort eine Schule gibt, so sollte es auch möglichst viele Häuser geben, wo junge Leute übernachten können.

Diese Idee bei Blitz und Donner gilt heute als Geburtsstunde der Jugendherberge. und drei Jahre später wurde dann die erste Jugendherberge in

10 Deutschland eröffnet. Man kann sie allerdings mit den meisten Jugendherbergen von heute kaum noch vergleichen. Wer aber in diese alte Zeit noch einmal zurückschauen will, kann dies in einem Museum tun. Neben Schirrmanns Schuhen zum Wandern ist dort auch der große Schlafraum zu sehen, in dem noch die damals üblichen unbequemen Betten stehen.

   ...

Seit einiger Zeit macht das früher eher etwas konservative Jugendherbergswerk auch Reklame für interessante Ferienprogramme und günstige Reisen, mit denen es Familien als Gäste gewinnen will. So können heute

35 in fast jeder zweiten Jugendherberge Familien Unterkunft finden. Mehr als 400 000 Familien haben im letzten Jahr diese Gelegenheit wahrgenommen.

Besonders interessant sind die Angebote für Hobby und Freizeit: So bestehen in den meisten Jugendherbergen gute Voraussetzungen für

40 viele Sportarten. Seit kurzem kann man während eines Aufenthalts in einer Jugendherberge auch an Kursen teilnehmen, um z.B. tanzen und schwimmen zu lernen. E i n e Jugendherberge bietet sogar Führerscheinkurse an.

Lösen Sie jetzt die Aufgaben zum Text !

Zu den folgenden Aufgaben gibt Ihnen nur der Text die richtige Antwort! Lesen Sie also bei jeder Aufgabe nochmals im Text nach, und fragen Sie sich: Habe ich das im Text gelesen? Markieren Sie dann den Buchstaben für die richtige Antwort auf dem Antwortbogen! Zu jeder Aufgabe gibt es nur eine richtige Lösung.

- (Zeile 1 – 7):
  Was war die Idee des Lehrers Richard Schirrmann?
  a) Es sollte an jedem Ort möglichst viele Häuser für junge Leute geben.
  b) Es sollten Unterkünfte für Jugendliche geschaffen werden.
  c) Junge Leute sollten in leeren Schulen übernachten können.
  d) Junge Leute sollten viele Stunden in der freien Natur wandern.

- (Zeile 8 – 14):
  a) Die erste Jugendherberge hatte noch keine bequemen Betten.
  b) Die erste Jugendherberge ist heute ein Museum.
  c) Die erste Jugendherberge ist so ähnlich wie die Jugendherberge von heute.
  d) In der ersten Jugendherberge sind Schirrmanns feste Schuhe ausgestellt.

- (Zeile 32 – 37):
  a) Früher übernachteten in Jugendherbergen nur Gruppen.
  b) Fast die Hälfte der westdeutschen Herbergen nimmt nur noch Familien als Gäste auf.
  c) Interessante Ferienprogramme gibt es besonders für Jugendliche, die allein wandern.
  d) In vielen Jugendherbergen können heute auch ganze Familien übernachten.

- (Zeile 38 – 43):
  a) Bei einem Aufenthalt in der Jugendherberge sollte man möglichst an einem Kurs teilnehmen.
  b) In einer Jugendherberge sind alle Arten von Sport möglich.
  c) In den meisten Jugendherbergen kann man den Führerschein machen.
  d) In vielen Jugendherbergen werden heute auch Kurse für verschiedene Hobbys angeboten.

Zertifikat DaF (1992), 334f.

Testaufgaben

Rückverweis

Die Testaufgaben

Die Testaufgaben sind geschlossene Aufgaben (zu weiteren wichtigen Aufgaben dieses Typs vgl. Kapitel 2.2).

Sicher haben Sie den hier verwendeten Aufgabentyp erkannt: Es handelt sich um den Typ der Multiple-choice-Aufgabe, häufig auch Mehrfachwahl-Aufgabe genannt.

Aufgabe 113
Rückverweis

Bitte blättern Sie zurück zu Kapitel 2.2.3 auf Seite 30, wo dieser Aufgabentyp besprochen wird, und notieren Sie hier noch einmal die beiden wichtigsten Formen, in denen dieser Aufgabentyp vorkommt.

Multiple-choice-Aufgaben
werden eingeleitet durch

Auswahlantworten
sind entweder

_____

oder   *oder*

_____

Die Multiple-choice- oder Mehrfachwahl-Aufgaben bieten meist zwei bis vier Alternativen zur Auswahl an, von denen nur eine richtig ist (die **Antwort**), während alle anderen (die **Distraktoren**) falsch sind. In der Funktion der Fragen und Antwortalternativen können auch Aussagen und ihnen entsprechende Abschnitte aus dem Text verwendet werden.

In allen Fällen besteht die Aufgabe für den Kandidaten darin, die richtige Alternative zu markieren.

In der nächsten Aufgabe ist der Typ der in unserem Beispiel verwendeten Mehrfachwahl-Aufgabe zu definieren.

> 1. Stellen Sie fest, welchem Typ die Mehrfachwahl-Aufgaben im Testbeispiel auf Seite 121f. entsprechen:
>
>   a) Frage   – 4 Alternativen als Antwort
>
> oder b) (Teil-)Satz   – 4 Alternativen als Fortsetzung
>
> oder c) Textpassage   – 4 unabhängige Äußerungen als inhaltliche Entsprechungen.
>
> 2. In Aufgabe 112 haben Sie festgestellt, an welcher Stelle unter den vier Auswahlpunkten (a), (b), (c), und (d) jeweils die richtige Antwort und die drei Distraktoren stehen. Können Sie sich einen Grund für diese Verteilung denken?

Der Testrahmen

Um das Kriterium der *Reliabilität* (siehe Abschnitt 2.1.2, Seite 25) zu erfüllen, muß – neben der Klarheit der Aufgabenstellung – auch von vornherein festgelegt werden, wieviel Zeit zur Bearbeitung der einzelnen Teiltests oder der gesamten Prüfung zur Verfügung steht. Die Zeit muß so ausreichend kalkuliert sein, daß die Kandidaten den Testgegenstand und die Aufgaben in Ruhe lesen (beim Hörverstehen hören bzw. lesen), ihre Antworten überlegen und noch einmal überprüfen können. Bei dem Teiltest *Leseverstehen* beträgt diese Zeit 45 Minuten.

Die Bewertung

Um das Kriterium der *Objektivität* (siehe Abschnitt 2.1.3, Seite 26) zu erfüllen, muß vor der Prüfung auch eindeutig festgelegt sein, mit welchem Punktewert jede einzelne Testaufgabe (jedes Item*) bewertet wird. Weiterhin muß klar sein, ob nur ganze Punkte vergeben werden (d.h., die Lösung nur als richtig oder falsch gewertet wird) oder ob es auch Zwischenwerte gibt, und nach welchen Kriterien die Bewertung erfolgen soll. Im vorliegenden Fall werden bei jeder Testaufgabe für die richtige Lösung zwei Punkte, bei einer nicht richtigen Lösung null Punkte vergeben. Die erreichbare Punktzahl beträgt also bei 15 Items, die insgesamt zum Leseverstehen zu bearbeiten sind, 30 Punkte. Des weiteren muß festgelegt sein, wie die erreichte Punktzahl eines Teiltests und der gesamten Prüfung bewertet wird. Dies erfolgt oft durch Angabe von Prozentwerten der erreichbaren Punktzahl als Äquivalent zu einer allgemein gebräuchlichen Benotungsskala. Beim *Zertifikat* ist das Bewertungsschema für alle Teiltests und für die Gesamtprüfung einheitlich:

ab 60%:   ausreichend

ab 70%:   befriedigend

ab 80%:   gut

ab 90%:   sehr gut

3.5.2 Teiltest *Hörverstehen*

Das dem Teiltest *Hörverstehen* zugrunde liegende Lernziel lautet:

> Erreicht werden soll ein Hörverstehen, das den Lernenden befähigt, Äußerungen aus dem alltäglichen Bereich in normalem Sprechtempo und mit nur geringen Abweichungen von gesprochener überregionaler Standardsprache in ihrer Gesamtaussage und/oder in ihren Einzelinhalten zu verstehen.

Zertifikat DaF (1992), 11

Der Testgegenstand

Testgegenstand ist die gesprochene Sprache. Es handelt sich um Äußerungen aus dem alltäglichen Bereich. Der Bezug zum Lernziel (siehe oben) ist also gegeben (inhaltliche Validität). Um auch bei diesem Teiltest einen möglichst gleichen Schwierig-

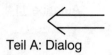

keitsgrad bei jeder Durchführung zu gewährleisten, wird der Text nicht vorgelesen, sondern von einer Kassette vorgespielt. Sie können die Hörszene auf der Kassette zur Fernstudieneinheit *Probleme der Leistungsmessung, Lernfortschrittstests* finden.

Teil A: Dialog

Beim *Zertifikat* besteht dieser Teiltest aus zwei unabhängig voneinander zu bearbeitenden Teilen mit jeweils anderen Aufgabentypen. Im Teil A wird ein Dialog zweimal vorgespielt. (Zur Schwierigkeit gilt sinngemäß das gleiche wie zum Lesetext.)

Aufgabe 115

Bitte lesen Sie nun die folgende Aufgabe, die Transkription des Hörtextes sowie die dazugehörenden Aufgaben auf Seite 126.

Zertifikat Deutsch als Fremdsprache GOETHE-INSTITUT

ZDaF – HV TI. A
HÖRVERSTEHEN
Aufgaben Übungssatz 04

H ö r v e r s t e h e n   T e i l   A

Sie hören jetzt ein Gespräch. Dazu sollen Sie 20 Aufgaben lösen.
Bei jeder Aufgabe sollen Sie feststellen: Habe ich das im Text gehört oder nicht?
Die richtige Lösung markieren Sie auf dem Antwortbogen.

Hören Sie zuerst das Gespräch, ohne zu schreiben. Sie hören das Gespräch danach in vier Abschnitten noch einmal.

Zertifikat DaF 04, HV

Zertifikat Deutsch als Fremdsprache GOETHE-INSTITUT

ZDaF – HV
LEHRERBLÄTTER
Transkription Hörverstehen TI. A Übungssatz 04

H ö r v e r s t e h e n – T r a n s k r i p t i o n

Teil A

Familie und Beruf

A = Rudi
B = Rotraud

A: Tag, Rotraud! Was machst du denn hier?

B: Tag, Rudi! Wie geht's dir?

A: Mir geht's gut!

B: Mir geht's auch gut!

A: Du, ich hab' dich schon lange nicht mehr gesehen.

B: Das ist ja auch kein Wunder, ich arbeite ja wieder.

A: Du arbeitest wieder?!

B: Mhm, ich bin wieder berufstätig.

A: Ja, warum denn das?

B: Naja, es macht mir halt Spaß.

A: Ja, aber dein Mann verdient doch ausgezeichnet.

B: Ja, das ist ja nicht nur wegen des Geldes. Ich denk' ja auch an später. Ich war jetzt zehn Jahre aus dem Beruf, und irgendwann will ich ja ganz wieder arbeiten.

A: Du willst mal wieder ganz arbeiten? Das ist aber nicht nötig.

B: Ja, möcht' ich aber gern. Wenn man da sich nicht frühzeitig drum kümmert, dann verliert man halt leicht den Anschluß.

A: Ja, wie stellst du dir denn deine Zukunft vor?

B: Naja, was weiß ich, wie das mit unserer Ehe mal weitergeht oder ob ich nicht irgendwann mal Witwe werde und dann sowieso arbeiten muß ...

A: Och, jetzt mal' doch nicht den Teufel an die Wand!

B: Ja, muß man doch!

A: Och, das würde ich aber auf keinen Fall ... und du hast doch auch deine Kinder. Was machst du denn mit denen?

B: Naja, die sind ja nun nicht mehr so klein, die sind schon sechs und acht Jahre alt und gehen beide zur Schule. Ich arbeite nur halbtags.

A: Ach, halbtags arbeitest du.

B: Ja, halbtags ...

A: Ja, aber wenn die Kinder dann von der Schule kommen, dann stehen sie doch vor der Tür?!

B: Naja, so schlimm ist es nicht. Ich arbeite etwa von acht bis zwei, die Kinder kommen zwischen zwölf und halb eins, in der Zeit versorgt sie meine Mutter.

A: Ach, deine Mutter lebt noch?

B: Ja, meine Mutter lebt noch, die ist extra deswegen in unsere Nähe gezogen.

A: Ja, und was sagt deine Mutter dazu, daß du jetzt wieder arbeitest?

B: Naja, auf der einen Seite ist sie froh, daß sie wieder 'ne Aufgabe gefunden hat, auf der anderen Seite motzt sie auch manchmal ein bißchen.

A: Ja, das kann ich mir vorstellen. Sie hat doch dann auch recht viel zu tun.

B: Naja, aber ich mein', anderthalb Stunden am Tag mal zwei Kinder zu versorgen, das ist ja nun nicht so schlimm.

A: Mhm, und dein Mann, was sagt der zu der ganzen Sache?

B: Naja, zuerst hat er 'n bißchen komisch geguckt, aber jetzt hat er sich dran gewöhnt, und die Hauptsache ist, das Essen steht auf dem Tisch, wenn er nach Hause kommt.

A: Mhm, du – ich, sag' mal, ich stell' mir das gar nicht so leicht vor, jetzt eine Arbeit zu finden als technische Zeichnerin.

B: Naja, ich hab' auch furchtbar lange gesucht, aber ... ich hab' mich immer für meinen Beruf interessiert, und ich wollte wirklich gerne wieder in diesen Beruf, und ich hab' halt endlich Glück gehabt. Jetzt hab' ich 'ne Stelle gefunden.

A: Und das macht dir wirklich Spaß?

B: Wirklich großen Spaß. Man hat endlich mal wieder ein bißchen Kontakt zur Außenwelt und nicht immer nur die Gespräche mit den Nachbarn über Kinder oder Essenkochen und Einkaufen und so ...

A: Ja, ich mein', das ist natürlich ein Gesichtspunkt, bloß stell' ich es mir nicht besonders schön vor, wenn dein Mann abends müde von der Arbeit kommt, und du bist auch abgearbeitet.

B: Ja, so schlimm ist das ja nun auch nicht. Man kann alles organisieren. Außerdem, vielleicht gibt es irgendwann mal 'ne Möglichkeit, daß mein Mann auch halbe Tage arbeitet. Dann kann er das machen, und wir machen nachmittags den Haushalt zusammen.

A: Wäre natürlich eine ideale Lösung. Aber meine Sache wäre das nicht ...

B: Mhm ...

A: ... wenn ich dran denke, meine Frau würde arbeiten ... Ich weiß nicht, ich wär' nicht so ganz damit einverstanden.

B: Ist sie denn wirklich zufrieden so?

A: Ich hab' schon den Eindruck. Die hat doch ihre Aufgaben.

B: Ich glaub', ich rede mal mit ihr darüber.

A: Ich weiß nicht, ob das so gut ist. Schau doch, die hat das Haus, den ganzen Garten, kümmert sich um die Kinder, und es läuft also sehr gut.

B: Naja – vielleicht treffen wir uns mal irgendwann in der nächsten Zeit, und dann können wir ja vielleicht nochmal darüber reden.

A: Das können wir mal, und dann werde ich auch mit deinem Mann reden. Paß auf, wir telefonieren uns zusammen.

B: Ja, gern!

A: Gut! Also, alles Gute!

B: Bis bald! Tschüs!

A: Wiederseh'n!

Zertifikat DaF 04, HV

Lesen Sie jetzt die Aufgaben Nr. 21 – 25 zum 1. Abschnitt.

(1 Minute Pause)

1. Abschnitt

21. Rotraud war früher schon einmal berufstätig.
22. Sie muß arbeiten, weil ihr Mann zu wenig verdient.
23. Sie will später wieder voll arbeiten.
24. Sie freut sich, wieder zu arbeiten.
25. Sie will sich scheiden lassen.

Hören Sie jetzt den 1. Abschnitt noch einmal. Beim Hören oder danach markieren Sie die Lösungen auf dem Antwortbogen.
Fragen Sie sich bei jeder Aufgabe: Habe ich das im Text gehört?
Wenn ja, markieren Sie   R = richtig.
Wenn nein, markieren Sie   F = falsch.

Lösen Sie jetzt die Aufgaben Nr. 21–25 zum 1. Abschnitt.

Lesen Sie jetzt die Aufgaben Nr. 26–31 zum 2. Abschnitt.

(1 Minute Pause)

2. Abschnitt

26. Es gibt Schwierigkeiten, weil die Kinder nicht in die Schule gehen wollen.
27. Rotraud arbeitet nur den halben Tag.
28. Die Kinder sind den ganzen Tag in der Schule.
29. Die Mutter sorgt morgens und abends für die Kinder.
30. Die Mutter wohnt mit der Familie zusammen.
31. Die Mutter will die Arbeit nicht mehr machen.

Hören Sie jetzt den 2. Abschnitt noch einmal.

Lösen Sie jetzt die Aufgaben Nr. 26–31 zum 2. Abschnitt.

Lesen Sie jetzt die Aufgaben 32–36 zum 3. Abschnitt.

(1 Minute Pause)

3. Abschnitt

32. Rotrauds Mann war zuerst gar nicht damit einverstanden.
33. Rotraud hat sofort eine Arbeit gefunden.
34. Sie hat zuerst einen neuen Beruf lernen müssen.
35. Sie spricht am liebsten nur über Essen und Kinder.
36. Es gibt große Probleme in der Familie, weil beide müde von der Arbeit kommen.

Hören Sie jetzt den 3. Abschnitt noch einmal.

Lösen Sie jetzt die Aufgaben Nr. 32–36 zum 3. Abschnitt.

Lesen Sie jetzt die Aufgaben Nr. 37–40 zum 4. Abschnitt.

(1 Minute Pause)

4. Abschnitt

37. Rotrauds Mann arbeitet jetzt nur noch den halben Tag.
38. Ihr Bekannter glaubt, daß seine Frau zufrieden ist.
39. Rotraud möchte mit der Frau ihres Bekannten sprechen.
40. Der Bekannte ist nur für ein Treffen der Männer.

Hören Sie jetzt den 4. Abschnitt noch einmal.

Lösen Sie jetzt die Aufgaben Nr. 37–40 zum 4. Abschnitt.

Zertifikat DaF 04, HV

> *Lesen Sie nun die Transkription des Hörtextes (Teil A: Dialog) auf Seite 124f. noch einmal.*
>
> 1. *Markieren Sie dabei die Textstellen, auf die sich die 20 Fragen beziehen. Finden Sie, daß die Aufgaben alle so formuliert sind, daß man eindeutig mit „Ja" (= das habe ich im Text gehört) oder „Nein" antworten kann?*
>
> 2. *Markieren Sie in der Texttranskription die vier Abschnitte.*
>
> 3. *Glauben Sie, daß Ihre Lerner bzw. Sie selbst den Inhalt beim Hören so gut verstehen und behalten können, daß sie/Sie auch die Fragen beantworten könnten? Diskutieren Sie diese Frage bitte mit Ihren Kolleginnen und Kollegen.*

Beim Teil B des Prüfungsteils *Hörverstehen* werden fünf kurze Texte (Äußerungen), die (in neueren Fassungen des *Zertifikats*) in einem thematischen Zusammenhang stehen können (aber nicht müssen), je zweimal vorgespielt (vgl. *Das Zertifikat Deutsch als Fremdsprache* 1991, 11). Wir drucken hier nur zwei Beispieltexte ab.

> *Lesen Sie nun die Transkription des Prüfungsteils B, und lösen Sie anschließend die dazugehörenden Aufgaben.*

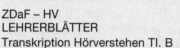

Zertifikat Deutsch als Fremdsprache   **GOETHE-INSTITUT**

ZDaF – HV
LEHRERBLÄTTER
Transkription Hörverstehen Tl. B   Übungssatz 04

Hörverstehen Teil B

Im folgenden hören Sie fünf kurze Texte.
Hören Sie sich jeden Text zuerst an, dann lesen Sie die Aufgabe.

Sie hören dann den Text noch einmal. Danach wählen Sie die richtige Antwort.
Markieren Sie auf dem Antwortbogen, ob die Antwort a, b, c oder d richtig ist.

Teil B

41. Wetterbericht

Sie möchten wissen, wie das Wetter in Norddeutschland ist und rufen beim Wetteramt München an. Sie bekommen folgende Auskunft:

Guten Tag, meine Damen und Herren. Sie hören den Wetterbericht des Wetteramtes München für Dienstag, den 21. Juni 1977:

Süddeutschland: Anfangs noch vereinzelt Regen oder Regenschauer. Später wolkig und zunehmend Sonne mit Höchsttemperaturen bis 25 Grad, in 2000 Meter Höhe bis 10 Grad.

Norddeutschland: Sonnig und wolkenlos, am Abend einzelne Gewitter möglich. Höchsttemperaturen bis 30 Grad, an der Küste bis 25 Grad. Schwacher Wind aus verschiedenen Richtungen.

42. Suchmeldung

Sie machen Urlaub in Süddeutschland. Gestern haben Sie im Hotel zufällig Herrn Breuer kennengelernt. Jetzt hören Sie im Radio folgende Suchmeldung:

Herr Dieter Breuer aus Bonn, zur Zeit mit einem weißen Mercedes mit der Nummer BN für Bonn, Strich RS 249, unterwegs in Süddeutschland, wird gebeten, die Polizei in Linz anzurufen. Die Telefonnummer lautet: 02644/4012. Ich wiederhole: Herr Dieter Breuer aus Bonn, zur Zeit mit einem weißen Mercedes in Süddeutschland unterwegs, bitte rufen Sie die Polizei in Linz an.

Zertifikat DaF 04, HV

Testaufgaben:	**Die Testaufgaben**

Die Testaufgaben zu den Teilen A und B gehören zu dem Typ *geschlossene Aufgaben*. Wie wir in Kapitel 2 ausgeführt haben, eignen sich solche Aufgaben, die Kriterien der Reliabilität und der Objektivität zu erfüllen.

Ja/Nein-Aufgaben

Zum Teil A wird ein Aufgabentyp verwendet, der als eine Sonderform der Mehrfachwahl-Aufgabe betrachtet werden kann: Zum Hörtext werden 20 Äußerungen präsentiert. Der Kandidat muß entscheiden, ob sie jeweils einer Aussage des Hörtextes inhaltlich entsprechen oder nicht. Die Alternativen sind also auf *Ja* (die Äußerung stimmt mit einer Aussage des Textes überein bzw. dasselbe wird mit anderen Worten so im Text gesagt) oder *Nein* beschränkt. Das einzige Kriterium für die Antwort ist der Text und nicht das eigene Wissen bzw. die objektive Richtigkeit der Aussage. Da hier die Auswahl nur zwischen den beiden Alternativen *Ja* und *Nein* zu treffen ist, wird diese Form der Mehrfachwahl-Aufgabe auch *Ja/Nein-(Wahl)Aufgabe* oder *Alternativantwort-Aufgabe* genannt.

Mehrfachwahl-Aufgabe

Zum Teil B wird zu jedem der fünf Kurztexte eine Mehrfachwahl-Aufgabe mit vier Alternativen (d.h. eine viergliedrige Mehrfachwahl-Aufgabe) gestellt, wie wir sie beim Teiltest *Leseverstehen* schon kennengelernt haben.

Testrahmen

Der Testrahmen

Der Testrahmen wird durch die Form der Präsentation der Hörtexte bestimmt. Anders als bei schriftlich präsentierten Testaufgaben wird die Reihenfolge der Texte und Aufgaben und die Zeit zur Bearbeitung der Aufgaben durch die Tonkassette für alle Prüfungsteilnehmer einheitlich vorgegeben. Die individuellen Bearbeitungsmöglichkeiten sind also stark eingeschränkt.

Die beiden Teile A und B werden unterschiedlich bewertet: Im Teil A gibt es für jede richtige Antwort einen Punkt, bei Teil B sind es zwei Punkte für jede richtig gelöste Aufgabe.

Aufgabe 118

1. *Vergleichen Sie die viergliedrigen Mehrfachwahl-Aufgaben im Teiltest „Leseverstehen" auf Seite 121f. mit den zweigliedrigen Auswahlaufgaben im Teil A des Teiltests „Hörverstehen" auf Seite 126. Welche Gemeinsamkeiten bestehen zwischen ihnen, und welche Unterschiede gibt es?*

2. *Können Sie Argumente für die unterschiedliche Bewertung der Aufgaben im Teiltest „Leseverstehen" und in Teil A des Teiltests „Hörverstehen" nennen?*

3.5.3   Teiltest *Schriftlicher Ausdruck*

Für den Teiltest *Schriftlicher Ausdruck* gilt als Lernziel:

> Erreicht werden soll eine schriftliche Ausdrucksfähigkeit, die den Lernenden befähigt, persönliche und halbformelle Briefe inhaltlich und im Ausdruck angemessen sowie sprachlich möglichst regelgerecht zu schreiben.
>
> Inhaltliche Verständlichkeit und Angemessenheit des Ausdrucks gehen vor Richtigkeit in Grammatik und Rechtschreibung.

Zertifikat DaF (1992), 17f.

Der Testgegenstand

Der Testgegenstand wird im folgenden Beispiel nicht in Form eines Textes präsentiert, sondern allgemein durch die Angabe der kommunikativen Situation (d. h. des Schreibanlasses und der Textsorte *persönlicher Brief*) sowie einiger inhaltlicher und formaler Punkte definiert. Der Bezug zum Lernziel (hier: Schreiben eines persönlichen Briefs) ist somit gegeben (inhaltliche Validität).

> *Bitte schreiben Sie den Brief.*
>
> > Sie haben letzten Donnerstag bei einer Reise im Zug einen Gegenstand (Regenschirm, Tasche, Jacke oder etwas anderes) liegengelassen. Am Bahnhof erhalten Sie die Auskunft, daß Sie sich schriftlich an das Fundbüro der Bundesbahn, Hauptbahnhof, 60433 Frankfurt, wenden müssen.
> >
> > Schreiben Sie an das Fundbüro und sagen Sie in Ihrem Brief etwas zu folgenden Punkten:
> >
> > 16. warum Sie schreiben,
> > 17. in welchem Zug Sie den Gegenstand liegengelassen haben,
> > 18. wie der Gegenstand genau aussieht,
> > 19. wohin der Gegenstand geschickt werden soll,
> > 20. und fragen Sie auch nach den Kosten.
> >
> > Vergessen Sie auch nicht Datum, Anrede, Gruß und Unterschrift!
> > Schreiben Sie zu <u>allen</u> Punkten wenigstens 1 – 2 Sätze!
>
> nach: Hinweise zur Durchführung der Prüfungen des GI (1993), 65

Die Testaufgabe

Die Aufgabe ist offen formuliert. Der Prüfungsteilnehmer muß eine eigenständige produktive Leistung erbringen. Er ist dabei weitgehend frei. Eine Begrenzung wird nur durch die erwartete Textsorte mit ihren formalen Besonderheiten (wie: Datum, Anrede, Grußformel usw.), den erwarteten Umfang des Textes und durch die verlangten inhaltliche Punkte gegeben. Dabei steht im Hintergrund das Curriculum, in dem solche Textsorten und damit verbundene Intentionen und Themen beschrieben sind.

In den Prüfungsteilen *Leseverstehen* und *Hörverstehen* hatten wir den Testtyp Multiple-choice-(Mehrfachwahl-)Aufgaben. Für die Überprüfung des Testteils *Schriftlicher Ausdruck* verwendet man meistens offene Aufgaben.

> *Bitte stellen Sie auf Seite 130 in einem Vergleich wichtige Charakteristika der beiden Testtypen „Multiple-choice-Aufgabe" („Mehrfachwahl-Aufgabe") und „offene Aufgabe" einander gegenüber. Sie können sich dafür noch einmal in den Abschnitten 2.2.1 und 2.2.3 kundig machen.*

Multiple-choice-Aufgabe	*offene Aufgabe*
_____	_____
_____	_____
_____	

Testrahmen

Der Testrahmen

Der Testrahmen ist durch die zur Verfügung stehende Zeit von 30 Minuten festgelegt.

Bewertung

Die Bewertung

Wir haben schon mehrfach gesehen, daß die Bewertung bei offenen Aufgaben erheblich schwieriger ist als z. B. bei Multiple-choice-Aufgaben oder Ja/Nein-Aufgaben, und sie unterliegt stärker dem subjektiven Empfinden des Bewerters. Man kann die Subjektivität aber dadurch reduzieren, daß man allen Korrektoren eine Bewertungsanleitung an die Hand gibt, die die für jede Notenstufe erwartete Leistung beschreibt. So soll sichergestellt werden, daß sich alle Korrektoren auf die gleichen Definitionen von Leistung beziehen, d. h., die Notengebung für eine bestimmte Leistung wird vereinheitlicht.

Hinweis

Im Anhang auf Seite 160 finden Sie die Bewertungsanleitung für den *Schriftlichen Ausdruck* im *Zertifikat Deutsch als Fremdsprache*.

Mit Hilfe dieser Bewertungsanleitung können Sie die drei hier nun abgedruckten Briefe, die zu der Testaufgabe in Aufgabe 121 geschrieben wurden, bewerten. Im Anschluß daran haben Sie die Möglichkeit, Ihre Bewertung mit der im Lösungsschlüssel abgedruckten Modellbewertung zu vergleichen.

Aufgabe 121

> *Bitte übernehmen Sie nun die Rolle des Korrektors, und bewerten Sie die folgenden drei Briefe an das Fundbüro aus einer Zertifikatsprüfung.*
>
> *Brief 1*

Beispiel 1
zu Aufgabe 121

> *Fundbüro im Hauptbahnhof*   *15. Dez. 1993*
> *60433 Frankfurt*
>
> *Sehr geehrte Damen und Herren,*
>
> *ich habe letzten Donnerstag im einen Zug nach Frankfurt gefahren, und ich habe viele Sachen in dem Zug vergessen oder liegengelassen. Der Zug fuhr um 10.15 Uhr von Köln nach Frankfurt und ich habe meine Tasche, Jacke und Regenschirm vergessen. Meine Tasche ist klein und die Farbe ist braun, mein schwarze Leder Jacke und meinen blauen gestreiften Regenschirm.*
>
> *Können Sie bitte hinschinkeln meine Jacke, Tasche und Regenschirm im Hauptbahnhof in Frankfurt. Und möchte auch wissen wieviel kostet das?*
>
> *Mit freundlichen Grüßen*

nach: Hinweise zur Durchführung der Prüfungen des GI (1993), 65; Schülerarbeit (ohne Lehrerkorrektur)

> *Brief 2*

Beispiel 2
zu Aufgabe 121

> *Name + Anschrift vorhanden*
>
> *Fundbüro*
> *Im Hauptbahnhof*
> *60433 Frankfurt*   *8.12.1993*
>
> *Ich habe letzten Donnerstag im Zug nach Frankfurt meinen Gegenstand liegenlassen*

Sehr gut Herr und gute Damen,

ich war im die Nummer 1 nach Frankfurt gefahren. Mein sitz ist die Nummer 10.

Von Braunschweig war der Zug um 8 Uhr abfahren. Meine Tasche ist groß rote Farbe und kommt aus Leder. Meine Jake und Halshüte sind hellen grünen Farbe. Auch mein Regenschirm ist rote Farbe.

Wohin sie die Sachen schicken? Wo nehme ich mein Gegenstand? Wie viel Geld ich für mein Gegenstand bezahle? – Wann sie mein Gegenstand haben.

mit freundlichen Grüßen

Unterlagen zur Prüferschulung des GI (unveröffentlicht)

Brief 3

Beispiel 3
zu <u>Aufgabe 121</u>

Name + Anschrift vorhanden

8.12.1993

*Fundbüro im Hauptbahnhof
60433 Frankfurt*

Sehr geehrte Damen und Herren,

ich bin letzten Donnerstag bei einer Reise mit dem Zug nach Frankfurt gefahren. Ich habe eine Tasche, ein Buch und einen Regenschirm im Zug liegenlassen.

Ich habe meinen Gegenstand im Zug 11 zweite Klasse von Braunschweig nach Frankfurt liegenlassen. Ich bin um 19.15 Uhr am Donnerstag mit diesem Zug gefahren.

Ich möchte etwas über meinen Gegenstand information Ihnen geben. Also meine Tasche ist gelb und klein. Mein Buch ist Geschichte von Deutschland und mein Regenschirm ist hellblau.

Wenn Sie meinen Gegenstand finden, schicken Sie bitte mit meiner Adresse. Ich danke Ihnen.

Ich möchte wissen, wieviel Geld Sie für meinen Gegenstand bezahlen? Ich kann dieses Geld durch einen Brief Ihnen schicken. Nochmal vielen Dank. Ich würde mich freuen, wenn sie meinen Gegenstand finden könnten. Vielen Dank!

Mit freundlichen Grüßen

Unterlagen zur Prüferschulung des GI (unveröffentlicht)

3.5.4   Teiltest *Strukturen/Wortschatz*

Teiltest
Strukturen/Wortschatz

Wie schon angedeutet, entspricht dieser Teiltest eigentlich nicht dem Groblernziel des *Zertifikats*, das auf die Feststellung von **Fertigkeiten** gerichtet ist. In diesem Teiltest wird das „Wissen" des Lerners getestet. Die Begründung dafür, daß dieser Test dennoch einen unabhängigen Platz im *Zertifikat* hat, liegt darin, daß die Kenntnis grammatischer Strukturen, von Wortschatz und Idiomatik*, also die formale Seite der Sprache, natürlich in jeder kommunikativen sprachlichen Fertigkeit enthalten ist, also auch in den fertigkeitsbezogenen Prüfungsteilen mitgeprüft wird. Die Problematik liegt darin, daß Stärken oder Schwächen auf diesem Gebiet somit mehr oder weniger jeden Teiltest (mit) beeinflussen müßten und dadurch einen unangemessen starken Einfluß auf die Gesamtleistung ausüben würden. Durch die Einführung eines separaten Teiltests *Strukturen/Wortschatz* kann bei der Bewertung der anderen Prüfungsteile das Schwergewicht auf die kommunikative Leistung gelegt werden, obwohl dabei natürlich auch immer formale Kriterien mit einfließen.

Der Testgegenstand

Testgegenstand

Testgegenstand sind Strukturen und Wortschatz der deutschen Sprache, wie sie in der Lernzielbestimmung durch die entsprechenden Listen als für die Grundstufe verbindlich festgelegt sind. Sie werden hier in 60 Items getestet, von denen mindestens 40 auf grammatische Strukturen entfallen (vgl. *Das Zertifikat Deutsch als Fremdsprache* 1992, 339). Dabei wird – wie etwa in dem in Kapitel 3.2 vorgestellten Lernfortschrittstest aus Indonesien – auch bei diesem Untertest versucht, „Wortschatz und Strukturen [...] nicht getrennt, sondern in möglichst lernzielrelevantem und authentischem Kontext" (*Das Zertifikat Deutsch als Fremdsprache* 1992, 339) zu prüfen. Dazu können bis zu fünf Items „in einem zusammenhängenden Text gruppiert werden" (*Das Zertifikat Deutsch als Fremdsprache* 1992, 339), um damit einen Situationsrahmen für die einzelnen Items herzustellen. Daneben können die Items auch – wie dies früher ausschließlich der Fall war – isoliert dargeboten werden.

Testaufgaben

Die Testaufgaben

Die Testaufgaben umfassen gleichzeitig den Testgegenstand und die Aufgabenstellung. Auch in diesem Fall handelt es sich um viergliedrige Mehrfachwahl-Aufgaben (Multiple-choice-Aufgaben). Ziel der Aufgabenstellung ist es jeweils, einen unmittelbaren sprachlichen Kontext für ein strukturelles oder lexikalisches Problem zu geben. Durch die Vorgabe von drei Distraktoren zusammen mit der richtigen Lösung wird die mögliche Antwort gelenkt.

<u>Aufgabe 122</u>

> *Bitte führen Sie den auf den Seiten 132–138 wiedergegebenen Teiltest „Strukturen/Wortschatz" selbst durch.*

<u>Aufgabe 123</u>
Mehrfachwahl-Aufgaben

> *Ein Beispiel dafür, wie der Aufgabentyp „Mehrfachwahl-Aufgabe" auch verwirklicht werden kann, haben wir Ihnen im Lernfortschrittstest zu „Kontakte Deutsch 1" in Kapitel 3.2 vorgestellt. Vergleichen Sie den Untertest „Strukturen/Wortschatz" auf S. 94f. mit dem hier vorgestellten.*
>
> *– Welche Unterschiede fallen Ihnen dabei auf?*
>
> *– Welcher Test gefällt Ihnen besser und warum?*
>
> *– Welcher der beiden Tests ist Ihrer Meinung nach schwieriger?*

Testrahmen

Der Testrahmen

Der Testrahmen wird ausschließlich durch die zeitliche Begrenzung von 40 Minuten definiert. Die Reihenfolge der Bearbeitung der Items ist beliebig.

Bewertung

Die Bewertung

Pro richtige Antwort gibt es 0,25 Punkte, bei 60 Fragen sind das also maximal 15 Punkte.

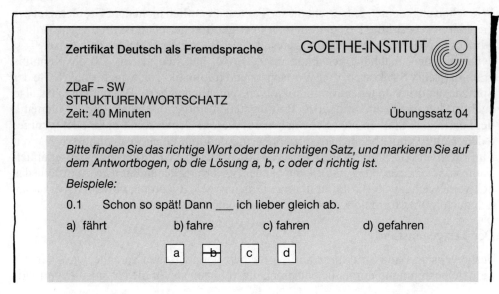

Aufgaben:

46. Wie ist der Unfall passiert?
    – Ich bin im Nebel … einen Baum gefahren.

    a) bei
    b) für
    c) gegen
    d) zu

47. Wo bist du denn am Wochenende?
    – Ich glaube, ich werde … meinen Eltern fahren.

    a) bei
    b) für
    c) nach
    d) zu

48. Heute abend bin ich eingeladen. Mein … Bruder hat Geburtstag.

    a) älter
    b) ältere
    c) älteren
    d) älterer

49. Ich weiß, daß … Obst gesund ist. Aber ich mag es einfach nicht.

    a) frisch
    b) frische
    c) frischen
    d) frisches

50. Das ist mir zu teuer! Der Preis ist ja … , als ich gedacht habe.

    a) sehr hoch
    b) sehr höher
    c) so hoch
    d) viel höher

51. Möchten Sie noch ein Bier? – Danke, für mich ist jetzt ein Kaffee … .

    a) besser
    b) guter
    c) lieber
    d) näher

52. Wen habt ihr denn zu eurer Hochzeit eingeladen?
    – Nur Leute, … wir schon länger kennen.

    a) das
    b) die
    c) was
    d) welchen

53. Die Familie, … ich jetzt wohne, hat zwei sehr nette Kinder.

    a) bei der
    b) mit denen
    c) wobei
    d) womit

54. Kannst du mir sagen, … du die Schlüssel gefunden hast?

    a) wo
    b) woher
    c) wovon
    d) wozu

55. Geh nicht so laut die Treppe hinunter, sonst beschweren sich die Nachbarn
    noch … .

    a) darüber
    b) über
    c) über sie
    d) worüber

56. Ich kann einfach nicht glauben, daß Hans das getan hat. ... weißt du denn das?

    a) Woher
    b) Woraus
    c) Wovon
    d) Wozu

57. Wie geht's Inge? Hat sie sich ... gut erholt?

    a) aus ihrer Krankheit
    b) mit ihrer Krankheit
    c) von ihrer Krankheit
    d) zu ihrer Krankheit

58. Herr Müller ist entlassen worden? Hat er sich schon ... beworben?

    a) eine neue Stelle
    b) um eine neue Stelle
    c) vor einer neuen Stelle
    d) zu einer neuen Stelle

59. Sei doch so nett und ... mir noch etwas Tee.

    a) gäbst
    b) gebt
    c) gib
    d) gibst

60. Sie sehen aber schlecht aus, Herr Meier. ... doch mal zum Arzt.

    a) Geh
    b) Gehen Sie
    c) Gehst
    d) Geht

61. Hier ... du nicht hineingehen! Da ist doch ein Schild: KEIN EINGANG!

    a) brauchst
    b) darfst
    c) möchtest
    d) willst

62. Ich ... Hans vorläufig nicht wiedersehen. Ich habe mich neulich über ihn furchtbar geärgert.

    a) durfte
    b) konnte
    c) möchte
    d) mußte

63. Sie wollen den Beruf wechseln? ... ich fragen, warum?

    a) Darf
    b) Möchte
    c) Mußte
    d) Will

64. Das ist aber schade, daß ich gestern nicht kommen konnte. Ich ... Margot gern wiedergesehen.

    a) hatte
    b) hätte
    c) möchte
    d) würde

65. Hoffentlich bekommen wir mehr Lohn! Ich ... gut ein paar Mark mehr gebrauchen.

    a) hätte
    b) könnte
    c) möchte
    d) würde

66. Warum bist du gestern gegangen, ohne ein Wort ... ?
    Du hättest dich doch wenigstens verabschieden können.

    a) sagen
    b) sagen wollen
    c) sagen zu brauchen
    d) zu sagen

67. Schade, daß du unser Auto kaputtgefahren hast. Da es nun mal ... , wollen wir nicht mehr davon sprechen.

    a) passieren wird
    b) passiert

c) passiert hat
d) passiert ist

68. Ein so schwerer Unfall hätte sofort der Versicherung gemeldet ... müssen.
    a) haben
    b) gewesen
    c) werden
    d) worden

69. Es ... immer wieder behauptet, reisen mit dem Flugzeug wäre zu gefährlich.
    a) ist
    b) wäre
    c) wird
    d) würde

70. Stimmt das? – Aber sicher, jeder Irrtum ... ausgeschlossen.
    a) ist
    b) kann
    c) muß
    d) soll

71. Bei uns ... vor kurzem das erste Kaufhaus eröffnet.
    a) ist
    b) war
    c) wird
    d) wurde

72. Du hast doch sicher auch Geschwister? – Nein, überhaupt ... .
    a) kein
    b) keine
    c) keinen
    d) keins

73. ... du in die Stadt kommst, bring mir doch bitte etwas Obst mit.
    a) Als
    b) Dann
    c) Wann
    d) Wenn

74. Schreib mir das Wort doch mal auf! Ich weiß nicht, ... es geschrieben wird.
    a) daß
    b) ob
    c) weil
    d) wie

75. Ich hatte keine Zeit, ... hätte ich dir bestimmt geholfen.
    a) aber
    b) darum
    c) denn
    d) sonst

76. Er möchte mit 70 nochmal heiraten, ... ich halte das für falsch.
    a) aber
    b) dabei
    c) dann
    d) weil

77. Schön, ... du aus Frankreich neuen Wein mitgebracht hast!
    a) als
    b) daß
    c) ob
    d) weil

78. Er ist heute schon um 6 Uhr gegangen, ... er hatte sich mit einer neuen Freundin verabredet.
    a) denn
    b) deshalb
    c) weil
    d) weshalb

79. Ich weiß nicht genau, ob ... .
    a) die Banken hier auch samstags offen sind
    b) die Banken sind hier auch samstags offen
    c) hier sind die Banken auch samstags offen
    d) sind die Banken hier auch samstags offen

80. Hans hat nächste Woche Geburtstag. Habt ihr auch ... Einladung bekommen?

a) ein
b) eine
c) einen
d) einer

81. Bis zum Büro sind es von meiner Wohnung etwa fünf Kilometer. Bei ... Entfernung kann ich nicht zu Fuß gehen.

a) dem
b) den
c) der
d) die

82. Frau Müller war über ihren Mann sehr aufgeregt. Sie konnte ... die ganze Nacht nicht beruhigen.

a) es
b) ihr
c) sich
d) sie

83. Du glaubst nicht, was ich alles versucht habe, ... ihn zu überzeugen, daß er nicht so viel trinken darf.

a) damit
b) für
c) um
d) weil

84. Hol die Fahrkarten doch gleich am Bahnhof. Das ist ... , als wenn du sie im Reisebüro bestellst.

a) am einfachsten
b) das einfachste
c) einfach
d) einfacher

85. Ich habe ihn nun schon zweimal gebeten, mir das Geld ... , das ich ihm geliehen habe.

a) geben
b) gegeben
c) gegeben zu haben
d) zu geben

86. Man glaubt nicht, daß ihr Geschwister seid. Ihr seht euch gar nicht ... .

a) ähnlich
b) gleichmäßig
c) verschieden
d) zusammen

87. Du gehst schon zu Bett?
– Ja, ich bin müde und habe morgen einen ... Tag vor mir.

a) anstrengenden
b) aufmerksamen
c) kräftigen
d) steilen

88. Wollen wir heute abend ins Theater gehen?
– ... , aber ihr müßt mir noch in der Küche helfen.

a) Einverstanden
b) Trotzdem
c) Vor allem
d) Ziemlich

89. Diese Firma muß im nächsten Jahr wahrscheinlich 20% ihrer Arbeiter ... !

a) entlassen
b) gehen
c) lassen
d) trennen

90. Wo ist denn das Briefpapier?
– Dort, wohin es ... ; im Schreibtisch.

a) braucht
b) gehört
c) gewöhnlich
d) sonst

91. Waren wir nicht erst für 12 Uhr verabredet?
    – Das muß … sein, ich habe mir den Termin genau gemerkt.

    a) ein Grund
    b) ein Irrtum
    c) ein Schaden
    d) ein Unterschied

92. Lieber Herr Nachbar, ich möchte Sie bitten, nach 22.00 Uhr das Radio … zu stellen.

    a) kürzer
    b) leiser
    c) niedriger
    d) stiller

93. Seit drei Wochen liegt er krank zu Hause, und keiner der Kollegen … sich um ihn.

    a) beschäftigt
    b) besorgt
    c) kümmert
    d) pflegt

94. Gehen wir doch ins „Capitol"! Da … ein interessanter Film.

    a) geht
    b) gibt
    c) läuft
    d) zeigt

95. Es wäre mir sehr … , wenn Sie morgen schon um 7.00 Uhr kommen.

    a) glücklich
    b) lieb
    c) lustig
    d) prima

96. Du hast mich mißverstanden! Ich habe damit nicht … , daß ich alles allein mache.

    a) gedacht
    b) gefunden
    c) geglaubt
    d) gemeint

97. Hast du deinen Paß wiedergefunden? – Nein, alle … sind bisher umsonst gewesen.

    a) Bescheide
    b) Bewerbungen
    c) Nachfragen
    d) Tatsachen

98. Frau Komann findet es ganz … , daß ihre Tochter mit Freunden in einer Wohnung zusammenlebt.

    a) gleich
    b) normal
    c) regelmäßig
    d) sowieso

99. Mit deinem Besuch habe ich nicht mehr … .

    a) eingeladen
    b) geachtet
    c) gerechnet
    d) vorgestellt

100. Wolltet ihr den Wein ohne Zoll mit nach Hause nehmen?
     – Eigentlich schon, aber die Sache ging … .

     a) ärgerlich
     b) böse
     c) quer
     d) schief

101. Kannst du das Fenster öffnen? Mir ist plötzlich so … .

     a) schlecht
     b) schlimm
     c) üblich
     d) voll

102. Ist der Doktor da? Ich muß ihn ... sprechen.

   a) fast
   b) höchstens
   c) sogar
   d) unbedingt

103. Wenn du zu dieser Firma gehst, hat das sicher einige ... für dich.

   a) Aufmerksamkeiten
   b) Versicherungen
   c) Versprechen
   d) Vorteile

104. So etwas lasse ich mir nicht sagen! Das geht zu ... !

   a) fern
   b) stark
   c) viel
   d) weit

105. Der Kaffe ist ja ganz kalt. Du mußt den Ober rufen und dich ... .

   a) beleidigen
   b) berichten
   c) beschweren
   d) fragen

Zertifikat DaF 04, SW

3.5.5 Teiltest *Mündlicher Ausdruck*

Teiltest
Mündlicher Ausdruck

In diesem Teiltest steht die Fähigkeit der Kandidaten, sich in vorgegebenen Situationen mündlich auszudrücken, im Mittelpunkt. Exakter formuliert lautet das Lernziel:

Erreicht werden soll eine mündliche Ausdrucksfähigkeit, die den Lernenden befähigt,

– seine Bedürfnisse, Wünsche, Meinungen und Gefühle in Situationen aus dem alltäglichen Bereich, einschließlich seines persönlichen Lebens- und Erfahrungsbereichs, verständlich und im Ausdruck angemessen zu äußern,

– auf Aufforderungen, Bitten und Fragen in Situationen aus dem alltäglichen Bereich durch Erklärungen, Mitteilungen, Beschreibungen sprachlich angemessen zu reagieren und

– sich an Gesprächen zu Themen aus dem alltäglichen Bereich mit Erklärungen, Mitteilungen, Beschreibungen oder Meinungsäußerungen zu beteiligen.

Zertifikat DaF (1992), 13

Bei der Durchführung dieses Prüfungsteils werden deutlich zwei entgegengesetzte Zielrichtungen dieser Prüfung (und vieler anderer Prüfungen) erkennbar:

Ist die Fähigkeit zur Kommunikation überhaupt überprüfbar?

• Einerseits soll die Prüfung den Nachweis der (hier: mündlichen) Fähigkeit des Kandidaten zur **Kommunikation** in der Fremdsprache erbringen (inhaltliche Validität). Kommunikation findet aber immer zwischen mehreren Personen statt. Diese Personen tragen zur Kommunikation jeweils individuell bei, und Kommunikation läßt sich weder exakt vorplanen noch mehrfach in gleicher Form wiederholen.

• Andererseits soll aber eindeutig die **kommunikative Leistung des Prüfungskandidaten** (und nicht des Prüfers oder anderer Personen) bewertet werden.

Kommunikationsrahmen/ Kommunikations-bedingungen

Es muß also der Versuch unternommen werden, für jede einzelne Prüfung einen vergleichbaren Kommunikationsrahmen und vergleichbare Kommunikationsbedingungen herzustellen. Die Eigenart gerade eines Alltagsgesprächs, das individuell geprägt ist und immer wieder verschieden und unvorhersehbar abläuft, muß somit ausgeschaltet werden – zumindest soweit es den Anteil der Prüfenden anbelangt. Statt dessen soll die Kommunikation soweit wie möglich standardisiert und wiederholbar sein, um das Kriterium der Reliabilität zu erfüllen.

Der Testgegenstand

Beim *Zertifikat Deutsch als Fremdsprache* wird dieser Widerspruch dadurch aufgelöst, daß – ebenso wie bei den Testteilen *Hörverstehen* und *Leseverstehen* – der Testgegenstand fest vorgegeben ist. Man könnte kritisch sagen, daß dem Anspruch der Objektivität hier der Anspruch der Kommunikativität geopfert wird.

Der Testteil *Mündlicher Ausdruck* besteht aus zwei Teilen, die sich in den Testgegenständen und Aufgaben unterscheiden:

Im Teil A werden den Kandidaten fünf kurze Alltagssituationen vorgelesen. Die einmalige – auf Wunsch auch wiederholte – Präsentation der Alltagssituationen hat die Funktion eines **Stimulus**, der eine sprachliche Reaktion des Kandidaten hervorrufen soll. In Anlage und Terminologie knüpft diese Form der Aufgabe damit an die Tradition des audiolingualen/audiovisuellen Fremdsprachenunterrichts an, bei dem Lernen und Üben in der Abfolge von Stimulus und sprachlicher Reaktion eine wesentliche Rolle spielten (vgl. die Studieneinheit *Methoden des fremdsprachlichen Deutschunterrichts* 1993, 72). Das folgende Beispiel ist ein Auszug aus Test 1 der mündlichen Prüfung:

Test 1:   KOMMUNIKATION IN ALLTAGSSITUATIONEN

Wir spielen jetzt einige Situationen. Sagen Sie uns bitte, was Sie in der Situation <u>direkt</u> sagen, fragen oder anworten würden.

Beispiel: Sie wollen noch mehr Deutsch lernen, haben aber nur am Anfang der Woche Zeit.
Sagen Sie das in Ihrer Sprachenschule und fragen Sie nach einem passenden Kurs!

(Mögliche Antwort: Haben Sie einen Kurs am Montag oder Dienstag?
An den anderen Tagen habe ich keine Zeit).

– Sie sitzen im Zug und wollen Zeitung lesen. Ein Fremder fragt Sie dauernd etwas anderes. Das stört Sie. Versuchen Sie, ihm das zu sagen und schlagen Sie etwas vor.

– Sie haben bei Bekannten eine wertvolle Tasse kaputtgemacht. Entschuldigen Sie sich, und fragen Sie nach einer Lösung!

– Sie bekommen plötzlich starke Zahnschmerzen. Sie rufen Ihren Zahnarzt an. Erklären Sie ihm die Situation, und bitten Sie ihn um Hilfe!

Zertifikat DaF (1992), 342

Die Präsentation der Alltagssituationen im Teil A erfolgt mündlich, d.h., der Prüfer liest sie dem Kandidaten vor. Darin liegt u.a. das Problem, daß etwas (mit-)geprüft wird (z.B. die Fähigkeit, sich schnell in diverse Situationen zu versetzen), was eigentlich nicht der Gegenstand dieses Prüfungsteils ist (es geht ja um die Sprechfertigkeit!).

> *Könnte man diesen Prüfungsteil Ihrer Meinung nach auch evtl. ohne diese Nachteile durchführen? Sehen Sie dann vielleicht andere Nachteile?*

Ziel von Teil B ist es, eine Gesprächssituation herzustellen, die einem realen Alltagsgespräch über ein vorgegebenes Thema vergleichbar sein soll. Aus einer Liste von Themen wie z.B.:

> Sport,

> Freizeit,

> Reise

kann der Kandidat den Gesprächsgegenstand auswählen.

Um auch in diesem Prüfungsteil dem Ziel der Objektivität nahezukommen, ist der Wortlaut des Gesprächs für die beiden Prüfer exakt vorgegeben, d. h., es wird ein interviewartiges, normiertes Gespräch geführt. Auch hier werden also die Objektivität und Reproduzierbarkeit der Prüfung eindeutig höher bewertet als die Authentizität (d. h. die inhaltliche Validität). Das bedeutet auch: Die Prüfer haben keine Möglichkeit, im Verlauf des Gesprächs auf die Antworten (und eventuelle Nebengedanken) des Kandidaten einzugehen, sondern sie dürfen nur die vorgegebenen „Fragen" vorlesen.

Testaufgaben

sprachliche Reaktion

Die Testaufgaben

Die Aufgabenstellungen und daraus folgend die erwarteten Leistungen unterscheiden sich entsprechend den Vorgaben in den beiden Teilen.

Im **Teil A** sollen die Kandidaten auf die präsentierten Situationen (Stimuli) sprachlich reagieren. Die Formulierung der Aufgabe lautet sinngemäß: *Was sagen Sie in dieser Situation?* Eine solche Aufgabe setzt voraus, daß ähnliche Stimulus-Reaktions-Situationen inklusive der Redemittel, die für die Reaktionen benötigt werden, zuvor im Unterricht eingeführt und geübt werden. Die Lernziele des Unterrichts werden auch hier wieder sehr direkt durch die Prüfungsziele bestimmt.

In **Teil B** ist das mögliche kommunikative Verhalten des Kandidaten durch die Gesprächsvorgabe für die Prüfer stark gesteuert und eingeschränkt. An sieben genau festgelegten Stellen im Verlauf des gelenkten Gesprächs soll er auf Fragen antworten. An einer Stelle muß er selbst eine Frage an den zweiten Prüfer formulieren, deren Inhalt ihm vom ersten Prüfer vorgegeben wird. Die Antwort des Prüfers muß er schließlich zusammenfassen. Der Kandidat muß also insgesamt im Verlauf des Gesprächs neunmal etwas sagen. Das folgende Beispiel ist ein Auszug aus einem solchen „Interview".

Aufgabe 125

Wenn Sie keine oder wenig Erfahrung mit dieser Art Gesprächsführung haben, empfehlen wir Ihnen, diesen Prüfungsteil mit einem Kollegen oder einer Kollegin zu simulieren.

Sie können sich aber auch im Goethe-Institut die Materialien zur Prüferschulung besorgen: M. Perlmann-Balme/M.Schulte-Escorsin (1994): „Handreichungen zum Prüfertraining Zertifikat Deutsch als Fremdsprache Mündliche Prüfung".

Test 2

Test 2: GELENKTES GESPRÄCH

Leben in der Stadt und auf dem Land

Bei nicht ausreichend ausführlicher Anwort werden die folgenden Zusatzfragen gestellt bzw. die folgenden Aufforderungen gegeben:

– Warum (nicht)?

– Warum gerade das (daran)?

– Geben Sie uns doch bitte ein(ige) Beispiel(e)!

– Gibt es noch einen anderen Grund?

– Können Sie uns dazu/darüber noch mehr sagen/erzählen?

– Kennen Sie noch etwas/noch welche?

1. Prüfer	Teilnehmer	2. Prüfer
Wo wohnen Sie jetzt? Ist das in der Stadt oder auf dem Land?	antwortet	
Das Leben in der Stadt bietet sicher einige Vorteile. Können Sie diese Vorteile einmal beschreiben?	antwortet	
Frau/Herr … ist vor kurzem von der Stadt aufs Land gezogen. Fragen Sie sie/ihn doch mal nach ihren/seinen Gründen.	fragt	Ja, uns hat das Leben in der Stadt nicht mehr gefallen. Vor allem der Lärm hat uns gestört. Ja, und natürlich die schlechte Luft. Und auch wegen unserer Kinder sind wir aufs Land gezogen. Die hatten doch in der Stadt kaum Spiel-möglichkeiten.
Frau/Herr … hat uns gesagt, warum sie/er aufs Land gezogen ist. Fassen Sie doch bitte die Gründe noch einmal zusammen!	faßt zusammen	

Zertifikat DaF (1992), 342f.

An dem Prüfungsbeispiel wird deutlich, was von dem Kandidaten erwartet wird:

Was soll der Kandidat können?

In der mündlichen Prüfung soll der Kandidat zeigen, daß er sich an einem normalen Gespräch beteiligen kann, d. h., er soll in der Lage sein,

– seine Meinung zu äußern,

– Fragen zu stellen,

– auf Fragen zu antworten,

– etwas Gehörtes wiederzugeben.

Der Kandidat sollte

– Beispiele geben,

– seine Meinung begründen,

– sagen, was er bereits über das Thema weiß,

– selbst Fragen stellen, wenn er etwas nicht verstanden hat,

  und so das Gespräch in Gang halten.

Zertifikat DaF 04, Lehrerblätter MA

Der Testrahmen

Testrahmen

Dieser Prüfungsteil findet als Einzelprüfung statt, an der ein Kandidat und zwei Prüfer beteiligt sind. Der zeitliche Rahmen ergibt sich durch den Prüfungsablauf selbst. Allgemein sind für den Teil A 5 Minuten und für das gelenkte Gespräch 10 Minuten Prüfungszeit vorgesehen.

Die Bewertung

Die Bewertung der Leistung in einer mündlichen Prüfung stellt im allgemeinen ein größeres Problem dar als bei schriftlichen Prüfungsteilen.

Welche besonderen Probleme treten bei der Bewertung von mündlichen Prüfungen auf? Wir haben in diesem Kapitel davon schon einige genannt.

Probleme bei der Bewertung von mündlichen Prüfungen:

1. _____

2. _____

3. _____

4. _____

5. _____

Diese Probleme hat man beim *Zertifikat* durch eine sehr weitgehende Normierung der mündlichen Prüfung und durch ihre starke Aufgliederung in einzelne **Items** (wie bei schriftlichen Prüfungen) zu lösen versucht. Bei der Bewertung dieser Items sollen sich die Prüfer an den folgenden Kriterien, die auf vier Stufen differenziert sind, orientieren:

Teil 1: ***Kommunikation in Alltagssituationen***

Pro Aufgabe werden Punkte nach folgenden Kriterien vergeben:

A   1,5 Punkte   Die Antwort entspricht der Aufgabenstellung.
Sie ist ausreichend ausführlich und (weitgehend) fehlerfrei.

B   1,0 Punkte   Die Antwort entspricht der Aufgabenstellung.
- Sie ist ausreichend ausführlich, enthält aber eine Reihe von Fehlern o d e r
- sie ist im Sinne von natürlicher Kommunikation zu knapp, aber völlig fehlerfrei.

C   0,5 Punkte   - Die Antwort entspricht der Aufgabenstellung, aber sie ist im Sinne natürlicher Kommunikation zu knapp und nicht fehlerfrei o d e r
- die Antwort (und evtl. ihr Bezug zur Aufgabenstellung) ist nicht ausreichend klar, so daß in der Realsituation eine Nachfrage unbedingt erforderlich wäre.

D   0   Punkte   Die Antwort entspricht nicht der Aufgabenstellung u n d / o d e r sie ist unverständlich.

Teil 2: ***Gelenktes Gespräch***

Pro Aufgabe werden Punkte nach folgenden Kriterien vergeben:

A   2,0 Punkte   Die Antwort enspricht der Aufgabenstellung.
Sie ist ausreichend ausführlich und (weitgehend) fehlerfrei.

B   1,5 Punkte   Die Antwort entspricht der Aufgabenstellung.
- Sie ist ausreichend ausführlich, enthält aber eine Reihe von Fehlern o d e r
- sie ist im Sinne natürlicher Kommunikation zu knapp, aber völlig fehlerfrei.

C   0,5 Punkte   - Die Antwort entspricht der Aufgabenstellung, aber sie ist im Sinne natürlicher Kommunikation zu knapp und nicht fehlerfrei o d e r
- die Antwort (und evtl. ihr Bezug zur Aufgabenstellung) ist nicht ausreichend klar, so daß in der Realsituation eine Nachfrage unbedingt erforderlich wäre.

D   0   Punkte   Die Antwort entspricht nicht der Aufgabenstellung u n d / o d e r sie ist unverständlich.

Sprachliche Kommunikationsfähigkeit

Auf der Grundlage des „Gelenkten Gesprächs" wird die sprachliche Kommunikationsfähigkeit wie folgt bewertet:

A   3,0 Punkte   Gute sprachliche Kommunikationsfähigkeit praktisch ohne Zusatzfragen des Prüfers.

B   2,0 Punkte   Befriedigende sprachliche Kommunikationsfähigkeit; gelegentliche Zusatzfragen des Prüfers.

C   1,0 Punkte   Befriedigende sprachliche Kommunikationsfähigkeit erst durch wiederholte Zusatzfragen des Prüfers zustandegekommen.

D   0   Punkte   Geringe sprachliche Kommunikationsfähigkeit trotz wiederholter Zusatzfragen des Prüfers.

Aussprache und Intonation

Die Bewertung von Aussprache und Intonation erfolgt auf der Grundlage der mündlichen Prüfung wie folgt:

A   1,5 Punkte   Aussprache und Intonation weisen keine wesentlichen Abweichungen von gesprochener Standardsprache auf.

B   1,0 Punkte   Aussprache und Intonation weisen Abweichungen von gesprochener Standardsprache auf, die aber die Verständlichkeit nicht beeinträchtigen.

C   0,5 Punkte   Aussprache und Intonation weisen stärkere Abweichungen von gesprochener Standardsprache auf, die das Verständnis erschweren und z. B. erhöhte Konzentration erfordern.

D   0   Punkte   Aussprache und Intonation weisen starke Abweichungen von gesprochener Standardsprache auf, die das Verständnis stark erschweren oder stellenweise unmöglich machen.

Hinweise zur Durchführung der Prüfungen des Goethe-Instituts (1993), 71 f.

Die insgesamt in diesem Teiltest zu erreichende Punktzahl setzt sich somit wie folgt zusammen:

5 x 1,5   =   7,5   Punkte in Teil A
9 x 2   =   18   Punkte in Teil B
             3   Punkte für die sprachliche Kommunikationsfähigkeit
            1,5   Punkte für Phonetik und Intonation

Mit dem *Zertifikat Deutsch als Fremdsprache* (Kapitel 3.5) und der *Prüfung Grundstufe I* des Goethe-Instituts (Kapitel 3.4) haben wir zwei wichtige, in der Bundesrepublik Deutschland entwickelte Prüfungen für Deutsch als Fremdsprache mit Ihnen gemeinsam betrachtet und unter unterschiedlichen Gesichtspunkten analysiert. Die beiden Prüfungen gehören zusammen: Die *Prüfung Grundstufe I* markiert den halben Weg zur Zertifikatsprüfung. Die Zertifikatsprüfung baut auf der *Prüfung Grundstufe I* auf.

Deshalb möchten wir die Arbeit mit Ihnen in dieser Fernstudieneinheit mit einem Vergleich der beiden Prüfungen, wie er in Aufgabe 127 vorgeschlagen wird, abschließen.

Aufgabe 127

Vergleichen Sie die Teiltests des „Zertifikats Deutsch als Fremdsprache" mit denen der „Prüfung Grundstufe I". Analysieren Sie dabei auch die Unterschiede in der Bewertungsskala der beiden Prüfungen („Prüfung Grundstufe I" vgl. S. 104 ff., „Das Zertifikat Deutsch als Fremdsprache" vgl. S. 116 ff.). Welche Übereinstimmungen bzw. welche Unterschiede gibt es? Können Sie sich vorstellen, warum die beiden Prüfungen sich in bestimmten Punkten unterscheiden?

3.6 Zum Schluß

Zusammenfassung

Damit haben wir die Darstellung der drei wichtigen Prüfungsarten und der in ihnen vorkommenden Prüfungsaufgaben, die wir in den Kapiteln 1 und 2 differenziert und theoretisch beschrieben haben, anhand von mehreren praktischen Beispielen abgeschlossen. Wir hoffen, daß es uns gelungen ist, unsere theoretischen und praktischen Überlegungen so zueinander in Beziehung zu setzen, daß sie für Sie nachvollziehbar sind.

Zur Veranschaulichung haben wir ganz unterschiedliche Prüfungen ausgewählt, von denen wir annahmen, daß sie für Sie von Interesse sein könnten. Beim *Zertifikat Deutsch als Fremdsprache* fiel diese Wahl nicht schwer, da diese Prüfung weltweit durchgeführt und anerkannt wird. Das beweist, daß sie dem Anspruch einer allgemeinen **Sprachstandsprüfung** gerecht wird. Das Beispiel der *Prüfung Grundstufe I* sollte verdeutlichen, wie eine solche Prüfung auf niedrigerem Niveau aussehen kann. Schwieriger war die Entscheidung für die anderen Prüfungsbeispiele. Die schriftliche *Erweiterte Abschlußprüfung* aus Dänemark haben wir deshalb ausgewählt, weil die dänische Entscheidung für eine Prüfungsform mit offenen Aufgaben, die einen weniger grammatikbestimmten, freieren und offeneren Unterrichtsstil fördern soll (um die Eigenverantwortung und Selbständigkeit der Schüler zu stärken), zum Nachdenken Anlaß gibt. Was die **Einstufungstests** betrifft, so haben wir Ihnen mit dem *Einstufungstest des Eurozentrums Köln* das Beispiel einer Prüfung gezeigt, die sich auf die Situation von Deutschlernern in Deutschland bezieht, aber mit entsprechenden Änderungen der Textinhalte auch im Ausland einsetzbar ist. Mit dem *Zentralen Einstufungstest* beim Übergang von der Sekundarstufe 1 zur Sekundarstufe 2 in Frankreich wollten wir Ihnen eine Prüfung vorstellen, deren Ziel nicht das Abtesten bereits erworbener Kenntnisse und Fähigkeiten ist, sondern die Gestaltung des zukünftigen Unterrichtsgeschehens auf der Basis der Prüfungsergebnisse. Der **Lernfortschrittstest** aus Indonesien schließlich, ist ausdrücklich für Lerner in einem vom deutschen Sprachgebiet geographisch und kulturell weit entfernten Land konzipiert worden. Bei dem Versuch, diesen Test auf Ihre Situation in Ihrem Land zu übertragen, müssen Sie sicherlich genau überlegen, welche Bedingungen für den Deutschunterricht bei Ihnen gelten und wie diese in dem Test berücksichtigt werden müßten.

Wir hoffen, daß Ihnen die Darstellung verschiedener Prüfungen für die Grundstufe, die im Bereich der Fremdsprache Deutsch im In- und Ausland verwendet werden, eine Hilfe bei der Gestaltung und beim Einsatz von Prüfungen und Tests sein wird. An dieser Stelle möchten wir nur noch drei weitere bekannte Prüfungen erwähnen, die wir in diese Fernstudieneinheit nicht mehr aufnehmen konnten.

Grundbaustein Deutsch als Fremdsprache

➤ Der *Grundbaustein Deutsch als Fremdsprache,* eine Prüfung, die von der Pädagogischen Arbeitsstelle des Deutschen Volkshochschul-Verbandes erarbeitet worden ist und etwa auf halbem Weg zwischen dem Lernbeginn und dem Abschluß der Grundstufe, d. h. dem Niveau des *Zertifikats,* liegt. Diese Prüfung ist ausführlich dokumentiert in einer Broschüre, die bei der Pädagogischen Arbeitsstelle des Deutschen Volkshochschul-Verbandes in Frankfurt/M. erhältlich ist (vgl. *Grundbaustein zum Zertifikat Deutsch als Fremdsprache* 1981). Darin wird als Ziel dieser Prüfung genannt, „den Lernweg zur Erreichung der Zertifikatslernziele überschaubarer zu gliedern und durch ein – nicht nur lehrwerksabhängig – begründetes Zwischenlernziel die Motivation der Lernenden zu verstärken" (Grundbaustein 1981, 5). In der Bestimmung der Zielgruppe und der übergreifenden Lernziele lehnt sich der *Grundbaustein* eng an *Das Zertifikat Deutsch als Fremdsprache* an (vgl. Grundbaustein 1981, 7–9). Die spezifischen Lernziele des *Grundbausteins* werden in der Broschüre im Hinblick auf die sprachlichen Fertigkeiten *Sprechen, Hörverstehen, Leseverstehen* und *Schreiben* näher differenziert. Ähnlich wie beim *Zertifikat* werden Kataloge von Sprechintentionen, Themen, Situationen und Texten aufgestellt, die für diese Stufe relevant sind. Daraus werden der Wortschatz und die grammatischen Strukturen abgeleitet, die im *Grundbaustein* überprüft werden.

Die Prüfung ist im Sprachniveau also in etwa der *Prüfung Grundstufe I* des Goethe-Instituts vergleichbar, die wir im Kapitel 3.4 genauer dargestellt haben. Sie wird aber im Gegensatz dazu vorwiegend in den Kursen der Volkshochschulen in der Bundesrepublik Deutschland eingesetzt.

> Die *Abschlußprüfung Grundstufe für Jugendliche (AGJ)* des Goethe-Instituts. Ihr Niveau entspricht etwa dem des *Zertifkats Deutsch als Fremdsprache.* Im Unterschied zu diesem hat sie aber einen enger gefaßten Adressatenkreis: jugendliche Deutschlerner. Einen Teil dieser Prüfung (*Mündlicher* und *Schriftlicher Ausdruck*) haben wir in Kapitel 2.4.1 besprochen. Ein ganzes Modell dieser Prüfung finden Sie im Anhang unter 4.1).

Wenn Sie *Das Zertifikat Deutsch als Fremdsprache* und die *Abschlußprüfung Grundstufe für Jugendliche* vergleichen, können Sie sehen, wie Prüfungsinhalte und Prüfungsformen zielgruppenbezogen unterschiedlich gestaltet werden können, ja müssen.

> *Das Österreichische Sprachdiplom (ÖSD)* wurde 1993/1994 im Auftrag der österreichischen Bundesministerien für Auswärtige Angelegenheiten, für Unterricht und Kunst und für Wissenschaft und Forschung von der „Arbeitsgruppe Österreichisches Sprachdiplom" erarbeitet. Die ÖSD-Prüfung umfaßt drei Niveaus: Grundstufe 1, Grundstufe 2, Mittelstufe. Die Prüfungsziele berücksichtigen die Tatsache, daß Deutsch eine plurizentristische Sprache ist und der Deutschunterricht die Lernenden auf die sprachliche und kulturelle Vielfalt im deutschen Sprachraum vorbereiten muß. So sollen z.B. Elemente des österreichischen Deutsch (zu einem späteren Zeitpunkt auch des Schweizer Deutsch) in Hör- und Lesetexten einbezogen werden. Angestrebt wurde auch eine Weiterentwicklung gängiger Testformen.

Die Prüfung wird seit 1995 in Österreich und in den österreichischen Kulturinstituten im Ausland durchgeführt. Informationen über die Prüfung erhalten Sie beim ÖSD-Büro, Berggasse 21, A-1090 Wien.

Wir möchten unsere Ausführungen hier abschließen.

Abschlußprüfung Grundstufe für Jugendliche

Das österreichische Sprachdiplom

4 Anhang

4.1 *Abschlußprüfung Grundstufe für Jugendliche (AGJ)*

Die *Abschlußprüfung Grundstufe für Jugendliche* entstand auf Initiative des Goethe-Instituts in Athen und Thessaloniki, um für die dort seit 1970 laufenden Kinder- und Jugendsprachkurse eine adressatengerechte Abschlußprüfung anbieten zu können. Die Abschlußprüfung ist lehrwerkunabhängig und steht am Ende der Grundstufe, d. h. nach vier Jahren Unterricht (ca. 400 – 450 Unterrichtseinheiten insgesamt). Die Prüfung orientiert sich an den Lernzielen des *Zertifikats Deutsch als Fremdsprache* und ist somit eine altersspezifische Variante zum ZDaF.

Das Ziel der Prüfung formulieren die Autoren folgendermaßen:

> „Mit der erfolgreich bestandenen Prüfung weist der jugendliche Lerner nach, daß er sich in allen, den Lehr- und Lernzielen der Grundstufe entsprechenden und für ihn relevanten Kommunikationssituationen sprachlich behaupten kann. Er muß in der Lage sein, mündliche und schriftliche Texte zu verstehen und ihnen die wichtigsten Informationen zu entnehmen. Ferner muß er einfache schriftliche Mitteilungen – nach vorgegebenen Stichwörtern – produzieren sowie sich in Gesprächen über seinen persönlichen Erfahrungsbereich angemessen ausdrücken können."

Goethe-Institut (Hrsg.): 1991 b, 5

Die Prüfung besteht aus folgenden fünf Prüfungsteilen:

➤ *„Hörverstehen (HV)*

Lernziel: Die Ausbildung eines Hörverstehens, das den Lernenden befähigt, Äußerungen aus dem alltäglichen Erfahrungsbereich, die in einem normalen Sprechtempo gesprochen werden, in ihrer Gesamtaussage und/oder in ihren Einzelheiten zu verstehen…

➤ *Leseverstehen (LV)*

Lernziel: Die Ausbildung eines Leseverstehens, das den Lernenden befähigt, unbekannte, authentische oder leicht bearbeitete Texte in der Gesamtaussage und in ihren Einzelheiten zu verstehen…

➤ *Grammatische Strukturen (GR)*

Lernziel: Obwohl die Vermittlung von grammatischen Strukturen im DaF-Unterricht für Kinder und Jugendliche kein gesondertes Lehr- und Lernziel ist, werden die grammatischen Strukturen in diesem Prüfungsteil gezielt abgeprüft, um die Bewertung der produktiven Leistungen beim schriftlichen und mündlichen Ausdruck von formalen Kriterien zu entlasten…

➤ *Schriftlicher Ausdruck (SA)*

Lernziel: Die Ausbildung der Fähigkeit, einen persönlichen oder halbformellen Brief zu schreiben, der den inhaltlichen Vorgaben entspricht, im Ausdruck angemessen und grammatikalisch möglichst korrekt ist…

➤ *Mündlicher Ausdruck (MA)*

Lernziel: Die Ausbildung der Fähigkeit, inhaltlich und im Ausdruck angemessen sowie grammatikalisch möglichst korrekt und mit einer Aussprache, die das Verstehen sichert, auf Fragen aus dem alltäglichen Erfahrungsbereich von Jugendlichen spontan zu reagieren, über eine Bildvorlage zu sprechen und eigene Meinungen zu äußern…"

AGJ (1991), 8 ff.

Im folgenden finden Sie zunächst einen Überblick über die spezifische Ausrichtung dieser Prüfung und der Gewichtung (Bewertung) der einzelnen Prüfungsteile. Danach ist ein Modelltest aus der *Abschlußprüfung Grundstufe für Jugendliche* abgedruckt. Alle Auszüge sind der Informationsbroschüre zur *AGJ* entnommen.

Adressatenspezifische Ausrichtung

Es wurde versucht, einerseits die Prüfung so zu gestalten, daß sie den Anforderungen des „Zertifikat Deutsch als Fremdsprache" entspricht und andererseits einige wesentliche Prinzipien des Sprachunterrichts mit Kindern berücksichtigt. Zu diesen Prinzipien gehören z. B. visuelle Orientierungshilfen sowie eine realsituative Einbettung und Auswahl altersgemäßer Texte mit entsprechenden Aufgabenstellungen. Im Sinne einer Adressatenspezifik erschien es auch sinnvoll, auf separate Antwortbögen zu verzichten, um Übertragungsfehler zu vermeiden.

Wortschatz

Die der Prüfung zugrundeliegende Wortschatzliste entstand aus neu erstellten Sprechakt- und Themenlisten (die sich an den entsprechenden Listen des ZDaF orientierten), aus schülerspezifischen Wortlisten, aus Lehrbüchern und anderen Materialien für „Deutsch als Fremdsprache". Die Wortliste enthält somit einerseits einen allgemeinen Grundwortschatz zur Bewältigung von Alltagssituationen, so wie dies für die Liste des ZDaF auch der Fall ist, andererseits aber auch einen spezifischen Wortschatz für die Zielgruppe von 11- bis 14jährigen Schülern. Sie ist Grundlage aller in der Abschlußprüfung vorkommenden Texte und Aufgaben. Zwar können die Texte unbekannte Lexik enthalten, diese muß aber durch den Kontext oder durch Ableitungen zu erschließen sein, und die Aufgabenstellung zu den Texten darf sich nicht auf Textstellen beziehen, in denen unbekannte Lexik vorkommt. Arbeitsanweisungen und Aufgaben hingegen enthalten nur die Lexik, die in der Wortliste aufgeführt ist.

Themen und Textauswahl

Die Auswahl der Themen und Texte erfolgte unter Berücksichtigung der kognitiven und sozialen Entwicklung 11- bis 14jähriger Kinder. Die Inhalte sind dem Schüleralltag entnommen und bieten reale Sprechanlässe.

Gewichtung der Prüfungsteile

Die Prüfung besteht aus einem schriftlichen Gruppentest (HV, LV, GR und SA) sowie einem mündlichen Einzeltest und gilt dann als bestanden, wenn in jedem dieser beiden Teile mindestens 60 % der Punktzahl erreicht wurden. Das bedeutet, daß der Kandidat zum Bestehen der Prüfung mindestens folgende Punktzahl erreicht haben muß:

- im schriftlichen Gruppentest   48 Punkte
- im mündlichen Einzeltest   12 Punkte

Übersicht

Gruppentest (schriftlich)	Zeit (Minuten)	Punktzahl
Hörverstehen	ca. 30	20
Leseverstehen	45	20
Grammatische Strukturen	30	20
Schriftlicher Ausdruck	30	20

Einzeltest (mündlich)	Zeit (Minuten)	Punktzahl
Mündlicher Ausdruck	15	20

	Zeit (Minuten)	Punktzahl
Gesamt	160 Minuten	100 Punkte

Die AGJ hat eine Gesamtpunktzahl von 100 Punkten und eine Gewichtung von 20 Punkten pro Prüfungsteil. Die Bestehensgrenze liegt bei 60%; d. h., es muß in den schriftlichen Teilen der Prüfung die Mindestpunktzahl von 48 Punkten erreicht werden, im mündlichen Teil die Mindestpunktzahl von 12 Punkten.

Bei der Gewichtung der Prüfungsteile in Gruppentest sind wir davon ausgegangen, daß dem Schriftlichen Ausdruck (SA) als produktivem Testteil eine höhere Bedeutung beigemessen werden sollte, als dies im ZDaF der Fall ist. Er ist daher mit 20 Punkten – gegenüber 15 Punkten im ZDaF – gewichtet.

Bei den Aufgaben in den Prüfungsteilen HV, LV und GR handelt es sich um Multiple-choice und Ja/Nein-Aufgaben. Für die Bewertung des schriftlichen und mündlichen Ausdrucks liegt eine verbindliche Bewertungsanleitung vor, um eine möglichst objektive Bewertung zu gewährleisten.

Transkription Ü 01/91 *Hörverstehen*

Peer, 14 Jahre alt

Also, das erste, was mir dazu einfällt, sind die Hausaufgaben. Ich würde vorschlagen, daß es keine Hausaufgaben mehr gibt oder wenigstens nicht mehr so viele. Mit jeder Klasse werden die Hausaufgaben mehr; das kann doch nicht so weitergehen.

Wir haben schon so viel Unterricht, und manchmal muß man auch noch für eine Klassenarbeit üben, und wenn man dann noch so viel Hausaufgaben machen muß, hat man überhaupt keine Zeit mehr, mal was anderes als Schule zu machen. Ich habe eigentlich viele Hobbies, aber oft komme ich eine ganze Woche nicht dazu. Immer nur lernen, das macht doch keinen Spaß.

Und dann finde ich, daß die Pausen zwischen den einzelnen Unterrichtsstunden viel zu kurz sind. Manchmal hat man gerade Sport gehabt, und die nächste Stunde ist Englisch, und dann muß man sich ganz doll beeilen, um überhaupt pünktlich in den Unterricht zu kommen. Man sollte ein bißchen mehr Zeit zum Ausruhen haben, bevor die nächste Stunde anfängt. So ist das ein echter Streß.

Außerdem würde ich dafür sorgen, daß wir öfters Schulausflüge machen könnten. Die sind nämlich immer besonders toll. Da sind die Lehrer auch immer viel netter als sonst – und manchmal sogar richtig lustig, Ich wünsch mir jeden Monat einen Schulausflug.

Du hörst gleich die Meinung von vier Schülern zum Thema: „Schule – was gefällt euch daran, was würdet ihr gerne ändern?"

Als erster spricht Peer. Er ist 14 Jahre alt.

Hör dir die Meinung von Peer an, und beantworte zuerst nur die folgende Frage:

1)	Macht Peer die Schule Spaß?
☐	Nein, weil er mehr Freizeit haben möchte.
☐	Nein, weil er seine Hausaufgaben in der Schule machen muß.

(Text)

Löse jetzt Aufgabe 1.

Nur eine Antwort ist richtig. Kreuze die richtige Lösung an.
(30 Sekunden Pause)

Lies jetzt die Aufgaben 2 – 5:
(45 Sekunden Pause)

		ja	nein
2)	Peer ist gegen Klassenarbeiten.	☐	☐
3)	Vor einer Klassenarbeit braucht man keine Hausaufgaben zu machen.	☐	☐
4)	Peer findet, daß die Pausen nicht lang genug sind.	☐	☐
5)	Peer findet, daß die Lehrer bei Schulausflügen netter und lustiger sein sollten.	☐	☐

Du hörst nun die Meinung von Peer ein zweites Mal.

Löse danach die Aufgaben 2 – 5.

Frag dich bei jeder Aufgabe: Habe ich das im Text gehört, ja oder nein? Kreuze die richtige Lösung an.
(Text)

(1 Minute Pause)

Transkription Ü 01/91 *Hörverstehen*

Eva, 15 Jahre alt

Klar, ich würde sogar 'ne Menge verändern an der Schule, wenn ich könnte. Ich sag einfach mal, was mir nicht paßt.

Also, erstmal finde ich die Noten nicht gut, – die müßten abgeschafft werden. Natürlich will man immer eine gute Note haben – und dann ist man vor der Klassenarbeit so aufgeregt, daß man überhaupt nicht mehr richtig denken kann. Wenn es keine Noten mehr geben würde, dann bräuchte man auch keine Angst mehr vor einer Klassenarbeit zu haben, – und auch die Eltern könnten nicht mehr schimpfen, daß man eine schlechte Note hat. Das wäre natürlich ganz toll. Wir Schüler würden dann viel lieber lernen; und für die Lehrer wäre das auch nicht schlecht: die hätten dann doch auch weniger Arbeit.

Und dann müßte unbedingt der Schulhof schöner gemacht werden. Also, unser Schulhof sieht ziemlich blöd aus, ohne Bäume und Blumen. Ich würde einen Schulhof bauen lassen, wo sich die Schüler auch richtig wohlfühlen können in den Pausen. So mit viel Grün und Bänken und einem Platz, wo man in der Pause Basketball spielen kann.

Ansonsten ist die Schule so ganz gut. Bei den Lehrern gibt es ein paar ziemlich nette, die auch gut erklären können. Meine Lieblingsfächer sind Mathe, Deutsch und Erdkunde. In den Stunden finde ich die Schule echt gut, aber sonst –

Als zweite spricht Eva. Sie ist 15 Jahre alt.

Hör dir die Meinung von Eva an, und beantworte zuerst nur die folgende Frage:

6)	Macht Eva die Schule Spaß?	
☐	Ja, aber nur in einigen Unterrichtsstunden.	
☐	Ja, aber sie wünscht sich nettere Lehrer.	

(Text)

Löse jetzt die Aufgabe 6.

Nur eine Antwort ist richtig. Kreuze die richtige Lösung an.
(30 Sekunden Pause)

Lies jetzt die Aufgaben 7 – 10:
(45 Sekunden Pause)

		ja	nein
7)	Eva wünscht sich eine Schule ohne Noten.	☐	☐
8)	Eva wird vor Klassenarbeiten nervös.	☐	☐
9)	Eva wünscht sich einen Schulhof, in dem Pausen Spaß machen.	☐	☐
10)	Evas Lieblingslehrer unterrichtet Deutsch und Erdkunde.	☐	☐

Du hörst nun die Meinung von Eva ein zweites Mal.

Löse danach die Aufgaben 7 – 10.

(Text)

(1 Minute Pause)

Transkription Ü 01/91 *Hörverstehen*

Sophie, 13 Jahre alt

Wenn ich etwas ändern könnte an der Schule, würde ich zuerst mal den Unterricht um halb 9 Uhr anfangen lassen. Ich finde, 8 Uhr ist viel zu früh, da ist man meistens noch müde, und man muß sonst auch immer so früh aufstehen. Ich muß schon um 6 Uhr aufstehen, weil ich mit dem Bus in die Schule fahre; der fährt schon um 1/4 vor 7.

Weil ich so furchtbar früh aufstehen muß, meinen meine Eltern immer, ich soll auch ganz früh ins Bett gehen. Das will ich aber überhaupt nicht, das ist doch öde. Da gibt es fast jeden Tag Ärger.

Außerdem sollte es keinen Unterricht am Samstag geben. Fünf Tage Unterricht in der Woche sind doch wirklich genug, und in den Büros und Banken braucht man ja am Samstag auch nicht zu arbeiten. Am Samstag paßt doch niemand im Unterricht so richtig auf, alle warten nur, bis endlich die Schule vorbei ist.

Und dann find' ich es blöd, daß man an unserer Schule nur zwei Fremdsprachen lernen kann. Seit zwei Jahren lerne ich Englisch, und in diesem Jahr hab' ich noch mit Französisch angefangen. Ich habe eine Brieffreundin in Athen, und ich würde auch gerne ein bißchen Griechisch lernen, aber das gibt es nicht als Unterrichtsfach.

Überhaupt finde ich, sollte es mehr Fächer geben an der Schule, und die Schüler sollten dann selber auswählen können, was sie gerne lernen wollen. Z. B. bin ich dafür, daß es zweierlei Musikunterricht geben soll: einen für Klassik und so und einen für Pop-Musik. Da sollte man wählen können, ich würde natürlich Pop-Musik wählen. Ich glaube, da würde man auch viel lieber zur Schule gehen.

Als dritte spricht Sophie. Sie ist 13 Jahre alt.

Hör dir die Meinung von Sophie an, und beantworte zuerst nur die folgende Frage:

> 11) Macht Sophie die Schule Spaß?
>
> ☐ Nein, denn sie möchte viel mehr selbst entscheiden können.
>
> ☐ Nein, denn sie muß zu viele Fremdsprachen lernen.

(Text)

Löse jetzt die Aufgabe 11.

Nur eine Antwort ist richtig. Kreuze die richtige Lösung an.
(30 Sekunden Pause)

Lies jetzt die Aufgaben 12 – 15:
(45 Sekunden Pause)

		ja	nein
12)	Sophie möchte, daß der Unterricht 30 Minuten später anfängt.	☐	☐
13)	Sophie möchte abends gern später ins Bett gehen.	☐	☐
14)	Am Samstag dauert die Schule nicht lange.	☐	☐
15)	Sophie findet, daß es mehr Musikstunden geben sollte.	☐	☐

Du hörst nun die Meinung von Sophie ein zweites Mal.

Löse danach die Aufgaben 12 – 15.

(Text)

(1 Minute Pause)

Transkription Ü 01/91 *Hörverstehen*

Hans, 11 Jahre alt

Ja, was Sophie gerade gesagt hat, finde ich auch eine tolle Idee, daß die Schüler selbst mitentscheiden können, was sie lernen wollen. Ich zum Beispiel interessiere mich sehr für Computer. Ich habe selbst zu Hause einen und auch viele Programme dafür, und ich würde gern mehr darüber lernen in der Schule, wie man Programme selbst schreiben kann. Aber nein, ich muß Geschichte lernen oder Sport machen, was mir überhaupt keinen Spaß macht. Das ist doch kein Wunder, daß ich nicht gern in die Schule gehe.

Außerdem würde ich die ganze Schule bunt anstreichen lassen, so richtig lustig, und auch die Klassenräume würde ich bunt malen und viele Bilder aufhängen und Pflanzen vor die Fenster stellen. Die Wände könnten wir doch im Kunstunterricht bemalen, und Pflanzen würden bestimmt viele Schüler von zu Hause mitbringen. Das würde alles gar kein Geld kosten. Im Augenblick sieht unsere Schule nur grau aus und überhaupt nicht schön.

Und dann sollte der Unterricht nicht immer so lange dauern. Unser Stundenplan ist immer ganz dick voll. An manchen Tagen haben wir 6 Stunden Schule am Vormittag. Das ist von 8 Uhr morgens bis mittags um eins. Mir ist das viel zu anstrengend, und in den letzten beiden Stunden kann man schon gar nicht mehr richtig aufpassen. 5 Stunden Unterricht würden wirklich reichen.

Als vierter spricht Hans. Er ist 11 Jahre alt.

Hör dir die Meinung von Hans an, und beantworte zuerst nur die folgende Frage:

16)	Macht Hans die Schule Spaß?
☐	Nein, weil er den Unterricht nicht interessant findet.
☐	Nein, weil er zu wenig Kunstunterricht hat.

(Text)

Löse jetzt die Aufgabe 16.

Nur eine Antwort ist richtig. Kreuze die richtige Lösung an.
(30 Sekunden Pause)

Lies jetzt die Aufgaben 17 – 20:
(45 Sekunden Pause)

		ja	nein
17)	Hans wünscht sich einen Computer.	☐	☐
18)	Hans möchte, daß die Schüler im Unterricht mit Computern schreiben.	☐	☐
19)	Hans möchte ein Klassenzimmer, das fröhlich aussieht.	☐	☐
20)	Hans findet, daß es nicht nur am Vormittag Unterricht geben sollte.	☐	☐

Du hörst nun die Meinung von Hans ein zweites Mal.

Löse danach die Aufgaben 17 – 20.

(Text)

(1 Minute Pause)

Lies bitte zuerst den folgenden Text:

Junge Hose – alte Geschichte

Heute trägt fast jeder Jeans. Viele junge und auch ältere Leute können sich gar nicht mehr vorstellen, jemals eine andere Hose anzuziehen. Jeans sind immer noch modern, obwohl diese „Superhose" schon
5 mehr als 140 Jahre alt ist.

Erfunden hat sie Levi Strauss. Als er im Jahre 1848 nach Amerika kam, hatte er sich bestimmt nicht gedacht, daß er einmal eine weltberühmte Erfindung machen würde, die „Blue Jeans".

10 Levi Strauss, der den Beruf eines Schneiders gelernt hatte, war mit 18 Jahren aus Deutschland nach Amerika ausgewandert, um dort, wie viele andere Menschen auch, sein Glück zu suchen. Seine Familie, Vater, Mutter und acht Geschwister, mußte er in der
15 Heimat zurücklassen.

Nach einer langen und beschwerlichen Seereise war er schließlich nach San Francisco gekommen. Dort herrschte zu dieser Zeit das Goldfieber. Zu Tausenden kamen die Menschen ins Land, um in den Bergen und Flüssen nach Gold zu suchen. Aber Levi Strauss war nicht nach Amerika gekommen, um nach Gold zu
20 graben.

Er träumte davon, einmal ein eigenes Geschäft zu eröffnen, und so begann er, in einem kleinen Laden als Verkäufer zu arbeiten.

Doch eines Tages brach in dem Laden ein Feuer aus, und Levi Strauss verlor seinen Arbeitsplatz. Da gab ihm ein Freund einen Rat: „Geh doch zu den Goldgräbern, die
25 brauchen dich. Du bist doch Schneider, die Goldgräber können ihre Hosen nicht selber reparieren, und Frauen gibt es dort keine."

So zog Levi Strauss los und wanderte zu Fuß in die Berge. In einem kleinen Dorf bei Sacramento baute er sich ein Häuschen aus Holz und begann zu
30 arbeiten. Sein Geschäft ging gut. Er kaufte alte Kleider, brachte sie in Ordnung und verkaufte sie wieder mit Gewinn.

Eines Tages wurde ihm zu einem günstigen Preis ein großes Stück sehr fester, blauer Baumwollstoff
35 angeboten. Er kaufte ihn und machte daraus Decken für die Pferdewagen der Goldgräber. Aber niemand wollte sie kaufen. „Decken brauchen wir keine", sagten die Goldgräber, „was wir brauchen, sind Hosen!"

40 Levi Strauss erkannte sofort die Gelegenheit und machte aus dem blauen, festen Deckenstoff Hosen. Das war die Erfindung der Blue Jeans!

Sie wurde sofort in ganz Amerika ein Erfolg.

Die Goldgräber kauften diese Hose, weil sie halt-
45 bar und praktisch war und große Taschen hatte, in die man sogar Werkzeug stecken konnte. Bald trugen auch Cowboys und Viehhändler diese idealen Hosen.

Als Levi Strauss im Jahre 1902 starb, war er
50 Millionär, und seine Firma war zum größten Kleiderhersteller der Welt geworden.

Noch heute ist seine Hose das beliebteste Kleidungsstück bei Kindern und Erwachsenen auf der ganzen Welt.

AUFGABEN

TEXT A

Jede Aufgabe hat 4 Aussagen, von denen nur eine richtig ist. Lies jede Aufgabe genau durch, vergleiche sie mit dem Text und stelle fest: Habe ich das im Text gelesen oder nicht? Kreuze die richtige Lösung an.

Beispiel: Zeile 1 – 9

Als Levi Strauss nach Amerika kam,

- ☐ *wurden dort gerade die Jeans erfunden.*
- ☐ *hatte er die Jeans schon erfunden.*
- ☒ *wurde er zum Erfinder der Jeans.*
- ☐ *wollte er dort Jeans verkaufen.*

Zeile 10 – 15

21) Levi Strauss fuhr nach Amerika,

- ☐ weil er dort einen Beruf lernen wollte.
- ☐ weil er eine schöne Reise machen wollte.
- ☐ weil er Erfolg haben wollte.
- ☐ weil er sich von seiner Familie trennen wollte.

Zeile 16 – 22

22) Zuerst tat Levi Strauss in Amerika folgendes:

- ☐ Er arbeitete als Goldgräber.
- ☐ Er machte einen kleinen Laden auf.
- ☐ Er suchte sich einen Arbeitsplatz im Gebirge.
- ☐ Er fand einen Arbeitsplatz als Verkäufer.

Zeile 23 – 32

23) Als Levi Strauss im Goldgräberdorf war,

- ☐ baute er Holzhäuser.
- ☐ nähte er neue Kleider.
- ☐ verkaufte er alte, reparierte Kleider.
- ☐ reparierte er Hosen für die Frauen der Goldgräber.

Zeile 33 – 42

24) Levi Strauss hatte den blauen Stoff gekauft,

- ☐ um daraus Hosen zu nähen.
- ☐ weil der Stoff nicht viel kostete.
- ☐ weil die Goldgräber Hosen brauchten.
- ☐ weil er eine Decke brauchte.

Zeile 43 – 54

25) Jeans wurden schnell ein großer Erfolg,

- ☐ weil jeder gerne wie ein Cowboy aussehen wollte.
- ☐ weil sie bequeme Arbeitshosen waren.
- ☐ weil sie wirklich gut aussahen.
- ☐ weil sie den Goldgräbern gut paßten.

TEXT B

Lies bitte zuerst den folgenden Text:

Demetrios und das Osterei

Marion wohnte in einem Hochhaus. Sie wohnte gerne dort, weil eine Menge Kinder da waren. Man fand eigentlich immer jemanden zum Spielen.

Am Dienstag nach Ostern fuhr Marion mit dem Fahrstuhl aus dem sechsten Stock nach unten. Es war schönes Wetter, und sie freute sich, daß sie noch Ferien hatte. Sie wollte zum Spielplatz. Irgend jemand würde schon da sein.

In der rechten Tasche ihres Anoraks steckten zwei Schokoladeneier, eins war in Goldpapier und eins in Silberpapier gewickelt. Das in Goldpapier war mit Nougat gefüllt, das in Silberpapier mit Marzipan.

Der Fahrstuhl hielt im dritten Stock, und ein Junge stieg ein. Er war ungefähr so groß wie Marion, hatte wellige schwarze Haare und sehr dunkle Augen.

Die Tür schob sich hinter ihm zu. Es ist komisch, wenn man im Fahrstuhl so dicht beieinander steht und sich nicht kennt. Man weiß nicht, ob man sich anschauen soll oder nicht.

Marion sah zuerst an dem Jungen vorbei. Über seiner Schulter war der rote Alarmknopf. Den starrte sie an. Aber dann ließ sie ihren Blick weiterwandern und merkte, daß der Junge sie aufmerksam anschaute.

Marion gab sich einen Ruck. „Bist du neu hier?" fragte sie.

Der Junge nickte.

„Wie heißt du?"

„Demetrios. Und du?"

„Marion. Bist du deutsch?"

„Nein, griechisch. Wir kommen aus Saloniki."

Marion nickte unsicher. Sie wußte nicht, wo das war. Der Junge sprach ebenso gut deutsch wie sie. Er sah sympathisch aus. Sie griff in die Tasche und holte das in Goldpapier gewickelte Schokoladenei heraus, das mit Nougat.

„Das ist ein Osterei!" erklärte sie feierlich.

Demetrios lachte. „Ich bin ja nicht blöd", sagte er. „Und aus dem Urwald komme ich auch nicht." Aber das Ei nahm er an.

Nachmittags guckte Marion im Fernsehen einen Kinderfilm. Da klingelte es. Die Mutter öffnete die Tür. „Hier ist Besuch für dich, Marion!" rief sie.

Marion wollte eigentlich nicht gern gestört werden, aber neugierig war sie auch. Sie lief zur Tür. Draußen stand Demetrios. Er hielt ihr ein buntbemaltes Ei entgegen.

„Das ist ein Osterei" erklärte er feierlich, und dann grinste er. Marion lachte. „Vielen Dank", sagte sie. „Es ist sehr schön. Hast du es selbst bemalt?"

Demetrios nickte. „Wir bemalen immer alle Eier selbst, zusammen mit der ganzen Familie. Aber dieses hier ist von mir."

„Willst du nicht reinkommen?" frage Marion. „Im Fernsehen läuft gerade ein lustiger Film. Ich kann dir den Anfang erzählen. Nachher können wir noch ein bißchen spielen."

Sie hockten sich nebeneinander vor den Fernsehapparat.

„Ich bringe euch ein Stück Kuchen", sagte Marions Mutter, als der Film zu Ende war. „Es ist noch Osterzopf da. Wollt ihr Kakao oder Saft?"

„Lieber Saft!" antwortete Demetrios schnell.

Marion nickte. Sie mochte auch lieber Saft.

Nachher spielten sie Mühle. Jeder gewann zweimal. Dann hatten sie keine Lust mehr.

„Hast du ein Kartenspiel?" fragte Demetrios. „Ich kann damit zaubern."

Marion brachte ihm eins und kam aus dem Staunen nicht mehr heraus. Demetrios wußte immer, welche Karte sie gezogen hatte. Dabei ließ sie ihn bestimmt nicht gucken. Einmal zauberte er auch eine Karte hinter seinem Ohr hervor. Marion war ganz begeistert.

Noch ein bißchen später stellten sie fest, daß Demetrios nach den Ferien in dieselbe Schule und in dieselbe Klasse kommen würde wie Marion. „Du kannst bestimmt neben mir sitzen", sagte sie. „An unserem Tisch ist noch ein Platz frei."

Demetrios war froh. Das konnte man sehen. „Ja, gern. Es ist nicht schön, wenn man neu ist und niemand kennt."

„Ich weiß!" sagte Marion. „Wir sind auch erst im Herbst hier eingezogen. Da war ich neu in der Klasse." „Hat dir niemand ein Osterei geschenkt?"

Marion lachte. „Im Herbst gibt es doch keine Ostereier!"

Demetrios lachte auch. „Ein Glück, daß jetzt Frühling ist!"

AUFGABEN

TEXT B

Lies jede Aufgabe genau durch, vergleiche sie mit dem Text und stelle fest: Habe ich das im Text gelesen, ja oder nein? Mach ein Kreuz für die richtige Antwort.

		ja	nein
Beispiel:	*Marion kennt viele Kinder in dem Hochhaus.*	X	☐

		ja	nein
26)	Marion ist auf dem Spielplatz verabredet.	☐	☐
27)	Marion schaut den Jungen neugierig an.	☐	☐
28)	Marion findet Demetrios nett.	☐	☐
29)	Demetrios mag keine Schokoladeneier.	☐	☐
30)	Demetrios schenkt Marion ein Osterei, das er selbst angemalt hat.	☐	☐
31)	Marion lernt von Demetrios ein griechisches Kartenspiel.	☐	☐
32)	Marion möchte gerne, daß Demetrios ihr Nachbar in der Klasse wird.	☐	☐
33)	Demetrios ist froh, daß er in eine neue Klasse kommt.	☐	☐
34)	Marion ist noch nicht lange in der Klasse.	☐	☐
35)	Demetrios freut sich, daß er Marion kennengelernt hat.	☐	☐

GRAMMATISCHE STRUKTUREN

Von den 4 Möglichkeiten ist nur eine richtig. Bitte finde die richtige Lösung und kreuze sie an!

Beispiel:

1) * Ich habe meine Stifte ____ Hause vergessen.

☐ in   ☐ nach   ☐ von   ☒ zu

2) ____ du mir einen Bleistift?

☐ Leihe   ☒ Leihst   ☐ Leiht   ☐ Lieh

3) – Tut mir leid, ich habe auch ____ .

☐ kein   ☐ keine   ☒ keinen   ☐ keiner

4) Aber ich ____ dir einen Kugelschreiber geben.

☐ darf   ☒ kann   ☐ muß   ☐ soll

5) * Danke, ich gebe ____ dir morgen wieder zurück.

☐ sie   ☐ ihm   ☒ ihn   ☐ es

---

36) * Guten Tag, ich ____ bitte die Schulbücher abholen.

☐ mag   ☐ möchte   ☐ möge   ☐ mochte

37) – Für wen sind die Bücher ____ ?

☐ bestellen   ☐ bestellt sein   ☐ bestellt worden   ☐ bestellt werden

* Für meinen Bruder, Egon Zott.

38) – Die Bücher ____ heute morgen schon jemand abgeholt.

☐ haben   ☐ hat   ☐ sind   ☐ wurden

39) * Das war wohl mein Bruder. Aber ich frage ihn lieber doch, ____ er die Bücher wirklich selbst geholt hat.

☐ daß   ☐ wie   ☐ ob   ☐ wenn

40) Vielen Dank für ____ Mühe. Auf Wiedersehen.

☐ ihre   ☐ eure   ☐ Ihre   ☐ seine

41) * Ich habe dir noch gar nicht erzählt, ____ ich gestern abend war.

☐ wohin   ☐ wann   ☐ wo   ☐ wie

42) Ich war im Kino. Es gab ____ Film mit Charlie Chaplin.

☐ ein alter   ☐ ein altes   ☐ einem alten   ☐ einen alten

43) – ____ Charlie Chaplin?

☐ Denn wer ist   ☐ Ist denn wer   ☐ Wer denn ist   ☐ Wer ist denn

44) * Hast du denn nie einen Film mit ihm gesehen? Chaplin-Filme sind ____ als alle anderen.

☐ lustige   ☐ sehr lustig   ☐ lustiger   ☐ am lustigsten

45) Der Film war so gut, daß ich ihn mir noch einmal ansehen ____ .

☐ werde   ☐ werden   ☐ wird   ☐ wurde

In jede Lücke paßt nur ein Wort. Such dir aus den folgenden Wörtern die richtigen aus, und schreib deine Lösung in die Lücke!

von   zu

bei   in

für   nach   auf

an   zur

Beispiel: *Jetzt erzähle ich euch __von__ meinen Reiseplänen:*

71) _____ den Sommerferien fahre ich

72) _____ meinen Freunden

73) _____Hamburg.

74) Dann wollen wir zusammen eine Fahrradtour _____ die Nordsee machen.

75) Ich freue mich schon sehr _____ diese Reise.

SCHRIFTLICHER AUSDRUCK

Wir sind umgezogen

Vor 3 Wochen bist du mit deiner Familie umgezogen.

Schreibe darüber einen Brief an deine Brieffreundin oder deinen Brieffreund nach Deutschland.

Auf dem Bild findest du 5 Punkte, die in deinem Brief vorkommen müssen. Schreibe zu jedem Punkt mindestens 2 Sätze.

Vergiß nicht Datum, Anrede, Gruß und Unterschrift.

MÜNDLICHER AUSDRUCK

Einleitendes Gespräch
(wird nicht gewertet)

Vor Beginn der eigentlichen mündlichen Einzelprüfung soll ein kurzes Gespräch die Spannung lockern und den Schüler etwas mit der individuellen Sprechweise des Prüfers vertraut machen.

Die folgenden Fragen sind ein fakultativer Leitfaden für den Prüfer:

- Bist du ... ? Mein Name ist ... , und das ist Frau/Herr ...
- Spreche ich laut genug? Wenn du etwas nicht verstehst, sag es mir bitte sofort. Ich wiederhole dann gern, was ich gesagt habe.
- Hast du lange warten müssen?
- Wie lange lernst du schon Deutsch?
- Was macht dir am Deutschunterricht besonders Spaß?
- Wer spricht in deiner Familie noch Deutsch außer dir?

TEIL A: KOMMUNIKATION IN ALLTAGSSITUATIONEN

Wir spielen jetzt einige Situationen.
Sag uns bitte, was du in dieser Situation <u>direkt</u> sagen, fragen oder antworten würdest.

<u>Beispiel</u>: Im Deutschunterricht spricht ein Schüler/eine Schülerin sehr leise. Deshalb verstehst du nicht gut, was er/sie sagt. Du möchtest aber genau verstehen.
Was sagst du?
(<u>Mögliche Antwort</u>: Kannst du bitte lauter sprechen? Ich kann dich nicht gut verstehen o. ä.)

Teil A soll einschließlich des einleitenden Gesprächs nicht mehr als 5 Minuten dauern.

Variante A

1. Du willst am Samstag deine Geburtstagsparty machen. Lade deinen deutschen Freund/deine deutsche Freundin dazu ein. Was sagst du?

2. Du hast in der letzten Deutschstunde dein Deutschbuch vergessen. Was fragst du deine Lehrerin?

3. Am Strand spielen zwei deutsche Kinder Ball. Du möchtest auch gerne Ball spielen. Was sagst du zu den beiden Kindern?

4. Du bist mit deinen Eltern in Hamburg. Ihr wollt in den Zoo gehen, ihr wißt aber die Adresse nicht. Was fragst du im Hotel?

Insgesamt gibt es vier Varianten (Anmerkung S.B.)

TEIL B: GELENKTES GESPRÄCH

Im zweiten Teil der mündlichen Prüfung werden dem Schüler 3 Fotos mit verschiedenen Themen vorgelegt, von denen er sich eines auswählen soll, über das er anschließend spricht.
Ein weiteres Foto („Reservefoto"), das für alle Schüler gleich ist, wird nur dann vom Prüfer eingesetzt, wenn sich herausstellt, daß der Schüler zu wenig über das ausgewählte Foto sagen kann.
Das Foto gilt als Gesprächsanlaß (Assoziationsrahmen).
Der folgende Fragenkatalog ist nicht obligatorisch. Die Themen und Fragen dienen dem Prüfer als Leitfaden.
Das Gespräch soll eine Länge von 10 Minuten nicht überschreiten.

Der Prüfer leitet das Gespräch ein:

Ich zeige dir jetzt 3 Fotos.

Sieh dir die Fotos an, und such dir eins davon aus, über das du mit uns sprechen möchtest.

Bild A

(STRAND)

Warum hast du dieses Foto ausgewählt?

Was gefällt dir an diesem Foto?

Erzähl' doch 'mal, was du auf diesem Foto siehst und was dir dazu einfällt!

AM MEER | Was kann man am Meer alles machen?

Wohin fährst du, wenn du an den Strand willst?

Wann fährst du ans Meer?

Wie oft fährst du ans Meer?

FERIEN | Was machst du in den Ferien?

Wo verbringst du deine Ferien?

Wo wohnst du dann?

Mit wem verbringst du deine Ferien?

Wo/Wie würdest du am liebsten deine Ferien verbringen?

Warum?

FERIENERLEBNIS | Was hast du in den Ferien einmal erlebt, was besonders schön oder spannend für dich gewesen ist? (Ferienfreunde, Abenteuer, Unwetter, Bootsfahrt, Ausflug, Tiere o. ä.)

4.2 Bewertungsanleitung für den schriftlichen Ausdruck (Brief) im *Zertifikat Deutsch als Fremdsprache (ZDaF)*

Es werden insgesamt maximal 15 Punkte nach folgendem Verfahren vergeben:

Kriterium I: Kommunikative Angemessenheit
(Kästchen „K" auf dem Antwortbogen)

A = 6 Punkte   B = 4 Punkte   C = 2 Punkte   D = 0 Punkte

A: – Der Brief entspricht dem Schreibanlaß, und alle Leitpunkte sind inhaltlich richtig behandelt,

u n d

– Register, Verbindungen und Textsortenmerkmale (Datum, Anrede, Schlußformel) sind dem Schreibanlaß angemessen.

Damit ist das kommunikative Ziel des Briefes **erreicht**.

B: – Der Brief entspricht dem Schreibanlaß, und mindestens 4 Leitpunkte sind inhaltlich richtig behandelt,

u n d

– Register, Verbindungen und Textsortenmerkmale (Datum, Anrede, Schlußformel) sind dem Schreibanlaß weitgehend angemessen.

Damit ist das kommunikative Ziel des Briefes **weitgehend erreicht**.

C: – Der Brief entspricht dem Schreibanlaß, und mindestens 2 Leitpunkte sind inhaltlich richtig behandelt,

u n d

– Register, Verbindungen und Textsortenmerkmale (Datum, Anrede, Schlußformel) sind dem Schreibanlaß ansatzweise angemessen.

Damit ist das kommunikative Ziel des Briefes **ansatzweise erreicht**.

D: – Der Brief entspricht nicht dem Schreibanlaß,

o d e r

– Kriterium II (sprachliche Richtigkeit) ist mit „D" zu bewerten.

In diesem Fall wird der Gesamtbrief mit 0 Punkten bewertet.

Kriterium II: Sprachliche Richtigkeit
(Kästchen „R" auf dem Antwortbogen)

A = 9 Punkte   B = 6 Punkte   C = 3 Punkte   D = 0 Punkte

A: – Der Brief weist in Lexik, Syntax, Morphologie und Orthographie (keine oder) nur wenige Fehler auf, die das Verständnis in keiner Weise beeinträchtigen.

B: – Der Brief enthält einige lexikalische, syntaktische, morphologische, orthographische Fehler. Diese verhindern jedoch nicht, daß er in seinen wichtigen Aussagen (im Sinne des Schreibanlasses) eindeutig verstanden wird.

C: – Das Verständnis des Briefes wird durch lexikalische, syntaktische, morphologische, orthographische Fehler für einen Leser, der den Schreibanlaß nicht kennt, erheblich erschwert (so daß z. B. stellenweise wiederholtes Lesen erforderlich wird),

u n d / o d e r

– wichtige Aussagen (im Sinne des Schreibanlasses) sind auch bei wiederholtem Lesen nicht verständlich.

D: – Der Brief ist aufgrund der Häufung von Fehlern insgesamt nicht verständlich,

o d e r

– Kriterium I (kommunikative Angemessenheit) ist mit „D" zu bewerten.

In diesem Fall wird der Gesamtbrief mit 0 Punkten bewertet.

Hinweise zur Durchführung der Prüfungen des Goethe-Instituts (1993), 67f.

5 Lösungsschlüssel

In diesem Kapitel finden Sie Lösungen zu den Aufgaben, die eindeutige Antworten zulassen, oder Lösungsvorschläge, wenn eine solche eindeutige Antwort nicht möglich ist. Bei einigen Aufgaben sind Sie aufgefordert, die besonderen Verhältnisse in Ihrem Land oder in Ihrer Institution oder Ihre persönlichen Ausbildungs- und Arbeitsbedingungen zu reflektieren. Hierzu können wir Ihnen natürlich keine Lösungsvorschläge anbieten.

Aufgabe 2

Wichtige Elemente bei der <u>curricularen Planung</u> sind zum Beispiel:

- Zielgruppe
- Stoffauswahl
- Lernziele
- Abschlüsse/Prüfungen
- Altersstufe

Aufgabe 3

Fragen, die Sie sich vielleicht bei mangelndem Lernerfolg stellen, in bezug <u>auf den Unterricht</u>:

- *Waren meine Erklärungen nicht verständlich genug?*
- *Habe ich dem Thema/Problem zu wenig Zeit gewidmet?*
- *Habe ich die Schüler nicht genügend ermutigt nachzufragen, wenn sie etwas nicht verstehen?* usw.

<u>auf das Lernziel selbst</u>:

- *Ist dieses Ziel noch zu schwer/zu anspruchsvoll/nicht altersgemäß?*
- *Sind die einzelnen Lernschritte zu umfangreich?*
- *Stimmt die Progression?* usw.

Aufgabe 4

Curriculum	*Ziel des Tests oder der Prüfung*		
	Einstufung	*Messung des Lernfortschritts*	*Messung des Sprachstands*
Kenntnisse und Fertigkeiten zu Beginn des Unterrichts	✗		✗
Lernziele des Unterrichts		✗	
methodische Lernschritte		✗	
Lernkontrolle		✗	✗

Aufgabe 6

Charakteristika für das Lernen im <u>Zielsprachenland</u>:

- deutschsprachige Umgebung
- Einfluß der deutschsprachigen Umgebung auf den Unterricht
- schnelle Anwendung des Gelernten
- (Weiter-)Lernen außerhalb des Unterrichts
- schnellere Progression möglich
- starke eigenbestimmte Motivation

Charakteristika für das Lernen im <u>Heimatland</u>:

- wenig Kontakt mit Deutschen
- einzige regelmäßige Kontaktsituation ist der Unterricht
- Lernen nur im Unterricht
- das Gelernte wird oft schnell vergessen
- langsamere Progression
- Motivation muß häufig durch den Lehrer neu stimuliert werden

Aufgabe 8

Mögliche Fragestellungen wären z.B. die folgenden:

- *Ist Deutsch die einzige oder eine von mehreren Fremdsprachen?*
- *Ist es die erste, zweite oder dritte Fremdsprache?*

- *Welche anderen Fremdsprachen werden vor oder neben Deutsch gelernt (eine "europäische", z. B. Englisch oder eine ganz andere, z. B. Arabisch, Japanisch, Türkisch)?*
- *Sind die Lerner Anfänger, oder haben sie bereits Vorkenntnisse? Wenn ja: woher stammen diese Vorkenntnisse?*
- *Sind die Vorkenntnisse bei allen Lernern ungefähr gleich, sind sie auf ungefähr gleiche Weise erworben worden (z. B. ungesteuert durch Gespräche mit Touristen oder gesteuert in anderen Kursen)?*
- *Lag bisher im gesteuerten Spracherwerb das Schwergewicht auf der Kommunikation mit Hilfe der Fremdsprache Deutsch, oder war es eher "formaler" Unterricht mit starkem Gewicht auf Grammatik, Übersetzung etc.?*

Aufgabe 9

Merkmale von

informellen Tests:
- keine offiziellen Kriterien
- nur bezogen auf die Lerngruppe
- begrenzter Lernstoff
- ad hoc durchgeführt

formellen Prüfungen:
- unabhängig von der Lerngruppe
- meist institutionenübergreifend
- festgelegte Kriterien
- "objektive" Aussagen

Aufgabe 10

Andere "deutsche" Bezeichnungen für Prüfungen:

Einstufung	Lernfortschritt	Abschluß
– Aufnahmeprüfung	– Klausur – Klassenarbeit – Schularbeit – Extemporale	– Klausur – Abitur – Reifeprüfung – Matura (Österreich) – Examen

Aufgabe 11

Eine Möglichkeit: Eine formelle "Zwischenprüfung" auf halbem Weg zu einer formellen Abschlußprüfung. Sie hat dann mehrere Funktionen: den bis dahin erreichten tatsächlichen Sprachstand zu messen, den Weg zur Abschlußprüfung zu verkürzen, die Schüler durch eine Zwischenprüfung auf die Abschlußprüfung vorzubereiten, manchen Schülern die Möglichkeit zu geben, vor der "richtigen" Abschlußprüfung eventuell mit einem kleineren Diplom abzuschließen.

Aufgabe 12

Überprüfungsziel

Einstufung:	Lernfortschritt:	Sprachstand:
– Rangfolge – allgemeinen Kenntnisstand feststellen – Zulassung	– Lernziel erreicht? – Defizite feststellen – Unterrichtsplanung überprüfen	– Kursziel erreicht? – offizieller Abschluß – Voraussetzung für Weiterqualifikation

Aufgabe 15

	Schule	andere Institutionen
Einstufungstest	– zu Beginn des Schuljahrs – Leistungsniveau der Klasse feststellen – Unterrichtsplanung	– geeigneten Kurs bestimmen – leistungshomogene Klassen bilden
Lernfortschrittstest	– Überprüfung von Lernfortschritten bezogen auf einzelne Lernziele	wie linke Spalte
allgemeiner Leistungstest (Sprachstandstest)	– meist überregional, manchmal national, institutionenübergreifend – vorher festgelegtes Leistungsniveau	wie linke Spalte

Gütekriterien für Tests	Definitionen/Erläuterungen
Validität	Übereinstimmung zwischen Testziel und Testaufgabe
Reliabilität	Zuverlässigkeit: immer gleiche Meßergebnisse
Objektivität	gleiche sprachliche Leistung von allen Korrektoren gleich bewertet

Test A:

1. Das sagt der Text:
   b) *Viele Deutsche finden das Händeschütteln unangenehm.*
2. Die Tabelle mit den Prozentzahlen:

Händeschütteln	1984			1973
	insgesamt	Frauen	Männer	insgesamt
dafür	55%	50%	60%	68%
dagegen	42%			
keine Meinung	3%			

nach: Mebus (1992), 87

3.

Das sagen die	Händeschütteln ist:
Gegner	unangenehm, unhygienisch
Befürworter	menschlich, freundlich

Test B:

1. Wie finden die Deutschen das Händeschütteln?
   Mögliche Antworten:
   - *Viele Deutsche finden das Händeschütteln unangenehm.*
   - *42 % der Deutschen finden das Händeschütteln unangenehm; 55 % finden Händeschütteln freundlich.*
2. Was sagen die Gegner? Was sagen die Befürworter?
   Mögliche Antworten:
   - *Die Gegner sagen, daß Händeschütteln unangenehm, unhygienisch und überflüssig ist.*
   - *Die Befürworter sagen, daß Händeschütteln menschlich, freundlich und herzlich ist.*
   Oder:
   - *Die Gegner sagen: Händeschütteln ist ...*
   - *Die Befürworter sagen: Händeschütteln ist ...*

Test C:

1. 60 %
2. 50 %

1. – Test A: 1. G   Test B: 1. G   Test C: 1. S
             2. D   2. D   2. S
             3. D

2. – Test A und Test B

Test A ist vermutlich nur teilweise reliabel. Die Aufgabe 1a) und 1b) ist nicht eindeutig: a) manche ja, manche nein; b) was heißt „viele"? Die Aufgaben 2 und 3 sind eindeutig zu lösen durch Ausfüllen der Tabelle und eindeutiges Zuordnen im Raster.

Test B ist vermutlich nur teilweise reliabel und zwar die Frage 2., da der Korrektor eine genaue Bewertungsanleitung braucht, die ihn darauf hinweist, daß er nur die inhaltliche Richtigkeit und nicht die grammatische Komplexität oder Richtigkeit der Antwort bewerten soll. Frage 1. ist nicht reliabel, da die Fragestellung zu allgemein ist und der Testkandidat nicht genau weiß, was er antworten soll. Und wie wären hier Antworten wie *Die Deutschen finden das unangenehm* oder *Viele Deutsche finden das aus der Mode* oder *Es gibt Gegner. Es gibt Befürworter* zu beurteilen?

Test C ist vermutlich reliabel; sowohl die Fragestellung als auch die Antworten sind eindeutig.

Aufgabe 21

1. Test A und Test C bieten die beste Gewähr für das Kriterium *Objektivität bei der Bewertung*, da die Testformen (Ankreuzen, richtige Prozentzahlen angeben, Zuordnen) zu eindeutigen Lösungen führen, die sich nach dem einfachen Bewertungsraster *richtig/falsch* sortieren lassen.

2. Test A und Test C eignen sich am besten für verschiedene Formen des *Leseverstehens* (Global-, Detail- und selektives Verstehen), da sie nur das Leseverstehen abtesten. Auch sind keine weiteren produktiven sprachlichen Leistungen, die die Aufmerksamkeit der Testkandidaten vom eigentlichen Testziel ablenken könnten, erforderlich. Für beide Tests gibt es eindeutige Bewertungsmaßstäbe für das Leseverstehen.

3. Mögliche Bewertung für die drei Tests:

Test A:
Insgesamt 9 Punkte
1. richtige Antwort je 1 Punkt, insgesamt   2 Punkte
2. jede richtige Prozentangabe je 1 Punkt, insgesamt   5 Punkte
3. richtige Zuordnung je 1 Punkt, insgesamt   2 Punkte

Test B:
Frage 1. Kommentar: Akzeptiert werden nur inhaltlich eindeutige Antworten wie
– *Viele Deutsche finden das Händeschütteln unangenehm.* 1 Punkt
– *42 % der Deutschen finden das Händeschütteln unangenehm.*
  (Oder: *42 % der Deutschen sind gegen das Händeschütteln,*
           55 % sind dafür.)   1 Punkt
  (Einen Pluspunkt gibt es für den Zusatz: *3 % haben keine Meinung.*)
Frage 2. richtige Antwort   je 1 Punkt

Test C:
1. richtige Antwort   1 Punkt
2. richtige Antwort   1 Punkt

Aufgabe 22

	Übungstypen	*Prüfungsziele*	*Nachteile*
offene Aufgaben	– mündliche Äußerungen in Prüfungsgesprächen – Schreiben eines Briefes (evtl. nach vorgegebenen Stichpunkten)	produktive Sprachäußerungen: schriftlicher Ausdruck, mündlicher Ausdruck	– keine absolut objektive Bewertung möglich – LV: Schüler können Textpassagen abschreiben – Orthographie und grammatische Fehler dürfen nicht gewertet werden
halboffene Aufgaben	– Ergänzungsaufgaben – Lückentexte – Cloze-Test	Beherrschung von Wortschatz und Grammatik	nicht immer absolut objektive Bewertung möglich
geschlossene Aufgaben	– Multiple-choice-Aufgaben – Ja/Nein-Aufgaben – Zuordnungsaufgaben	die richtige Antwort erkennen: Hörverstehen, Leseverstehen, Wortschatz, Grammatik	Überprüfen nur das Erkennen der richtigen Lösung

1. Test B: Die Frage *Wie finden die Deutschen das Händeschütteln?* ist eine offene Aufgabenstellung.
Aufgabe 23
2. Die Vor- und Nachteile einer offenen Aufgabe sind auch in diesem Fall sehr deutlich.
Der Vorteil: Die Formulierung einer solchen Testaufgabe ist einfach im Vergleich zu der aufwendigen Testgestaltung im Test A.
Die Nachteile werden in der Lösung zu Aufgabe 20 ausführlich dargestellt.

1. *spazieren*
Aufgabe 24
2. *im*
3. *Hund*

Aufgabe 25

Hamburg, den 15.3.83

Liebe Sonja,

wir wohnen jetzt schon ein Jahr _in_ Hamburg. Man lebt hier wirklich viel besser als _in_ Köln. Komm doch mal _nach_ Hamburg. Hier kann man sehr viel machen: _in_ _den_ Musik-Club gehen und Musik hören und Leute treffen, _in_ Restaurants gut essen, _in_ Parks und _an_ _der_ Elbe spazierengehen, _auf_ _der_ Alster segeln, _in_ _der_ Altstadt einkaufen oder abends _ins_ Theater oder _ins_ Kino gehen. Am Wochenende fahren wir oft _nach_ Grömitz. Das liegt _an_ _der_ Ostsee. Dort kann man _im_ Meer schwimmen oder _am_ Strand faul _in_ _der_ Sonne liegen. Wir fahren aber auch gern _an_ _die_ Nordsee. Dort gehen wir oft _am_ Strand spazieren. Das ist phantastisch. Vielleicht können wir das einmal zusammen machen. Also, komm bald mal _nach_ Hamburg.

Herzliche Grüße
Jens und Petra

nach: Eisfeld (1988), 81 und 123

Auto; sitzen (fahren); jemand (einer); besitzen (haben); Appelle (Mahnungen, Forderungen); ohne; um; benutzen; aus; deshalb (deswegen, darum); Abgase (Umweltverschmutzung); werden
Aufgabe 26

b) Weil wir kein Geld hatten, konnten wir letztes Jahr nicht in Urlaub fahren.
Aufgabe 27

a) Er kann in einer Wohngemeinschaft, im Wohnheim oder allein wohnen.
Aufgabe 28

1. Nein; 2. Nein
Aufgabe 29

Aufgabe 30

WS **13. Was paßt wo? Ergänzen Sie.**

a) Verkehr	d) Wetter	g) Natur	j) Betrieb
Unfall	Nebel	Baum	Kollege
Panne	Schnee	Wald	Angestellter
Führerschein	Sonne	Pflanze	Abteilung
Fahrplan	Gewitter	Meer	Betriebsrat
Kilometer	Regen	Blume	Arbeiter

b) Zeit	e) Post	h) Familie	k) Technik
Monat	Briefumschlag	Schwester	Elektromotor
Uhr	Päckchen	Eltern	Werkstatt
Tag	Briefmarke	Kinder	Apparat
Datum	Paket	Verwandte	Maschine
Stunde	Telegramm	Bruder	Industrie

c) Politik	f) Tiere	i) Schule	l) Geld
Partei	Katze	Lehrer	Bank
Regierung	Schwein	Prüfung	Konto
Wahl	Vogel	Zeugnis	Rechnung
Gewerkschaft	Fisch	Unterricht	Versicherung
Krieg	Hund	Klasse	Steuer

nach: Aufderstraße (1985), 110 und 142

Aufgabe 31

	1	2	3	4	5	6
Tobias		✗				
Ecki			✗		✗	
Thomas				✗		
Susanne	✗					✗

Aufgabe 32

Leseverstehen

Geschlossene Aufgaben:
– Multiple-choice-Aufgaben
– Ja/Nein-Aufgaben (Alternativantwort-Aufgaben)
– Zuordnungsaufgaben

Solche Aufgaben können sowohl das Global- als auch das Detailverstehen überprüfen (inhaltliche Validität), und sie lassen sich objektiv bewerten.

Aufgabe 33

Grammatische Strukturen

Das Erkennen der richtigen Strukturen wird durch Multiple-choice-Aufgaben überprüft (inhaltliche Validität). Außerdem lassen sich geschlossene Aufgaben objektiv bewerten.

Aufgabe 34

Wortschatz

Die aktive Beherrschung wird durch halboffene Aufgaben (Ergänzungsaufgaben, Lückentexte) überprüft (inhaltliche Validität). Auch halboffene Aufgaben können verhältnismäßig objektiv bewertet werden.

Aufgabe 35

Schriftlicher Ausdruck

Die Aufgabe ist inhaltlich valide, da sie das Lernziel *Schriftlich über seinen Tagesablauf berichten* angemessen überprüft. Allerdings läßt sich bei offenen Aufgaben eine objektive Bewertung schwerer herstellen als bei geschlossenen Aufgaben.

Aufgabe 36

Aussprache

Richtige Antwort: 1, 2, 3
Mit dieser Testaufgabe wird das Sprachwissen überprüft.

Betonung

Richtige Antwort: 1 ② 3   4   5 6 7
               B e w e r t u n g s r i c h t l i n i e n
Mit dieser Testaufgabe wird das Sprachwissen überprüft.

Intonation

Richtige Antwort: 1, 4
Mit dieser Testaufgabe wird das Sprachkönnen (Erkennen von Intonation) überprüft.

Grammatik

Richtige Antwort: 4
Mit dieser Testaufgabe wird das Sprachwissen überprüft.

Lexik

Richtige Antwort: 2
Mit dieser Testaufgabe wird das Sprachwissen überprüft.

Aufgabe 38

– *Sein Verlangen, mit ihr zu sein* (his longing to be with her).
  Richtig wäre: *Sein Verlangen, bei ihr zu sein.*
– *Es ist eine Meinungssache* (it is a matter of opinion).
  Richtig wäre: *Es ist eine Frage der Auffassung.*
– *Die genauen Unterschiede entkommen mir im Moment* (the precise differences escape me at the moment).
  Richtig wäre: *Die genauen Unterschiede fallen mir im Moment nicht ein.*

Oder noch besser: *Ich kann mich im Moment nicht mehr an die genauen Unterschiede erinnern.*
- *Das Erziehungssystem in Amerika, <u>wenn es zu Religion kommt</u>, ist sehr verschieden* (<u>when it comes to religion</u>).
  Richtig wäre: *Das Erziehungssystem in Amerika ist, was die Religion betrifft, sehr unterschiedlich.*

Aufgabe 39

- *Amerikaner sind <u>mehr</u> religiös als <u>meiste</u> Leute* (Americans are <u>more</u> religious than <u>most</u> people).
  Richtig wäre: *Amerikaner sind religiöser als die meisten anderen Leute.*
- *Viele denken, daß Religion <u>ist</u> eine persönliche Sache* (many believe that <u>religion is</u> a personal matter).
  Richtig wäre: *Viele denken, daß die Religion eine Privatangelegenheit ist.*

Aufgabe 41

Zeichensetzung:	*Kommst du morgen<u>?</u>* (Fragezeichen)
Rechtschreibung:	*Pro<u>fess</u>or Neuner ...*
Grammatische Strukturen:	*Wie viele Kind<u>er</u> hast du?*
Wortschatz:	*Die Schwester meines Neffen ist meine <u>Nichte</u>.*

Aufgabe 42

In eigenen Worten könnte man die Äußerungen Morrows folgendermaßen wiedergeben:

	Kommunikative Merkmale des Sprachgebrauchs
Interaktion	Jeder Sprachgebrauch ist Interaktion. Was geschrieben oder gesagt wird, wird auch von den Erwartungen des Partners beeinflußt. Was jemand sagt, hängt auch von dem ab, was man zu ihm sagt.
Kontext	Jeder Sprachgebrauch findet in einem Kontext statt. Verschiedene Kontexte erfordern unterschiedlichen Sprachgebrauch.
Ziele	Alle Äußerungen richten sich auf ein Ziel, d. h.: Wer etwas sagt oder schreibt, verfolgt damit eine bestimmte Absicht.
Authentizität	Wer Lernende auf die Sprachwirklichkeit vorbereiten will, darf nicht mit vereinfachten Texten arbeiten. In der Sprachwirklichkeit gibt es normalerweise keine vereinfachten Texte.
Wirkung	Ein Test, der kommunikative Fähigkeiten messen will, muß überprüfen, was der Kandidat mit seinen sprachlichen Fähigkeiten tatsächlich bewirken kann.

Prinzipien für die Gestaltung von Tests im kommunikativen Fremdsprachenunterricht sind zum Beispiel:
- die Verwendung authentischer, d. h. in der Sprachwirklichkeit tatsächlich vorkommender Texte und Textsorten.
- Der Inhalt der Äußerung ist wichtiger als die korrekte grammatische Form.
- Testziele sind kommunikative Fähigkeiten, wie sie in der Sprachwirklichkeit erforderlich sind, nämlich das Verstehen von Hör- und Lesetexten; die Fähigkeit, die eigenen Kommunikationsziele und -bedürfnisse mündlich und schriftlich angemessen zu realisieren.
- Die Testaufgaben müssen realen Kommunikationssituationen entsprechen.

Aufgabe 43

Richtige Lösungen: 9 d, 10 g, 11 c.

Aufgabe 45

Folgende Aussagen sind richtig: 26, 28, 30.

Aufgabe 46

Aufgabe 47

1.

	Gemeinsamkeiten	Unterschiede
Texte	Beides sind kurze Texte.	Beispiel 1: Der Text stellt keine authentische Kommunikations-situation/Textsorte dar, zumindest ist eine solche nicht erkennbar. Beispiel 2: Die kommunikative Situation und die Rollen der Partner (Brief einer Freundin) werden verdeutlicht.
Aufgaben	Der Umfang der Aufgaben ist ungefähr gleich groß, da bei Multiple-choice-Auf-gaben auch die Distraktoren eine Leseanforderung dar-stellen.	

2. Der Grund für die Unterschiede liegt in der unterschiedlichen theoretischen Grund-lage des Unterrichts: Das erste Beispiel bezieht sich auf einen audiolingualen Unterricht, das zweite Beispiel auf einen kommunikativen Unterricht.

3. Die Gütekriterien: Beide Texte wurden zwar vom Testautor zu Prüfungszwecken geschrieben. Der erste Text entspricht jedoch keiner authentischen Kommunika-tionssituation aus der Alltagswelt. Er erfüllt somit nicht das Kriterium der inhalt-lichen Validität in einer Prüfung mit dem Testziel *Verstehen von aus der Alltags-welt entnommenen Texten*. Dieser Text eignet sich also nicht dazu, das Lernziel *Leseverstehen* zu überprüfen, auch wenn die Aufgaben selbst die Kriterien der Reliabilität und der Objektivität erfüllen. Beim zweiten Beispiel simuliert der Text eine kommunikative Funktion. Er könnte der Alltagswelt entnommen sein, erfüllt also das Kriterium der inhaltlichen Validität. Auch die Kriterien der Reliabilität und der Objektivität werden durch eine angemessene Aufgabenstellung erfüllt.

Aufgabe 48

	Leseverstehen	
	Fähigkeiten	Textsorten
audiolingualer Fremdsprachen-unterricht	Eine bestimmte Lexik und bestimmte gramma-tische Strukturen im Text sollen verstanden werden (= linguistische Kompetenz).	Mehrere kurze Texte, vom Testautor verfaßt.
kommunikativer Fremdsprachen-unterricht	Textinhalte sollen ver-standen werden; Global- und Detailverstehen.	– Brief – Nachrichten – Werbung – Beiträge aus Zeitungen und Zeitschriften usw.

Aufgabe 50

2. Das zweite Beispiel („Fragen zu dem Foto") ist eine realitätsnähere und daher angemessenere Aufgabe. Der Schüler kann über seine eigenen Erfahrungen und Gefühle sprechen. Hingegen wird der Schüler im wirklichen Leben wohl nur selten in die Situation kommen, berichten zu müssen, was einer Person zustößt, die er nicht kennt, oder im konkreten Beispiel: die aus dem Gefängnis ausbricht.

Aufgabe 53

Schreibanlässe für Ihre Schüler könnten zum Beispiel sein:

– Brief an einen Brieffreund oder eine Brieffreundin in einem der deutschsprachigen Länder,
– Anfrage an Institutionen oder Fremdenverkehrsämter in einem der deutschsprachi-gen Länder, um Informationen zu erbitten,

– Postkarte aus dem Urlaub an den Deutschlehrer oder die Deutschlehrerin,
– Bewerbungsschreiben bei einer deutschen Firma im Heimatland für Ferienjob o. ä.

Aufgabe 55

Die drei Faktoren für Testaufgaben, die im Bereich *Schriftlicher Ausdruck* angegeben werden müssen, sind:

1. die Situation (*wo?*)
2. die Kommunikationspartner (*wer* mit *wem?*)
3. die kommunikative Absicht (*wozu?*)

Aufgabe 56

	R	F
1. *Es wird heute sehr viel schneien.*	✗	
2. *Langsam wird es wieder wärmer.*		✗

Aufgabe 57

1. Daß dies ein authentischer Text ist, kann man am Layout erkennen [z.B.: *FRANK-FURT A. M., 13. Dezember (FR).*]. Außerdem ist der Satzbau typisch für die Textsorte *Wetterbericht* (z.B.: *Aussichten: noch kälter*).

2. Die Fragen zum Leseverstehen überprüfen eher ein Globalverstehen des Textes: *Schneit es heute oder nicht? Wird es in den nächsten Tagen wärmer oder nicht?*

Aufgabe 58

1. Jedes fünfte Wort wurde gelöscht:

   In den alten Zeiten, **als** das Wünschen noch geholfen **hat**, lebte ein König, dessen **Töchter** waren alle schön, aber **die** jüngste war so schön, **daß** die Sonne selber, die **doch** so vieles gesehen hat, **sich** verwunderte, sooft sie ihr **ins** Gesicht schien.

2. Jedes achte Wort wurde gelöscht:

   In den alten Zeiten, wo das Wünschen **noch** geholfen hat, lebte ein König, dessen Töchter **waren** alle schön, aber die jüngste war so **schön**, daß die Sonne selber, die doch so **vieles** gesehen hat, sich verwunderte, sooft sie ihr **ins** Gesicht schien.

Aufgabe 59

2.

Holger und Gesine

In einem Vor- (genauer gesagt) Hinterort der Großstadt Hamburg wohnte bis letztes Jahr eine sechsköpfige Familie, die so arm war, daß sie sich monatelang kaum noch richtig satt gegessen hatte. Auch die Miete konnte sie nicht mehr **bezahlen** (1). Die Arbeitslosenunterstützung des Vaters reichte vorne und **hinten** (2) nicht. Deshalb entschlossen sich die Eltern schweren **Herzens** (3), die beiden ältesten Kinder in den weit **entfernt** (4) liegenden Stadtpark zu bringen und ihrem Schicksal **zu** (5) überlassen. Eines frühen Morgens nahm der Vater **Holger** (6) und Gesine an die Hand und führte **sie** (7) in den verwirrend duftenden Park. Dort setzte **er** (8) sie auf eine Bank und sagte: „Hier **bleibt** (9) ihr sitzen, bis ich euch wieder abhole."

   Mai, in: Frank (1985), 64

3. Die Lösungsstrategien finden Sie im Text auf Seite 58.

Aufgabe 60

Weil (10) die Kinder brav und folgsam waren, blieben **sie** (11) auf der Bank sitzen. Ihnen gegenüber saß **ein** (12) alter Mann und beobachtete alles, sagte jedoch **kein** (13) Wort. Gegen Mittag erhob er sich ächzend **und** (14) stöhnend und hinkte, auf einen Stock gestützt, **davon** (15). „Du, Holger, ich habe Hunger", sagte Gesine. „**Warte** (16) noch ein bißchen, der Papa wird uns **bald** (17) holen". Es dauerte nicht lange, da kam **der** (18) alte Mann wieder und setzte sich auf **dieselbe** (19) Bank wie am Morgen. Er nickte den **beiden** (20) Kindern zu. Holger und Gesine nickten freundlich **zurück** (21).

   Mai, in: Frank (1985), 64

Lösungsstrategien für den Cloze-Test:

10: *Weil/Da* (grammatische Regel: Syntax)
11: *sie* (grammatische Regel: Subjekt, Plural)
12: *ein* (grammatische Regel: unbestimmter Artikel)
13: *kein* (semantische Regel: *jedoch* + Negation)

14: *und* (semantische Regel: Aufzählung)
15: *davon* (semantische Regel: *davonhinken*)
16: *Warte* (gesamter Text: *sie sitzen und warten*)
17: *bald/gleich* (gesamter Text: siehe Nr. 16)
18: *der* (grammatische Regel: bestimmter Artikel)
19: *dieselbe* (grammatische Regel: *auf* + Dativ)
20: *beiden/zwei* (semantische Regel: gesamter Text)
21: *zurück* (semantische Regel: *nicken + zurück*)

Aufgabe 61

	Das bedeutet:
standardisiert	feste Regeln für Durchführung und Auswertung von Tests/Prüfungen
Beobachtungssituation	Test/Prüfung
(gleiche) Bedingungen	(annähernd) gleiche Raumverhältnisse, zum gleichen Zeitpunkt, gleiche Dauer
(gleiche) Aufgabenstellungen	ähnliche Aufgabentypen

Aufgabe 65

Der E-Test liefert:	*Vorteile*	*Nachteile*
detaillierte Informationen	gibt ein genaues Bild über den Kenntnisstand der Prüflinge	– Dauer des Tests – Schulung der Prüfer
einen allgemeinen Gesamteindruck	nimmt nicht viel Zeit in Anspruch	Schwierigkeit „einen allgemeinen Eindruck" zu testen

Aufgabe 66

	R	F
Der Cloze-Test ist ein Text mit Lücken.	✗	
Beim Cloze-Test werden die Lücken nach didaktischen Prinzipien (grammatische/lexikalische Schwerpunkte) gesetzt.		✗
Beim Cloze-Test wird in regelmäßigen Abständen ein Wort gelöscht.	✗	
Mit dem Cloze-Test werden besonders grammatische Kenntnisse geprüft.		✗
Mit dem Cloze-Test wird vor allem die linguistische Kompetenz überprüft.	✗	
Je mehr Wörter gelöscht werden, um so schwieriger ist der Test.	✗	

Aufgabe 67

Beispielsatz 1 = Cloze-Test:
Er schenkt seiner neuen Freundin einen teuren goldenen Ring.

Beispielsatz 2 = C-Test:
Er sch__nkt seiner neu__n Freundin ei__en teuren gold__nen Ring.

Aufgabe 68

Zu 1.: Es gibt mehrere Lösungsmöglichkeiten, z.B.:

Nun bin ich hier und will Deutsch lernen, und alle fragen mich, warum. Ein biß____ Deutsch ha____ ich sc____ in d____ Schule gel____ und i____ dachte: „I____ Köln ka____ ich sic____ die Le____ verstehen." Ab____ schon i____ Taxi ha____ ich Prob____. Der Fah____ sprach vi____ zu sch____, und i____ habe ges____: „Bitte, spre____ Sie langsam. Ich kann Sie nicht verstehen." Diesen Satz habe ich auf der Reise nach Köln gelernt, und das war gut.

oder:

Nun bin ich hier und will Deutsch lernen, und alle fragen mich, warum. Ein bißchen

Deutsch habe ich schon in der Schule gelernt, und ich dachte: „In Kö____ kann i____ sicher d____ Leute vers_____." Aber sc____ im Ta____ hatte i____ Probleme. D____ Fahrer spr____ viel z____ schnell, u____ ich ha____ gesagt: „Bi____, sprechen S____ langsam. I____ kann S____ nicht vers_____." Diesen Sa____ habe i____ auf d____ Reise nach Köln gelernt, und das war gut.

1.

Text A:

Haschisch und Diebesgut gefunden.

Zwei Männer (22 und 19 Jahre) machten in Mülheim auf Polizisten den Eindruck, als stünden sie unter dem Einfluß von Drogen. Bei ei*ner* Durchsuchung wur*den* 80 Gr*amm* Haschisch entd*eckt*. Die Män*ner* berichteten, s*ie* hätten d*ie* Drogen v*on* einem Beka*nnten* bekommen. Di*es* führte z*u* einer Wohnungsdu*rchsuchung* in d*er* Innenstadt. Der 24jäh*rige* Wohnungsinhaber ha*tte* die 400 Gramm i*m* Keller vers*teckt*. Eine Stereo*anlage* wurde a*ls* Beute ei*nes* Wohnungseinbruchs im Oktober 1993 identifiziert.

Text B:

Die Radwandertour „Auf den Spuren des Bayernkönigs Ludwig II." kombiniert Bewegung mit Geschichte.

Auf dem eigenen Rad fah*ren* Sie i*n* sieben Ta*gen* von Prien a*m* Chiemsee na*ch* Immenstadt im Allgäu, w*o* Sie si*ch* zwei Ta*ge* in ei*nem* rustikalen Ho*tel* inmitten d*er* Berge erh*olen* können. Abe*nds* gibt e*s* Vorträge üb*er* Ludwig II., d*er* vor hun*dert* Jahren i*m* Starnberger See a*uf* mysteriöse We*ise* ums Leben kam.

Text C:

Schattenwirtschaft.

Die Bundesanstalt für Arbeit in Nürnberg geht davon aus, daß grundsätzlich in allen Berufen schwarzgearbeitet wird. Die mei*sten* Fälle, et*wa* 50 Pro*zent*, seien jed*och* in d*er* Bauwirtschaft z*u* beklagen. Dar*über* hinaus sind die Häl*fte* aller ille*galen* Arbeitnehmer Ausl*änder* aus d*en* Staaten d*er* Europäischen Gemein*schaft*. Von d*er* Bundesanstalt wur*den* 1991 fa*st* 160000 Fä*lle* ermittelt und Strafa*nzeigen* erstattet. Geldb*ußen* und Verwarnungen in Höhe von fast 10 Millionen Mark wurden verhängt.

Text D:

Liebe Eltern,

ich bin gut in Köln angekommen. Die Re*ise* war lang, aber i*ch* habe nett*e* Leute kenneng*elernt*. Mit ei*nem* Taxi bi*n* ich zu* meiner Gastfam*ilie* gefahren. Sie wo*hnt* in ei*nem* Einfamilienhaus m*it* Garten. Me*in* Zimmer i*st* sehr schön. Frau Meister ist freun*dlich*. Herrn Meister ke*nne* ich no*ch* nicht. E*r* ist je*tzt* in Hamburg. Morgen beginnt die Schule.

Herzliche Grüße

von Eurer Maus.

Aufgabe 69

Einstufungstest Eurozentrum Köln (Lösung)

2. Nr. 1 = D   Nr. 2 = B   Nr. 3 = A   Nr. 4 = C

Aufgabe 70

Sicher könnte man einen solchen Einstufungstest auch der Eigeninitiative der Schule oder des Lehrers überlassen oder die Durchführung eines Tests zwar vorschreiben, die Ausgestaltung aber den Fachlehrern übertragen. Geht es doch darum, individuelle Defizite festzustellen und den Unterricht ganz konkret darauf abzustellen.

Auch besteht ein gewisses Mißverhältnis zwischen Umfang und Dauer des Tests und der zusätzlichen Stundenzahl (45 Minuten pro Woche), die Lehrer und Schüler zur Verfügung haben, um die mit Hilfe des Tests ermittelten Defizite der Schüler zu bearbeiten.

In der Reformsituation in Frankreich (seit 1992 Reform der gymnasialen Oberstufe, des Fremdsprachenunterrichts und der Lehrerausbildung) sollten die zentralen Tests möglicherweise auch als Modelle für Unterrichtsplanung, für die Formulierung von Unterrichtszielen, für Unterrichtsinhalte und Aufgabenstellungen dienen. Vielleicht werden im Zuge der Reformen zukünftig auch die Stundendeputate für Kernprogramm (= Pflichtprogramm) und Stunden zur freieren Gestaltung anders gewichtet.

Aufgabe 71

Folgende Testteile überprüfen vor allem die linguistische Kompetenz:

Hörverstehen: 5 a, 6 a, 9 a
Leseverstehen: 14 a, 15 a, 16 a, 17 a, 20 a, 23 a
Schriftlicher Ausdruck: 29 a, 30 a, 34 a, 35 a, 36 a

Im Testteil *Hörverstehen* wird das Verstehen von Textzusammenhängen beim Hören überprüft; deshalb gibt es in diesem Bereich nur wenige Testaufgaben zur linguistischen Kompetenz.

In den Bereichen *Leseverstehen* und *Schriftlicher Ausdruck* findet man jeweils etwa gleich viele Testaufgaben zur linguistischen Kompetenz. Im Fall des Leseverstehens mag das vielleicht erstaunen. Darin äußert sich die Auffassung, daß das **Erkennen** grammatischer Strukturen und ihrer Funktion in Texten eine ebenso wichtige Rolle beim Prozeß des Leseverstehens spielt wie die **Anwendung** grammatischer Strukturen beim Schreiben von Texten.

Aufgabe 72

Es folgen die Lösungen und die Bewertungsanleitungen zu den Testaufgaben des Teiltests *Hörverstehen*.

Hier noch einmal die Aufschlüsselung des Bewertungscodes zu den Testaufgaben:

1 = richtige Antwort
2 = inhaltlich akzeptable Antwort, die eine erfolgreiche Kommunikation nicht behindert
3 = eindeutige Fehler, die im Unterricht bearbeitet werden können
9 = falsche oder unangemessene Antwort, die zeigt, daß die betreffende Fähigkeit nicht beherrscht wird
0 = keine Antwort

Einstufungstest Sek. II Frankreich (1993b), 9

Testaufgabe 1 a.:

	Aussagen							
	1	2	3	4	5	6	7	8
Vermutung (Hypothese)				✗		✗		
Informationsfrage	✗						✗	
Zustimmung		✗			✗			
Widerspruch			✗					✗

1 2 9 0

Bewertungsanleitung:

1: mindestens 6 richtige Antworten
2: 4 bis 5 richtige Antworten
9: andere Antworten
0: keine Antwort

Testaufgabe 2 a.:

Beispiel für Notizen:

> Frau Heitmann   Harald: krank
>   Brigitte   kein Fieber
> Köln   Brieffreundin   langweilt sich
> Partnerschule   Computer
>   aus Bordeaux   Computerspiele
> Bonn   Berlin   Hauptstadt   Zwei Wochen
>   vor den Osterferien

Bewertungsanleitung:

1 2 3 9 0

1: mindestens 10 eindeutige Lösungen, ggf. neben falschen Angaben
2: 7 – 9 eindeutige Lösungen, ggf. neben falschen Angaben
3: mehr fehlerhafte als richtige Angaben
9: andere Antworten
0: keine Antwort

Anmerkung: Wenn die Lösung Angaben enthält, die nicht im Text vorkommen, kann man auf Schwierigkeiten beim diskriminierenden Hören schließen. (Dies ist nicht Gegenstand dieses Tests, sollte aber im Unterricht geübt werden.)

Testaufgabe 3 a.:

Wie viele Personen sprechen?
Lösung:

2   ③   4   5   6

Welche Personen sprechen?
Lösung:

Die Mutter   Der Vater   Der Sohn   Ein Lehrer

Ein junger Franzose   Eine Freundin des Sohnes   Ein Arzt

Bewertungsanleitung:

1 2 3 9 0

1: mindestens 3 richtige Antworten ohne falsche Angaben
2: mindestens 3 richtige Antworten, ggf. neben einer falschen Angabe
3: Diskrepanz zwischen Angaben zur Personenzahl und Angaben zu den erkannten Personen
9: andere Antworten
0: keine Antwort

Testaufgabe 4 a.:

Die Szene spielt in:

Berlin   Bordeaux   Bonn   In einem Gymnasium

In einer Familie   Beim Arzt   In Köln

Bewertungsanleitung:

1 2 9 0

1: zwei richtige Antworten ohne jegliche falsche Angabe
2: eine richtige Antwort ohne falsche Angabe
9: andere Antworten
0: keine Antwort

Testaufgabe 6 a.:

	Vergangenheit	Gegenwart	Zukunft
Satz 1		✗	✗
Satz 2		✗	
Satz 3	✗	✗	
Satz 4			✗
Satz 5		✗ (✗)	
Satz 6	✗ (✗)		

1 2 3 9 0

Bewertungsanleitung:

1: wenigstens 6 richtige Antworten
2: 5 richtige Antworten
3: eine der 3 Zeiten ist nie genannt worden
9: andere Antworten
0: keine Antwort

Anmerkung: Wenn bei den Sätzen 5 und 6 nur ein Kreuz eingezeichnet wird, gilt das als richtige Antwort. Zwei Kreuze in einer Spalte ergeben eine richtige Antwort.

Testaufgabe 7 a.:

Die Sätze 4, 5 und 6 sind Fragesätze.

1 2 9 0

Bewertungsanleitung:

1: drei richtige Antworten, ggf. neben einer falschen Angabe
2: zwei richtige Antworten, ggf. neben einer falschen Angabe
9: andere Antworten
0: keine Antwort

Testaufgabe 9 a.:

| 2 |
| 6 |
| Verb |

Konjugiertes Verb in Position I

| 3 |
| 4 |
| 5 |
| Verb |

Konjugiertes Verb in Position II

| 1 |
| 7 |
| 8 |
| Verb |

Konjugiertes Verb in Endstellung

1 2 9 0

Bewertungsanleitung:

1: mindestens 7 richtige Antworten
2: 5 bis 6 richtige Antworten
9: andere Antworten
0: keine Antwort

Testaufgabe 10 a.:

Personen	Brigitte	Harald	Matthieu	Die Partnerschüler
Satz 1	✗			
Satz 2		✗		
Satz 3		✗		
Satz 4				✗
Satz 5			✗	
Satz 6		✗	✗	
Satz 7	✗			
Satz 8	✗	✗	✗	✗

1 2 9 0

Bewertungsanleitung:

1: mindestens 6 richtige Antworten
2: 4 bis 5 richtige Antworten
9: andere Antworten
0: keine Antwort

Anmerkung: Satz 6: Die zwei markierten Spalten gelten als eine richtige Antwort. Wenn nur eine Spalte markiert ist, so ist es keine richtige Antwort. Satz 8: Wenn alle 4 Spalten markiert sind, gilt das als eine richtige Antwort. Wenn 1 Kreuz fehlt, so ist die Antwort deshalb nicht falsch, für die richtige Antwort muß aber auf jeden Fall die Spalte Partnerschüler markiert sein.

> **Testaufgabe 11 a.:**
>
> Überprüfen Sie die Bewertungsanleitung anhand des Textes, den Sie geschrieben haben.
>
> Bewertungsanleitung:
>
> *Anmerkung: Die Zusammenfassung muß folgende Gliederungspunkte enthalten:*
> 1. Brigitte besucht ihren kranken Schulkameraden.
> 2. Sie kündigt ihm die Ankunft der französischen Partnerschüler an.
> 3. Harald freut sich darüber, daß er dasselbe Hobby hat wie sein Brieffreund Matthieu.
> 4. Sie diskutieren über das Ziel ihrer Klassenreise: Bonn oder Berlin.
>
> Bewertung;
> 1: Die Zusammenfassung enthält die 4 genannten Gliederungspunkte in einem kohärenten Textganzen.
> 2: Die Zusammenfassung enthält 3 der 4 Gliederungspunkte in einem kohärenten Textganzen.
> 3: Die Zusammenfassung enthält zwar mindestens 3 der 4 genannten Gliederungspunkte, der Text bietet aber keinen sinnvollen Aufbau; der innere Zusammenhang fehlt.
> 9: Andere Antworten
> 0: Keine Antwort
>
> *Kommentar: In dieser Übung kann der Kandidat noch einmal zusammenfassend darstellen, was er verstanden hat. Alle vorangegangen Testteile beziehen sich nur auf Teilkomponenten der Hörverstehensfähigkeiten. Eine gute Leistung in dieser Aufgabe wiegt ein weniger gutes Ergebnis in einer der vorangegangenen Testaufgaben auf.*

1 2 3 9 0

Einstufungstest Sek. II Frankreich (1993b), 13ff.; übersetzt

Unserer Meinung nach ist die insgesamt zur Verfügung stehende Zeit zu knapp bemessen. Es handelt sich ja nicht um eine Prüfung, bei der z. B. auch die Schnelligkeit, mit der die richtige Lösung gefunden wird, ein Kriterium für den erreichte Sprachstand darstellen soll. In einem Einstufungstests wie dem vorliegenden könnte man den Kandidaten mehr Zeit lassen, um die richtigen Lösungen in aller Ruhe zu überlegen.

<u>Aufgabe 73</u>

Validität bedeutet, daß ein Test auch wirklich das überprüft, was überprüft werden soll. Wenn man die in der Übersicht auf S. 72 aufgelisteten Testziele mit den Testaufgaben vergleicht, kann man feststellen, daß die Validität der Tests sehr gut ist: In jedem der Einzeltests wird genau das überprüft, was überprüft werden soll. Nehmen wir als Beispiel die Testaufgabe 2 a.:

<u>Aufgabe 74</u>

Testziel: Bekanntes heraushören: Informationen, Strukturen, Wörter.
Testaufgabe: Notieren Sie alle deutschen Wörter und Ausdrücke, die Sie im Hörtext erkannt haben.
usw.

Reliabilität der Testaufgaben heißt, daß größtmögliche Zuverlässigkeit der Ergebnisse (d. h. weitgehend gleiche Ergebnisse unter gleichen Testbedingungen) gewährleistet ist.

<u>Aufgabe 75</u>

Die Testaufgaben sind weitgehend **reliabel**, da der Testkandidat nur in 2 von 11 Aufgaben (Aufgabe 2 a. und besonders Aufgabe 11 a.) verstärkt produktive und damit eventuell eher Schwankungen ausgesetzte Leistungen erbringen muß.

Die Aufgaben sind weitgehend **objektiv**, da die richtige Lösung in 10 von 11 Aufgaben durch Ankreuzen oder eindeutig überprüfbare Identifizierung bestimmter sprachlicher Elemente gefunden werden kann. Entsprechend enthalten die Bewertungsanleitungen eindeutige Vorgaben.

Nur in Testaufgabe 11 a. gibt es Möglichkeiten unterschiedlicher Bewertung durch verschiedene Korrektoren, da es sich um eine produktive Schreibaufgabe handelt, deren Ergebnisse offen sind. Der Ermessensspielraum, der sich dadurch für die Bewertung öffnet, wird durch die Angabe inhaltlicher Gliederungspunkte, die in der Zusammenfassung des Hörtextes enthalten sein sollen, eingeschränkt. Auf diese Weise soll mehr Objektivität in der Bewertung erreicht werden.

Es folgen die Lösungen und die Bewertungsanleitungen zu den Aufgaben des Teiltests *Leseverstehen.*

1 2 3 9 0

> **Testaufgabe 12 a.:**
>
> Bewertungsanleitung:
>
> Erwartete Antworten: Jede zusammenhängende Antwort mit Angaben aus dem Text wird akzeptiert.
>
> Beispiel:
>
> *Es handelt sich um eine unglückliche Person, die aufgrund familiärer, sozialer oder klimatischer Bedingungen ein tristes Leben führt. Sie ist sensibel und voll Phantasie. Diese Person liest sicher viel, träumt von einem besseren Leben, sehnt sich nach exotischen, warmen Ländern.*
>
> Bewertung:
>
> 1: mindestens drei auf den vorgegebenen Text bezogene Vermutungen, keine aus der Luft gegriffenen Aussagen
> 2: zwei auf den Text bezogene Vermutungen, keine aus der Luft gegriffenen Aussagen
> 3: Es kommen Aussagen ohne Bezug zum Text vor
> 9: andere Antworten
> 0: keine Antwort

Einstufungstest Sek. II Frankreich (1993 b), 32; übersetzt

Unser Kommentar: Bei dieser Bewertung kommt unseres Erachtens das Element des freien Phantasierens zu kurz: Sicher gibt es auch Schüler, die hier mit Lust und kreativen Einfällen die Geschichte von einem Ritt auf einem weißen Pferd fabulieren, auch wenn es dafür in den wenigen angegebenen Textelementen keine weiteren Anhaltspunkte gibt.

1 2 3 9 0

> **Testaufgabe 13 a.:**
>
> Erste Person: **Der Reisende,** *seinem, er, ihn, dem Mann, ihm, ihm, dessen, meine, ich*
> Zweite Person: **Der Schaffner,** *dem, er*
> Dritte Person: *einer, mir, ich, Sie, lieber Freund*
>
> *Anmerkung: Statt „dem Mann" kann auch das Nomen „Mann" ohne Artikel akzeptiert werden oder Pronomen mit dem zugehörigen Nomen (Beispiel: „meine Fahrkarte / dessen Gesicht").*
>
> Bewertungsanleitung:
>
> 1: mindestens 15 richtige Antworten insgesamt auf jede der drei Personen bezogen
> 2: 10 bis 14 richtige Antworten insgesamt auf jede der drei Personen bezogen
> 3: alle Personalpronomen fehlen
> 9: andere Antworten
> 0: keine Antwort
>
> **Testaufgabe 14 a.:**
>
> | Nominativ | die anderen Fahrgäste (2) / Der Schaffner (5) / lieber Freund (9) |
> |---|---|
> | Akkusativ | auf die Nerven (6) / das Datum (10) |
> | Dativ | im Frühzug (1) / dem Mann (3) / zwischen den Lippen (4) / aus dem Mund (7) / mit der Karte (8) |

1 2 3 9 0

> Bewertungsanleitung:
>
> 1: mindestens 7 richtige Antworten
> 2: 5 oder 6 richtige Antworten
> 3: eine Spalte ist überhaupt nicht ausgefüllt
> 9: andere Antworten
> 0: keine Antwort
>
> *Anmerkung: Das Erkennen der Deklinationsform ist zwar eine Hilfe für das Verstehen des Textes, die Analyse der Deklinationsform an sich liefert aber noch keine Informationen über den Sinn des Textes. Auch wenn die Analyse in diesem Test fehlerhaft ist, sollte im Unterricht kein besonderes Gewicht auf derartige Übungen gelegt werden.*

Testaufgabe 18 a.:

Der Schüler gibt eine muttersprachliche (französische) Übersetzung der unbekannten Wörter bzw. Wendungen aus dem Kontext heraus.

Bewertungsanleitung:

1: 4 richtige Antworten
2: 2 oder 3 richtige Antworten
9: andere Antworten
0: keine Antwort

1 2 9 0

Testaufgabe 20 a.:

Die unterordnenden Konjunktionen bezeichnen:

– einen Grund: *weil*
– eine Folge: *daß*
– eine Frage: *ob*
– eine Bedingung: *wenn*
– eine Zeitangabe: *als*

Bewertungsanleitung:

1: 5 richtige Antworten
2: 4 richtige Antworten
9: andere Antworten
0: keine Antwort

1 2 9 0

Testaufgabe 21 a.:

1. *Die beiden Personen fürchten, nicht genug Geld für die Kinokarten dabeizuhaben.* ☐
2. *Sie fürchteten, es gäbe keine Kinokarten mehr.* ☐
3. *Sie wissen, daß sie etwas Verbotenes tun.* ☒
4. *Der eine von den beiden hat Hausarrest.* ☐
5. *Der eine von den beiden ist noch zu jung für den Film.* ☒
6. *Keiner von beiden darf in den Film.* ☐

Bewertungsanleitung:

1: 2 richtige Antworten, eventuell 1 zusätzliche falsche Antwort
2: 1 richtige Antwort ohne zusätzliche falsche Antwort
9: andere Antworten
0: keine Antwort

1 2 9 0

Testaufgabe 22 a.:

Als Friedrich mich anrief, lief der Film **schon** in der achten Woche. Jeder sollte ihn gesehen haben. Er lockte (ja) jeden, weil darüber so viel geredet und geschrieben wurde.

Vor dem Kino fragte mich Friedrich, ob ich mir die Bilder schon angeschaut hätte und fügte hinzu : « Ich bin **wirklich** froh, daß du mich mitnimmst. Allein hätte ich es (nämlich) nicht gewagt. (Aber) kauf du doch bitte die Karten ! »

Ich löste (also) zwei Eintrittskarten.

« Hast du sie bekommen ? » fragte er mich flüsternd und schaute sich (dabei) vorsichtig um. « Ich habe wirklich befürchtet, die Kassiererin würde etwas bemerken. »

« Gehen wir jetzt ! » sagte ich zu ihm. Mit beiden Karten in der Hand ging ich (dann) langsam und scheinbar **sicher** zum Eingang hin. Friedrich folgte mir. Aber er hielt sich immer so, daß die Platzanweiserin, die die Karten prüfte, ihn nicht sehen konnte.

Sie blickte uns (jedoch) nicht einmal an. Friedrich atmete auf, als fiele ihm ein Stein vom Herzen. Er konnte sich **gar nicht** vorstellen, was passiert wäre, wenn die Platzanweiserin etwas bemerkt hätte.

Bewertungsanleitung:

1: mindestens 5 richtige Antworten
2: 4 richtige Antworten
9: andere Antworten
0: keine Antwort

1 2 9 0

nach: Einstufungstest Sek. II Frankreich (1993 b), 32ff.; übersetzt

Aufgabe 78

2. Beispiel für eine Bewertungsanleitung, die phantasievolle Beiträge der Schüler berücksichtigt und bewertet.

Erwartete Antworten: Jede zusammenhängende Antwort mit Angaben aus dem Text wird akzeptiert. Dazu gehören auch Antworten mit phantasievollen Ausschmückungen zum Ritt auf dem weißen Pferd oder über das Pferd.

Bewertungsanleitung:
1: mindestens drei Vermutungen (bezogen auf den Text und/oder das Pferd)
2: mindestens zwei Vermutungen (bezogen auf den Text und/oder das Pferd)
usw.

Aufgabe 79

Konsequenzen des kommunikativen Ansatzes für Lernfortschrittstests:
1. möglichst „authentische Texte" als Testvorlage,
   Aufgabenstellungen entsprechend der Lebensrealität der Lernenden
2. Tests sind auf die Lerninhalte des Unterrichts zu beziehen,
   Tests sind auf die verwendeten Unterrichtsmaterialien abzustimmen

Aufgabe 80

„Im strengen Sinn" kann der Text nicht als authentisch bezeichnet werden: Er ist wahrscheinlich nicht von einem Muttersprachler in einer natürlichen Situation zur Befriedigung eigener Bedürfnisse oder zur Übermittlung von Informationen geschrieben worden. Seine Herkunft und Echtheit sind nicht überprüfbar. Er ist vielmehr sehr wahrscheinlich für einen didaktischen Zweck geschrieben worden.

Der Text entspricht aber der eingeschränkten Definition von *authentisch* (siehe S. 55), die für Texte auf Grundstufenniveau einige Kompromisse zuläßt. Er könnte auf einer authentischen Vorlage beruhen, also einem Brief, den ein Muttersprachler so geschrieben haben könnte. Auch der Schreibanlaß für diesen Text könnte authentisch sein, nämlich der Wunsch, Informationen weiterzugeben. In bezug auf Lexik und Grammatik ist er vom Lehrbuchautor mit Sicherheit vereinfacht worden.

Aufgabe 81

1. Richtige Antworten:
   1: a   2: b   3: b   4: a   5: c   6: b   7: b

2. Es geht bei dieser Aufgabe um das Detailverstehen.

3. Das Globalverstehen könnte z. B. durch Zuordnen von Überschriften zu Textabschnitten getestet werden.

Aufgabe 82

1. Abschnitt	richtig	falsch
1. Hans möchte im August einen Monat nach Bali.	✗	
2. Seine Eltern kennen Bali.		✗
3. Er fährt mit Freunden.		✗
4. Der Vater ist gegen die Reise.	✗	

2. Abschnitt		
1. Hans arbeitet sechs Wochen in einem Hotel.		✗
2. Er möchte auch gern nach Spanien.		✗
3. Er hat einen Brieffreund in Jakarta.	✗	
4. Die Eltern wollen mit nach Bali.		✗

nach: Bartels (1989), 73

Aufgabe 86

1. • Entschuldigung! Wie komme ich denn *zur* Hellabrunner Straße?
   ° Oh, das ist nicht kompliziert! Sie *möchten* sicher in den Zoo?
   • Ja, genau.
   ° Dann fahren Sie doch mit *dem* Bus Nr. 34.
     Der fährt direkt *hin*.
     Sind Sie Touristin?
   • Ja.

° Wie gefällt *Ihnen* denn München?
• Sehr gut!
° Wie lange sind Sie schon hier?
• *Seit* zwei Wochen.
° Oh, da kommt der Bus!

2. • Guten Tag! Woher kommen Sie?
° Aus Jakarta.
• Gehört der Koffer *Ihnen*?
° Ja, der ist *von* mir.
• Dann zeigen Sie mal *her*!
Was ist denn das?
° Das sind Geschenke für *einen* Freund, Kassetten, ein Spiel und eine Wayang-Figur.
• Aha, na gut. Alles okay. Ich *danke* Ihnen!

Bartels (1989), 75

Aufgabe 88

Vorteile	Nachteile
– besonders geeignet für die Überprüfung produktiver Sprachleistungen – leichte Aufgabenformulierung bei Lese- und Hörverstehen	– keine absolut objektive Bewertung möglich – bei Lese- und Hörverstehen können Schüler häufig Teile der Antwort aus dem Text direkt übernehmen – Problem der Bewertung von Fehlern (Grammatik, Orthographie)

Aufgabe 89

Die Lösung von Cloze-Tests (in regelmäßigen Abständen wird ein Wort gelöscht) setzt eine linguistische Kompetenz voraus, die sich auch beim *Schriftlichen Ausdruck* äußert (d.h., Cloze-Tests und Tests zur Fertigkeit *Schreiben* korrelieren miteinander).

Aufgabe 90

Die Schülerin bekam die Note 11.

Bewertungsrichtlinien für die Bewertung der Schülerarbeiten (Auszug aus den Richtlinien des Ministeriums für Unterricht und Kultur vom 3. Oktober 1988, Übersetzung: Hans Lammers, Lektor an der Dänischen Hochschule für Lehrerfortbildung in Kopenhagen):

> „Eine ausgezeichnete Arbeit (13, 11, 10) ist dadurch gekennzeichnet, daß der Inhalt
> - umfassend und wohldisponiert ist,
> - in voller Übereinstimmung mit der formulierten Aufgabenstellung ist, und daß
> die Sprachfertigkeit dadurch zum Ausdruck kommt, daß
> - die Sprache wohlformuliert und fließend ist,
> - der Wortschatz genau und variiert ist,
> - eine überwiegende Sicherheit in der grundlegenden Grammatik vorherrscht.
>
> Für Deutsch umfaßt dies: Kongruenz zwischen Subjekt und Verb, die Verbalformen, darunter die gebräuchlichsten unregelmäßigen Verben und Modalverben, Genus und Kasus, Pronomen, Konjunktionen, Präpositionen, die Deklination der Adjektive, Wortstellung, Rechtschreibung.
>
> Eine Arbeit im mittleren Leistungsbereich (09, 08, 07) ist dadurch gekennzeichnet, daß
> der Inhalt
> - einigermaßen umfassend und wohldisponiert ist,
> - mit der Aufgabenformulierung übereinstimmt sowie daß

die Sprachfertigkeit dadurch zum Ausdruck kommt, daß
- die Sprache klar und zusammenhängend ist,
- der Wortschatz dem Thema entspricht und einigermaßen variiert ist,
- die elementare Grammatik mit einiger Sicherheit beherrscht wird.

Für Deutsch umfaßt dies: Kongruenz zwischen Subjekt und Verb, die Verbalformen, darunter die gebräuchlichsten unregelmäßigen Verben und Modalverben, Genus und Kasus, Pronomen, Konjunktionen, Präpositionen, Deklination der Adjektive, Rechtschreibung.

Eine Arbeit im unsicheren Leistungsbereich (06, 05, 03) ist dadurch gekennzeichnet, daß
- die schriftliche Darstellung kurz und unzusammenhängend ist,
- sie nicht der Aufgabenstellung entspricht,
- die Sprache unklar und nicht unmittelbar verständlich ist,
- sprachliche Variation fehlt und viele Wiederholungen auftreten,
- häufig Danismen verwendet werden, die teils direkte Übersetzungen aus dem Dänischen sind und die teils auf verkehrtes Nachschlagen im Wörterbuch zurückzuführen sind,
- große Unsicherheit in der elementaren Grammatik zu verzeichnen ist."

Lammers (1993), 6ff.

Aufgabe 91

1. Informelle Tests: auf unterschiedliche Lernsituationen zugeschnitten, an den Lernstoff der Gruppe angebunden, erheben keinen Anspruch auf objektive Aussagen über die konkrete Situation und Gruppe hinaus, an individuellen Leistungsnormen orientiert

   Formelle Prüfungen: unabhängig von Bezugsgruppen, speziellen Lernmethoden und -mitteln, erheben Anspruch auf Objektivität, müssen auch die Kriterien der Validität und Reliabilität erfüllen, sind an fremdgesetzten Bezugsnormen orientiert (die von übergeordneten Institutionen in Form von Lehr- und Prüfungsplänen aufgestellt werden)

2. Neben den allgemeinen Anforderungen an formelle Prüfungen müßte bei einer solchen Prüfung der Lernstoff, der überprüft werden soll, genau definiert sein. Er müßte präzise den Lernstoff umfassen, der in der Hälfte der Zeit, die für die Grundstufe zur Verfügung steht, gelernt werden kann. Dieser Stoff sollte in Form eines Curriculums und darauf ausgerichteten Prüfungsanforderungen festgelegt sein.

Aufgabe 92

1. Sie werden vielleicht den Prüfungsteil *Mündlicher Ausdruck* oder auch *Phonetik* (= Aussprache) vermißt haben. Dafür gibt es folgende Gründe:
   Die *Prüfung Grundstufe I* ist primär für den Intensivunterricht an den Inlandsinstituten des Goethe-Instituts entwickelt worden. Die vordringlichste Aufgabe des Unterrichts dort ist es, die Lerner so rasch wie möglich auf eine erfolgreiche Orientierung und Verständigung in Alltagssituationen vorzubereiten. Dementsprechend ist die Entwicklung der Sprechfertigkeit das wichtigste Unterrichtsziel. Statt einer Überprüfung der Sprechfertigkeit in der Prüfung selbst wird jedoch für den mündlichen Ausdruck eine Kursnote gegeben, die aus der langfristigen Beobachtung der Entwicklung der Sprechfähigkeit der einzelnen Lerner resultiert Damit wird die Tatsache berücksichtigt, daß bei einem Sprachstand von etwa 200 Unterrichtsstunden ein kurzes Prüfungsgespräch zu einem bestimmten Thema möglicherweise einen unzureichenden oder falschen Eindruck über die tatsächliche Fähigkeit des Lerners, sich sprachhandelnd in der deutschsprachigen Alltagswelt zu behaupten, vermittelt. Es kommt hinzu, daß die Durchführung einer standardisierten mündlichen Prüfung, die auch einen zweiten Prüfer erfordert, organisatorisch sehr aufwendig ist. Sie erinnern sich sicher daran, daß auch bei dem französischen Einstufungstest die mündliche Prüfung fehlte.

2. Vergleicht man die Beschreibung der Unterrichtsziele oben mit der Wertigkeit der einzelnen Prüfungsteile, so fällt auf, daß die linguistische Kompetenz stärker ins Gewicht fällt als vielleicht erwartet: *Strukturen/Wortschatz* und *Diktat* ergeben

allein schon 40 % der Prüfungsanteile; geht man davon aus, daß beim *Schriftlichen Ausdruck* die linguistische Kompetenz ebenfalls eine nicht unbeträchtliche Rolle spielt, dann beträgt der „linguistische Anteil" an der Prüfung über 50 Prozent.

3. Trotz der eindeutig kommunikativen Ausrichtung in der Formulierung der Unterrichtsziele (siehe S. 105) braucht der Unterricht auch eine deutliche linguistische Ausrichtung, damit die Lerner die *Prüfung Grundstufe I* bestehen können.

Aufgabe 94

Merkmale des Prüfungsteils *Schriftlicher Ausdruck*:

Schreibimpuls: natürlich   ☒
                  unnatürlich ☐

Textsorte: Postkarte
Steuerung der Textproduktion durch
1. genaue Angaben zu Situation, Personenkonstellation, Grund des Schreibens
2. Satzanfänge
Generelles Prüfungsziel: eine Karte an einen Bekannten schreiben

Aufgabe 95

Lernziele für den Bereich *Schriftlicher Ausdruck*:

eine Postkarte an einen Bekannten schreiben; Inhalt: Alltagsthemen; einfache Sätze formulieren

Aufgabe 96

Der Schwerpunkt der Bewertung liegt auf inhaltlichen Aspekten, erkennbarem Sinn und Verständlichkeit und nicht auf einzelnen Fehlern. Beispiele zur Beurteilung von Schülerarbeiten zum *Schriftlichen Ausdruck* zeigen wir Ihnen in Kapitel 3.5.

Aufgabe 97
Beispiel 1

Beispiel:
- Kannst du zu meinem Geburtstag kommen?
- _Wann_ hast du denn Geburtstag?
- Am 28.

- Und _wie_ alt wirst du?   1
- 30 Jahre.

- _Wen_ hast du noch eingeladen?   1
- Ein paar Freunde.

- _Was_ wünschst du dir?   1
- Ach, eigentlich gar nichts.

Beispiel 2

Beispiel:
- Wie lange brauche ich _von_ mir bis zu dir?
- Ungefähr 30 Minuten.

- Und wie komme ich am besten _nach_ Grünwald?   1
- _Mit_ der U-Bahn. Wenn du das Auto nimmst,   1
  mußt du _durch_ die ganze Stadt fahren.   1

Beispiel 3

Beispiel:
- Guten Abend, komm herein! Wir sind alle hier in _der_ Küche.

- Das Essen steht schon auf _dem_ Tisch.   1
- Prima, ich habe großen Hunger.

- Hier sind ein paar Blumen für _die_ Hausfrau.   1

- Oh wie schön! Und ganz frisch!
- Ja, die sind auch aus _dem_ Garten.   1

                                          _____
                                          _____ /9 Punkte

---

nach: Prüfung Grundstufe I 01 SW (Lösungsschlüssel)

Aufgabe 98

Merkmale des Prüfungsteils *Strukturen/Wortschatz*:

Textsorte: drei kurze, thematisch gebundene Dialoge
Art der Aufgabenstellung: Lückentext
Prüfungsinhalt
– global: Grammatik der Grundstufe I
– im Detail: Fragewörter, Präpositionen, Präpositionen mit Kasus

Aufgabe 99

Lernziele für den Bereich *Strukturen/Wortschatz*:

Lernziele: elementare Satzstrukturen analysieren können; elementare Grammatik-elemente aus Morphologie und Syntax (Grundstufengrammatik) aktiv beherrschen

Aufgabe 100

Merkmale des Prüfungsteils *Diktat*:

Textsorte: einfacher Erzähltext (semiauthentisch)
Aufgabenstellung: Lückendiktat
Durchführung:
1. Der Text wird als Ganzes vorgelesen.
2. Der Text wird in Sinneinheiten gelesen; jede Einheit mit einer Lücke wird zweimal gelesen.
3. Der Text wird noch einmal als Ganzes gelesen.

Aufgabe 101

Lernziele für den Bereich *Diktat*:

Besonderheiten der deutschen Rechtschreibung bewußtmachen und üben; einen vor-gelesenen Text mit Lücken mitlesend verstehen; einzelne Lücken mit dem richtigen Wort in der richtigen (gehörten) grammatischen und orthographischen Form ergänzen.

Aufgabe 102

Als kombinierte Testform überprüft das Lückendiktat mehrere Fertigkeiten gleichzei-tig, z. B. Hörverstehen, Leseverstehen, Orthographie, Kenntnis der grammatischen Strukturen.

Aufgabe 103

Gespräch mit Julia

Haben Sie das gehört?		JA	NEIN

Beispiel:

		JA	NEIN
0)	Julia aus München will Schauspielerin werden.	X	

		JA	NEIN
1)	Sie hat in mehreren Städten eine Prüfung gemacht.	X	
2)	In Stuttgart hat sie die Prüfung bestanden.	X	
3)	Im November beginnt sie zu studieren.		X
4)	Das Studium dauert 2 Jahre.		X

nach: Prüfung Grundstufe I 01, HV (Lösungsschlüssel)

Aufgabe 104

Merkmale des Prüfungsteils *Hörverstehen*:

(Hör-)Textsorte: Informelles Gespräch zwischen zwei Gesprächspartnern
Aufgabenstellung: Ja/Nein-Aufgaben (Alternativ-Antwortaufgaben)
Art des Hörverstehens (vorwiegend):
Globalverstehen [X]
Detailverstehen [ ]
Durchführung: 1. Die Kandidaten lesen die Aufgaben.
             2. Die Kandidaten hören den ganzen Dialog ohne Pausen.
             3. Die Kandidaten hören den Dialog in Abschnitten und mit Pausen.

Lernziele für den Bereich *Hörverstehen*:

Verstehen der wesentlichen Aussagen eines kürzeren Gesprächs zwischen zwei oder mehr Gesprächspartnern

Wo steht das im Text?	
1) Essen und Trinken im Zug	Zeile 10 – 12
2) Hilfe am Ende der Reise	Zeile 16 – 19
3) Hilfe beim Platznehmen im Zug	Zeile 5 – 9
4) Wichtige Informationen zur Reise	Zeile 12 – 14
5) Telefonieren im Zug	Zeile 15 – 16
6) Weg von der Wohnung zum Bahnhof	Zeile 2 – 4

Ferien in aller Welt

Steht das im Text?

	JA	NEIN
Beispiel:		
0) Junge Leute interessieren sich im Urlaub nur für soziale Aufgaben.		✗
1) Wer im Urlaub eine gute Auslandsarbeit haben möchte, sollte sich rechtzeitig informieren.	✗	
2) Der Studienkreis organisiert 100 Ferienreisen.		✗
3) Der Studienkreis informiert auch über Sportmöglichkeiten.	✗	
4) Alle Informationen sind kostenlos.		✗

nach: Prüfung Grundstufe I 01, LV (Lösungsschlüssel)

Merkmale des Prüfungsteils *Leseverstehen*:

Textsorte:
Text 1: informativer Werbetext
Text 2: Sachtext
Aufgabenstellungen:
Text 1: Zuordnungsaufgaben
Text 2: Ja/Nein-Aufgaben (Alternativantwort-Aufgaben)

Welche Art des Leseverstehens wird vorwiegend geprüft?
Text 1: Detailverstehen
Text 2: Globalverstehen

Lernziele für den Bereich *Leseverstehen*:

verschiedene Aussagen den einzelnen Abschnitten eines längeren Sachtextes zuordnen; einen Sachtext in seinen wesentlichen Aussagen verstehen

„Handlungsbezogen" das heißt, daß die Schüler lernen, „etwas mit der Sprache zu tun", also z. B. eine Postkarte schreiben und etwas mitteilen (vgl. Prüfungsteil *Schriftlicher Ausdruck)*, „auf der Straße nach dem Weg fragen", „jemanden zum Geburtstag einladen" (vgl. Prüfungsteil *Strukturen/Wortschatz*) usw.

„Verständigung in Alltagssituationen" damit ist z. B. auch das Verstehen von alltagsbezogenen Sachtexten gemeint, die die Lerner etwas angehen (vgl. Prüfungsteil *Leseverstehen*) oder die Kenntnis von Rechtschreibregeln, um Briefe zu schreiben.

Aufgabe 110

Fertigkeitsbereiche	wesentliche Kriterien
Hörverstehen	1. Äußerungen aus dem alltäglichen Bereich in normalem Sprechtempo verstehen können 2. Gesamtaussage und/oder Einzelheiten **verstehen**
Mündlicher Ausdruck	1. Bedürfnisse, Wünsche, Meinungen usw. **ausdrücken** können 2. sprachlich angemessen **reagieren** können 3. sich an Gesprächen **beteiligen** können
Leseverstehen	1. leicht bearbeitete und 2. authentische Texte in ihrer Gesamtaussage und/oder Einzelheiten **verstehen** können
Schriftlicher Ausdruck	1. persönliche und halbformelle Briefe schreiben können 2. inhaltliche Verständlichkeit ist wichtiger als Grammatik und Rechtschreibung

Aufgabe 112

Richtige Antwort

1. Zeile 1 – 7: (b)
2. Zeile 8 – 14: (a)
3. Zeile 32 – 37: (d)
4. Zeile 38 – 43 (d)

Aufgabe 113

Multiple-choice-Aufgaben werden eingeleitet durch
– eine Frage

oder
– einen (Teil-)Satz

Die Auswahlantworten sind entweder
– Antworten auf die Frage oder eine Fortsetzung des (Teil-)Satzes

oder
– unabhängige Äußerungen als inhaltliche Entsprechungen

Aufgabe 114

1. Die Aufgaben entsprechen den Typen

   a) Frage – 4 Alternativen als Antwort (1. Aufgabe) und
   c) Textpassage – 4 unabhängige Äußerungen als inhaltliche Entsprechungen (die 2., 3. und 4. Aufgabe).
   Ein Beispiel für Typ b kommt hier nicht vor.

2. Die richtigen Antworten und die Distraktoren sind ungleichmäßig verteilt, damit man nicht aus der Verteilung auf die richtige Antwort schließen kann (z.B.: die Reihenfolge ist alphabetisch).

Aufgabe 116

Abschnitt 1

A = Rudi
B = Rotraud

A: Tag, Rotraud! Was machst denn du hier?
B: Tag, Rudi! Wie geht's dir?
A: Mir geht's gut!
B: Mir geht's auch gut!
A: Du, ich hab' dich schon lange nicht mehr gesehen.
B: Das ist ja auch kein Wunder, ich arbeite ja wieder.
(F21) A: Du arbeitest wieder?!
B: Mhm, ich bin wieder berufstätig.
A: Ja, warum denn das?
(F24) B: Naja, es macht mir halt Spaß.
(F22) A: Ja, aber dein Mann verdient doch ausgezeichnet.
B: Ja, das ist ja nicht nur wegen des Geldes. Ich denk' ja auch an später. Ich war jetzt zehn Jahre aus dem Beruf, und irgendwann will ich ja ganz wieder arbeiten.

A: Du willst mal wieder ganz arbeiten? Das ist aber nicht nötig.

(F23) B: Ja, möcht' ich aber gern. Wenn man da sich nicht frühzeitig drum kümmert, dann verliert man halt leicht den Anschluß.

A: Ja, wie stellst du dir denn deine Zukunft vor?

(F25) B: Naja, was weiß ich, wie das mit unserer Ehe mal weitergeht oder ob ich nicht irgendwann mal Witwe werde und dann sowieso arbeiten muß …

A: Och, jetzt mal' doch nicht den Teufel an die Wand!

B: Ja, muß man doch!

Abschnitt 2

A: Och, das würde ich aber auf keinen Fall … und du hast doch auch deine Kinder. Was machst du denn mit denen?

(F26) B: Naja, die sind ja nun nicht mehr so klein, die sind schon sechs und acht Jahre alt und gehen beide zur Schule. Ich arbeite nur halbtags.

A: Ach, halbtags arbeitest du.

(F27) B: Ja, halbtags …

A: Ja, aber wenn die Kinder dann von der Schule kommen, dann stehen sie doch vor der Tür?!

(F28) (F29) B: Naja, so schlimm ist es nicht. Ich arbeite etwa von acht bis zwei, die Kinder kommen zwischen zwölf und halb eins, in der Zeit versorgt sie meine Mutter.

A: Ach, deine Mutter lebt noch?

(F30) B: Ja, meine Mutter lebt noch, die ist extra deswegen in unsere Nähe gezogen.

A: Ja, und was sagt deine Mutter dazu, daß du jetzt wieder arbeitest?

(F31) B: Naja, auf der einen Seite ist sie froh, daß sie wieder 'ne Aufgabe gefunden hat, auf der anderen Seite motzt sie auch manchmal ein bißchen.

A: Ja, das kann ich mir vorstellen. Sie hat doch dann auch recht viel zu tun.

B: Naja, aber ich mein', anderthalb Stunden am Tag mal zwei Kinder zu versorgen, das ist ja nun nicht so schlimm.

Abschnitt 3

A: Mhm, und dein Mann, was sagt der zu der ganzen Sache?

(F32) B: Naja, zuerst hat er 'n bißchen komisch geguckt, aber jetzt hat er sich dran gewöhnt, und die Hauptsache ist, das Essen steht auf dem Tisch, wenn er nach Hause kommt.

A: Mhm, du – ich, sag' mal, ich stell' mir das gar nicht so leicht vor, jetzt eine Arbeit zu finden als technische Zeichnerin.

(F33) (F34) B: Naja, ich hab' auch furchtbar lange gesucht, aber … ich hab' mich immer für meinen Beruf interessiert, und ich wollte wirklich gerne wieder in diesen Beruf, und ich hab' halt endlich Glück gehabt. Jetzt hab' ich 'ne Stelle gefunden.

A: Und das macht dir wirklich Spaß?

(F35) B: Wirklich großen Spaß. Man hat endlich mal wieder ein bißchen Kontakt zur Außenwelt und nicht immer nur die Gespräche mit den Nachbarn über Kinder oder Essenkochen und Einkaufen und so …

(F36) A: Ja, ich mein', das ist natürlich ein Gesichtspunkt, bloß stell' ich es mir nicht besonders schön vor, wenn dein Mann abends müde von der Arbeit kommt, und du bist auch abgearbeitet.

B: Ja, so schlimm ist das ja nun auch nicht. Man kann alles organisieren.

Abschnitt 4

(F37) Außerdem, vielleicht gibt es irgendwann mal 'ne Möglichkeit, daß mein Mann auch halbe Tage arbeitet. Dann kann er das machen, und wir machen nachmittags den Haushalt zusammen.

A: Wäre natürlich eine ideale Lösung. Aber meine Sache wäre das nicht …

B: Mhm …

A: … wenn ich dran denke, meine Frau würde arbeiten … Ich weiß nicht, ich wär' nicht so ganz damit einverstanden.

B: Ist sie denn wirklich zufrieden so?

(F38) A: Ich hab' schon den Eindruck. Die hat doch ihre Aufgaben.

(F39) B: Ich glaub', ich rede mal mit ihr darüber.

A: Ich weiß nicht, ob das so gut ist. Schau doch, die hat das Haus, den ganzen Garten, kümmert sich um die Kinder, und es läuft also sehr gut.

(F40) B: Naja – vielleicht treffen wir uns mal irgendwann in der nächsten Zeit, und dann können wir ja vielleicht nochmal darüber reden.

A: Das können wir mal, und dann werde ich auch mit deinem Mann reden. Paß auf, wir telefonieren uns zusammen.

B: Ja, gern!

A: Gut! Also, alles Gute!

B: Bis bald! Tschüs!

A: Wiederseh'n!

nach: Zertifikat DaF 04, HV

Aufgabe 117 Richtige Antworten: 41 d, 42 b

Aufgabe 118

1. Gemeinsam haben diese Aufgaben, daß sie sich jeweils auf einen Text beziehen. Die Kandidaten sollen nicht nach ihrem Wissen antworten, sondern sie sollen angeben, ob die Aussage der Aufgabe (beim *Hörverstehen*) oder welche der vier Möglichkeiten (beim *Leseverstehen*) dem gehörten bzw. gelesenen Text entspricht. Das heißt, sie müssen die Formulierungen der Aufgaben mit den Formulierungen in den Texten vergleichen und feststellen, ob sie (bzw. welche) inhaltlich gleich/ ähnlich sind.

2. Die Formulierung der Aussagen in den Aufgaben beim Teiltest *Leseverstehen* sind umfangreicher und (weil sie mehr eventuell unbekannte Vokabeln enthalten) auch schwieriger als beim Teiltest *Hörverstehen*. Auch die Aufgaben selbst sind beim *Leseverstehen* anspruchsvoller als beim *Hörverstehen*. Daher ist es gerechtfertigt, beim *Leseverstehen* für eine richtige Antwort zwei Punkte zu vergeben, beim *Hörverstehen* nur einen.

Aufgabe 120

Multiple-choice-Aufgabe *(Mehrfachwahl-Aufgabe)*	*offene Aufgabe*
– Unter drei oder mehr Antwortalternativen muß die richtige Antwort erkannt werden. Die richtige Antwort muß nur angekreuzt werden.	– Die Antwort wird frei formuliert (produktive Sprachleistung).
– Ist leichter; die Kandidaten müssen aber auch die Aufgabenformulierung und nicht nur den Text verstehen. Manchmal scheitern sie nicht am Text, sondern an den Aufgabenformulierungen.	– Ist schwieriger: erfordert größere produktive Sprachleistungen.
– Eignet sich besonders zur Überprüfung von *Hörverstehen* und *Leseverstehen*.	– Eignet sich besonders für *Mündlicher Ausdruck* und *Schriftlicher Ausdruck*.
– Bewertung ist leichter und objektiver.	– Keine absolut objektive Bewertung möglich; präzise Bewertungsanleitung für die Prüfer ist erforderlich.

Aufgabe 121
Modellbewertung
Brief-Beispiel 1

Brief 1   *Bewertungsanleitung s. S. 160*

Fundbüro im Hauptbahnhof   *15. Dez. 1993*
60433 Frankfurt

Sehr geehrte Damen und Herren,

1. *Ich habe letzten Donnerstag im einen Zug nach Frankfurt gefahren, und ich habe*
2. *viele Sachen in dem Zug vergessen oder liegengelassen. Der Zug fuhr um 10.15*
3. *Uhr von Köln nach Frankfurt und ich habe meine Tasche, Jacke und Regenschirm vergessen. Meine Tasche ist klein und die Farbe ist braun, mein schwarze Leder Jacke und meinen blauen gestreiften Regenschirm.*
4. *Können Sie bitte hinschinkeln meine Jacke, Tasche und Regenschirm im Haupt-*
5. *bahnhof in Frankfurt. Und möchte auch wissen wieviel kostet das?*

Mit freundlichen Grüßen

* der Punkt 4 ist für das kommunikative Ziel des Briefes entscheidend. Hier gelänge die Kommunikation in der Realsituation nicht, d. h. der Brief wird in der Kategorie A (kommunikative Angemessenheit) mit 1 Punkt bewertet.

A = 1 Punkt
B = 3 Punkte

nicht
bestanden

nach: Hinweise zur Durchführung der Prüfungen des Goethe-Instituts (1993), 65
(Schülerarbeit mit Lehrerkorrektur)

Brief 2

Name + Anschrift vorhanden

A = 1 Punkt
B = 3 Punkte
nicht bestanden

Fundbüro
Im Hauptbahnhof
60433 Frankfurt   *8.12.1993*

1. Ich habe letzten Donnerstag im Zug nach Frankfurt <u>meinen</u> Gegenstand liegenlassen

     Sehr <u>gut</u> Herr und <u>gute</u> Damen,

ich war <u>im die</u> Nummer 1 nach Frankfurt gefahren. <u>Mein</u> sitz <u>ist</u> die Nummer 10.

Von Braunschweig war der Zug um 8 Uhr <u>abfahren</u>. Meine Tasche ist groß rote
Farbe und <u>kommt</u> aus Leder. Meine <u>Jake</u> und <u>Halshüte</u> sind hellen grünen Farbe.
Auch mein Regenschirm ist rote Farbe.

4. Wohin sie die Sachen schicken? Wo nehme ich mein Gegenstand? Wie viel Geld
5. ich für <u>mein</u> Gegenstand bezahle? – <u>Wann</u> sie <u>mein</u> Gegenstand haben.

     mit freundlichen Grüßen

nach: Unterlagen zur Prüferschulung des Goethe-Instituts, unveröffentlicht

Brief 3

Name + Anschrift vorhanden

     8.12.1993

Fundbüro im Hauptbahnhof
60433 Frankfurt

Sehr geehrte Damen und Herren,

1. ich bin letzten Donnerstag <u>bei</u> einer Reise mit dem Zug nach Frankfurt gefahren. Ich
habe eine Tasche, ein <u>Buch</u> und einen Regenschirm im Zug liegenlassen.

2. Ich habe meinen <u>Gegenstand</u> im Zug 11 zweite Klasse von Braunschweig nach
Frankfurt liegenlassen. Ich bin um 19.15 Uhr am Donnerstag mit diesem Zug
gefahren.

3. Ich möchte etwas über meinen Gegenstand <u>information</u> Ihnen geben. Also meine
Tasche ist gelb und klein. Mein Buch ist Geschichte von Deutschland und mein
Regenschirm ist hellblau.

4. Wenn Sie meinen Gegenstand finden, schicken Sie bitte <u>mit</u> <u>meiner</u> Adresse. Ich
danke Ihnen.

5. Ich möchte wissen, wieviel Geld Sie für meinen Gegenstand <u>bezahlen</u>? Ich kann
dieses Geld durch einen Brief Ihnen schicken. Nochmal vielen Dank. Ich würde
mich freuen, wenn sie meinen Gegenstand finden könnten.   Vielen Dank!

Mit freundlichen Grüßen

A = 2 Punkte (wegen Nr. 4 + Nr. 5)
B = 3 Punkte
bestanden

nach: Unterlagen zur Prüferschulung des Goethe-Instituts, unveröffentlicht

46 c; 47 d; 48 d; 49 d; 50 d; 51 a; 52 b; 53 a; 54 a; 55 a; 56 a; 57 c; 58 b; 59 c; 60 b;
61 b; 62 c; 63 a; 64 b; 65 b; 66 d; 67 d; 68 c; 69 c; 70 a; 71 d; 72 b; 73 d; 74 d; 75 d;
76 a; 77 b; 78 a; 79 a; 80 b; 81 c; 82 c; 83 c; 84 d; 85 d; 86 a; 87 a; 88 a; 89 a; 90 b;
91 b; 92 b; 93 c; 94 c; 95 b; 96 d; 97 c; 98 b; 99 c; 100 d; 101 a; 102 d; 103 d; 104 d;
105 c.

| Aufgabe 123 | In dem Lernfortschrittstest zu *Kontakte Deutsch 1* sind jeweils mehrere Lückenaufgaben, die im *Zertifikat* isoliert vorkommen, zu einem kleinen Text (genauer: zu zwei Dialogen) verbunden. Dadurch wird der kommunikative Rahmen sehr viel deutlicher und es fällt leichter, die richtigen sprachlichen Formen für diese Situationen zu ergänzen. |

| Aufgabe 124 | Die Situationen könnten z. B. mit Hilfe von Bildern oder technischen Geräten wie Video präsentiert werden. Dabei könnte aber das Problem auftreten, daß die Bilder oder Videoszenen nicht eindeutig sind und von verschiedenen Kandidaten (oder in verschiedenen Ländern) unterschiedlich interpretiert würden. Die Prüfungsleistungen wären dann nicht mehr so gut vergleichbar. |

Aufgabe 126

Probleme bei der Bewertung von mündlichen Prüfungen:

1. Das Hauptproblem bei mündlichen Prüfungen ist die Objektivität der Bewertung.

2. Daneben können eine Reihe von weiteren Problemen auftreten. So kann z. B. die Beziehung zwischen dem Prüfer/den Prüfern und dem Kandidaten problematisch sein. Wenn der Lehrer selbst der Prüfer ist, spielen vielleicht Sympathie oder Antipathie aus dem Unterricht oder bestimmte Vorurteile des Prüfers gegenüber dem Kandidaten mit in die Prüfungssituation hinein. Wenn der/die Prüfer dagegen fremde Personen sind, können die Kandidaten dadurch besonders nervös oder gehemmt sein.

3. Da mündliche Prüfungen immer mehr oder weniger „Gesprächs"situationen sind, kann auch die soziale Rolle der Prüfer und der Kandidaten bzw. die Distanz zwischen ihnen eine wesentliche Rolle spielen.

4. Faktoren wie Schüchternheit oder Prüfungsangst können ebenfalls in mündlichen Prüfungen stärker zum Tragen kommen als in anonymeren schriftlichen Prüfungen.

5. Für die Bewertung von mündlichen Leistungen stellt natürlich die Tatsache, daß sie nicht „konserviert" werden können (es sei denn, sie werden auf Tonband oder Video aufgezeichnet und später ausgewertet), eine besondere Schwierigkeit dar. Die Prüfer müssen entweder während der Prüfung Aufzeichnungen machen (was die Kandidaten sehr irritieren kann!) oder nach der Prüfung versuchen, die Leistung der Kandidaten aus ihrer Erinnerung heraus zu bewerten, was natürlich sehr ungenau und subjektiv ist.

Aufgabe 127

1. Vergleich der Teiltests der *Zertifikatsprüfung* und der *Prüfung Grundstufe I*:

In beiden Prüfungen gibt es folgende Prüfungsteile: *Leseverstehen*, *Hörverstehen*, *Schriftlicher Ausdruck* und *Strukturen/Wortschatz*; in der Grundstufenprüfung zusätzlich *Diktat*, dagegen keine Prüfung zum *Mündlichen Ausdruck*.

Zur Begründung der Unterschiede:

Für die Einführung des Teiltests *Diktat* in der Grundstufenprüfung könnte sprechen, daß es sich besonders bei dieser Form des Lückendiktats um eine stark gesteuerte und gut zu bewertende Übungsform handelt. Sie kann gerade auf der Anfängerstufe sinnvoll eingesetzt werden, verliert später aber an Bedeutung. Als kombinierte Prüfungsform testet das Lückendiktat mehrere Fertigkeiten gleichzeitig, z. B. Hörverstehen, Leseverstehen, Orthographie, Kenntnis der grammatischen Strukturen.

Die Tatsache, daß die *Prüfung Grundstufe I* keine mündliche Prüfung enthält, könnte damit erklärt werden, daß freie mündliche Produktion auf dieser frühen Stufe des Erwerbs der Fremdsprache noch nicht als sinnvolle Testaktivität angesehen wird. Für diese Überlegung spricht auch, daß die freie schriftliche Produktion im Prüfungsteil *Schriftlicher Ausdruck* viel stärker vorstrukturiert ist als im *Zertifikat*.

2. Unterschiede in der Bewertung:

In der *Prüfung Grundstufe I* werden *Leseverstehen* und *Hörverstehen* zusammen mit 40 Punkten bewertet. Die Bereiche *Strukturen/Wortschatz* und *Diktat* werden zusammen ebenfalls mit 40 Punkten bewertet. Das heißt: Der Überprüfung der „linguistischen Kompetenz" wird derselbe Stellenwert beigemessen wie der Überprüfung der kommunikativen (rezeptiven) Fähigkeiten. Der *Schriftliche Ausdruck* steht mit 20 Punkten gleichrangig neben dem *Leseverstehen* und *Hörverstehen* mit je 20 Punkten.

In der *Zertifikatsprüfung* hingegen kommen die kommunikativen Fähigkeiten mit *Mündlicher Ausdruck*, *Leseverstehen* und *Hörverstehen* zusammen auf 90 Punkte von insgesamt 120. *Mündlicher Ausdruck*, *Leseverstehen* und *Hörverstehen* sind mit je 30 Punkten gleichwertig. Mit „linguistischer Kompetenz" können dagegen nur 15 Punkte gewonnen werden. Der *Schriftliche Ausdruck* wird in der *Zertifikatsprüfung*, also am Ende der Grundstufe, nur halb so hoch gewertet wie der *Mündliche Ausdruck*.

Gründe: Die stärkere Betonung der „linguistischen" Komponente in der *Prüfung Grundstufe I* läßt sich dadurch erklären, daß im Anfangsunterricht erst noch elementare grammatische Strukturen, Wortschatz und die Besonderheiten der deutschen Rechtschreibung vermittelt werden. In der *Zertifikatsprüfung* liegt der Schwerpunkt eindeutig auf Kommunikation (*Hörverstehen*, *Mündlicher Ausdruck*) und Orientierung (*Leseverstehen*) in Alltagssituationen. In bezug auf das Groblernziel („Fertigkeit im mündlichen und schriftlichen Gebrauch der Standardsprache") wird dem schriftlichen Gebrauch offensichtlich weniger Bedeutung beigemessen, während der Prüfungsteil *Strukturen/Wortschatz* eigentlich im Widerspruch zu den Prüfungsbestimmungen steht.

6   Glossar

Alltagsdialoge: Gespräche zwischen mehreren Gesprächspartnern in alltäglichen Situationen wie z. B. „Eine Eintrittskarte fürs Kino kaufen", „Bei einer Einladung die Gastgeberin begrüßen" usw. Die Simulation von Alltagsdialogen spielt im kommunikativen Deutschunterricht eine wichtige Rolle.

Alltagssituationen: Im kommunikativen Deutschunterricht versteht man darunter diejenigen alltäglichen Situationen, in die ein Deutschlerner im Zielsprachenland geraten kann und auf die er sprachlich vorbereitet werden soll, z. B. „Ankunft am Flughafen", „Besuch beim Zahnarzt", „Einladung bei deutschen Geschäftspartnern".

Alternativantwort-Aufgabe, die (= (→) **Ja/Nein-Aufgabe** = (→) **Richtig/Falsch-Aufgabe**): Aufgabe, bei der einfache Entscheidungen nach dem Muster *Ja, das trifft zu/Nein, das trifft nicht zu* getroffen und durch Ankreuzen markiert werden müssen.

audiolinguale (audiovisuelle) Methode, die: Stellte in den 60er/70er Jahren als Gegenbewegung zur (→) Grammatik-Übersetzungs-Methode die Kommunikation in der modernen Umgangssprache, das Hören (lat. *audire*) und Sprechen (lat. *lingua* = Sprache) in den Vordergrund des Sprachunterrichts. Die audiolinguale M. stützte sich zum einen auf eine linguistische Theorie, den (→) Strukturalismus, der Sprache als ein System von lexikalischen, grammatischen und phonetischen Strukturen definierte. Zum anderen berief sie sich auf eine Lerntheorie, den (→) Behaviorismus, der Lernen als einen Vorgang des „Einschleifens" und „Automatisierens" sprachlicher Strukturen begriff. Vorherrschende Textsorte im audiolingualen Unterricht waren (→) Alltagsdialoge, in denen es allerdings weniger um den natürlichen Sprachgebrauch als vielmehr um die Verwendung von Strukturelementen der Sprache ging, die in Form von Drillübungen (engl. *pattern drill*) eingeschliffen wurden. Einführung von Tonprogrammen (Kassetten, Tonbänder usw.), Sprachlaboren und visuellen Hilfsmitteln (Dias, Filmstreifen usw.).

Aufgaben:

– **geschlossene A.:** Aufgabentyp, bei dem die Antwort (die Lösung) vom Testkandidaten nicht selbst formuliert werden muß; die richtige Antwort muß nur herausgefunden und markiert werden, (z. B. → Mehrfachwahl-Aufgabe, → Zuordnungsaufgabe).

– **halboffene A.:** Aufgabentyp, bei dem die Antwort (die Lösung) nur teilweise vom Testkandidaten selbst formuliert werden muß (→ Ergänzungsaufgabe; → Lückensätze; → Lückentexte; → Cloze-Test; → C-Test).

– **offene A.:** Aufgabentyp, bei dem die Antwort (die Lösung) vom Testkandidaten relativ selbständig und frei formuliert werden muß, z. B. Antworten in einem Prüfungsgespräch, Schreiben eines Briefes usw.

– **realitätsnahe A.:** Aufgaben, die sich an der realen Lebenswelt der Lernenden und/oder an realen Alltagssituationen im Zielsprachenland orientieren.

Aufsatz, der: Freie, schriftliche Bearbeitung eines Themas, meist ohne weitere Vorgaben.

authentisch (authentische Texte): „echt", „den Tatsachen entsprechend"; von Muttersprachlern verfaßte und nicht oder nur wenig für den Fremdsprachenunterricht bearbeitete Texte und Materialien, deren ursprüngliche (→) (Text-)Merkmale (z. B. bei Interviews Auslassungen, Wiederholungen, Satzbrüche oder bei Zeitungstexten Stil der Berichterstattung usw.) deutlich erkennbar sind (→ Authentizität).

authentische (Sprach-)Verwendungssituationen: Im Sprachunterricht: Möglichst realitätsnahe Simulation von (→) realen Kommunikationssituationen.

Authentizität, die: „Echtheit", „Ursprünglichkeit". Wirklich (→) authentische Texte , z. B. von Deutschsprachigen spontan gesprochene „Texte", sind für den Fremdsprachenunterricht häufig nicht zu gebrauchen. In der Fremdsprachendidaktik spricht man deshalb von einer „gemäßigten" Authentizität. Darunter versteht man, daß die (→) Textmerkmale stimmen. Das bedeutet z. B., daß „ein Hörtext sich wie richtiges gesprochenes Deutsch" anhören soll (eine Ansage im Radio also wie eine Ansage im Radio, eine Unterhaltung beim Arzt wie eine Unterhaltung beim Arzt usw.), auch wenn der Text für ein Lehrwerk geschrieben wurde.

Behaviorismus, der: Lerntheorie, die Lernen als einen Prozeß der Gewohnheitsbildung und der Verhaltensprogrammierung begreift. Wichtiges Element im Lernprozeß ist demnach das Verhaltenstraining mit Hilfe von „Stimulus" (Aufforderung, Anreiz) und „Response" (Reaktion, Antwort), das im Sprachunterricht in der Form von Drillübungen (engl. *pattern drill*) zum „Einschleifen" und „Automatisieren" von sprachlichen Strukturmustern seinen Ausdruck findet.

Bewertungsanleitung, die: Schriftliche Vorgabe, wie die in einem Test/einer Prüfung erbrachten Leistungen zu bewerten, wie viele Punkte zum Beispiel für welche Leistung zu vergeben sind.

Bewertungcode, der (= Bewertungsskala, die): Punkte- oder Notensystem für verschiedene Leistungen bei einem Test/einer Prüfung.

Cloze-Test, der: Zusammenhängender Text, in dem mechanisch zum Beispiel jedes 3. oder 5. oder 8. Wort getilgt worden ist und vom Testkandidaten ergänzt werden muß. Je größer der Abstand zwischen den Lücken ist (also zum Beispiel eine Lücke nach jedem 7. Wort), desto leichter ist der Test.

C-Test, der: Zusammenhängender Text, in dem bei jedem zweiten Wort die Hälfte (bei Wörtern mit einer ungeraden Anzahl von Buchstaben die Hälfte plus ein Buchstabe) getilgt worden ist; die „beschädigten" Wörter müssen vom Testkandidaten wiederhergestellt werden.

curricular: Adjektiv; das (→) Curriculum betreffend.

Curriculum, das: Lehrplan; meist institutionell, zentral vorgegebene Unterrichtsplanung (Inhalte, Ziele, Methoden, Kontrollen) für eine bestimmte Lernstufe in einem bestimmten Zeitraum.

Detailverstehen, das (= Detailverständnis): Jede Einzelheit, jedes Detail (jedes Wort) eines Hör- oder Lesetextes verstehen (→ Globalverstehen).

Didaktik, die: Lehre vom Unterricht (Ziele, Inhalte, Lernprozesse).

Distraktoren (Distraktor, der): „Falsche" Antworten bei (→) Mehrwahlantwort-Aufgaben/Multiple-choice-Aufgaben; von drei bis vier Antworten ist meistens nur eine richtig. Die anderen zwei bis drei sind falsch (Distraktoren).

Einsetzübung, die: (→) Ergänzungsaufgabe.

Einstufung, die: Feststellung des (→) Sprachstands zu Beginn eines Lernabschnitts/einer Lernstufe.

Einstufungstest, der: Test zur Feststellung des (→) Sprachstands zu Beginn eines Lernabschnitts/einer Lernstufe.

Ergänzungsaufgabe, die (= Einsetzübung): Einzelsätze oder auch ein zusammenhängender Text mit Lücken, die durch die richtige Form/das richtige Wort ergänzt werden sollen (→ Lückensätze; → Lückentexte).

Feinlernziel, das: Genau definiertes, begrenztes und detailliert zu beschreibendes Lernziel im Rahmen eines umfassenden (→) Groblernziels, z.B: „Auskunft über sich selbst geben können", „Entnahme wichtiger Informationen aus Nachrichtensendungen" usw. im Rahmen des (→) Groblernziels: Kommunikationsfähigkeit in Alltagssituationen.

Fertigkeiten (Fertigkeit, die); Fertigkeitsbereiche: Die (→) „kommunikative Kompetenz" wird im Fremdsprachenunterricht in der Regel in vier Teilbereichen, den Fertigkeiten, *Hörverstehen*, *Leseverstehen*, *Sprechen* und *Schreiben* konkretisiert.

- **integrierte F.:** In der strukturalistischen Testtheorie (bes. Lado) Bezeichnung für die vier Sprachfertigkeiten.

- **produktive F.:** Sprechen und Schreiben (→ rezeptive F.).

- **rezeptive F.:** Darunter versteht man gemeinhin die Fertigkeiten *Hörverstehen* und *Leseverstehen*. Durch die Bezeichnung *rezeptiv* entsteht dabei allerdings der falsche Eindruck, daß das Verstehen nur ein passives Aufnehmen von etwas Vorgegebenem sei; tatsächlich jedoch werden Bedeutung und Sinn eines Hör- oder Lesetextes erst mit Hilfe der aktiven Bedeutungserschließung und Sinngebung durch den Hörer/Leser hergestellt (→ produktive F.).

formelle Prüfungen: Werden (meist) zentral nach bestimmten offiziell festgelegten Kriterien erstellt. Sie sollen (→) „objektive" Aussagen über das (sprachliche) Können/Wissen der Geprüften ermöglichen. Voraussetzung dafür sind die drei (→) Gütekriterien (→) Validität, (→) Reliabilität und (→) Objektivität.

freier (schriftlicher/mündlicher) Ausdruck, der: Sich zu einem Thema (evtl. mit Hilfe einiger inhaltlicher Stichpunkte) schriftlich äußern; in einer Gesprächssituation spontan sprachlich agieren und reagieren.

gelenktes Gespräch, das: Der Prüfer bestimmt durch gezielte Fragen und Hinweise den Fortgang des Gesprächs; gehört zum offenen Aufgabentyp.

globales Verstehen, das (= Globalverstehen, das; = Globalverständnis, das): Das Verstehen der Hauptaussage, des Themas, des „roten Fadens" eines Hör- oder Lesetextes (→ Detailverstehen).

Grammatik-Übersetzungs-Methode, die: Am Lateinunterricht orientierte Methode („Sprache als Bildungsgut"); der Schwerpunkt des Unterrichts liegt auf systemgrammatischem Wissen, auf Übersetzung und Lesen literarischer Texte.

Groblernziel, das: Globales, übergreifendes Lernziel für einen größeren Kursabschnitt, eine Kurstufe, für ein Schuljahr oder auch für eine ganze Ausbildung (→ Feinlernziel).

Grundbaustein (Deutsch als Fremdsprache), der: Vom Deutschen Volkshochschulverband entwickelte Prüfung, die etwa den halben Lernweg zum *Zertifikat Deutsch als Fremdsprache* markiert.

Grundstufenbereich, der: 1. Gängige Bezeichnung für einen nicht näher spezifizierten Lernzeitraum vom Beginn des Sprachunterrichts an bis zur Beherrschung bestimmter Grundfertigkeiten und Grundstrukturen; **2.** Spezifische Bezeichnung für Kursstufen (Deutschland: Grundstufe I, II, III; Ausland: Grundstufe 1–6 bzw. 1–8 u.ä.) in der Erwachsenenbildung (z.B. in Volkshochschulen, an Goethe-Instituten), die mit dem *Zertifikat Deutsch als Fremdsprache* abgeschlossen werden können. Die Bezeichnungen für die einzelnen Abschnitte innerhalb der Grundstufe variieren stark. An die Grundstufe schließt die (→) Mittelstufe, an diese die (→) Oberstufe an.

Grundstufen(abschluß)prüfung, die: Prüfung zum Abschluß der (→) Grundstufe; gemeint ist damit meistens *Das Zertifikat Deutsch als Fremdsprache*.

Gütekriterien: Bezeichnung für bestimmte Bedingungen, die erfüllt sein müssen, damit Sprachtests/Sprachprüfungen verläßliche Aussagen über Schülerleistungen geben können. Die drei Gütekriterien sind: (→) *Validität*, d.h. die Leistungen der Lernenden sind möglichst genau zu erfassen, (→) *Reliabilität*, d.h. die Leistungen der Lernenden sind möglichst zuverlässig zu messen und die (→) *Objektivität*, d.h. die Leistungen der Lernenden sind möglichst objektiv zu bewerten.

halbformelle Briefe: Zum Beispiel: persönliche Anfrage bei einem Betrieb/einer Institution/einer Behörde. Für solche Briefe gelten zwar auch gewisse Stilregeln wie korrekte Anrede und Grußformel, unpersönlicher Schreibstil – im Gegensatz zum privaten Brief usw. Im Unterschied zu formellen Briefen (Bewerbung mit Lebenslauf, Geschäftsbrief usw.), bei denen die Einhaltung bestimmter Gestaltungs- und Formulierungsmuster erwartet wird, hat die Verletzung von Schreibregeln bei halbformellen Briefen jedoch meist keine negativen Folgen für den Schreiber. Wer dagegen z.B. in einem schriftlichen Lebenslauf bei einer Bewerbung gegen die offiziell gültigen Sprach- und Gestaltungnormen verstößt, wird voraussichtlich mit Mißerfolg „bestraft".

heterogen (Heterogenität, die): „uneinheitlich, unterschiedlich"; Lerngruppe unterschiedlicher Herkunft, Muttersprache, Altersstufe (→ homogen).

homogen (Homogenität, die): „einheitlich, gleichartig"; Lerngruppe derselben Altersstufe, Herkunft, Muttersprache, mit weitgehend vergleichbaren Vorkenntnissen (→ heterogen).

Idiomatik, die (idiomatischer Ausdruck): Gesamtbestand feststehender Redewendungen (Idiome) in einer Sprache; die Bedeutung eines idiomatischen Ausdrucks muß gelernt, sie kann nicht aus der Bedeutung der in der Redewendung enthaltenen Einzelwörter erschlossen werden, z.B.: *Vom Regen in die Traufe kommen/ Fünfe gerade sein lassen*.

indirekte Testverfahren: Begriff bei Lado, der Sprechfähigkeit durch die Überprüfung von Grammatik, Lexik und Phonetik erschließen will.

informeller Test, der/informelle Prüfung, die: Ohne Berücksichtigung offizieller Kriterien und ohne Anspruch auf (→) „Objektivität", ad hoc (d.h. ohne besondere Vorbereitung) durchgeführte Überprüfung des Kenntnisstands einer speziellen Lerngruppe zu einem bestimmten Zeitpunkt.

Interaktion, die (interaktiv): Wechselbeziehung zwischen (Gesprächs-)Partnern, die alle Ebenen (Sprecher, Situation, Beziehung der Gesprächspartner untereinander usw.) einschließt.

Interferenz(en), die: Unterschiede (in Strukturen, Wortschatz, Aussprache) zwischen Muttersprache und Fremdsprache, die das Erlernen der Fremdsprache (meist negativ) beeinflussen bzw. erschweren.

Interferenzfehler, der: Fehler, der durch die falsche Übertragung von Strukturen der Muttersprache auf die Fremdsprache entsteht.

Item, das (lat./engl., ausgesprochen: ˈaɪtəm): Etwas einzeln Aufgeführtes; Stichwort; einzelne Aufgabe innerhalb eines Tests.

Ja/Nein-Aufgabe, die (= (→) Richtig/Falsch-Aufgabe = (→) Alternativantwort-Aufgabe): Aufgabe, bei der einfache Entscheidungen nach dem Muster *Ja, das trifft zu/Nein, das trifft nicht zu* getroffen und durch Ankreuzen markiert werden müssen.

Kommunikation, die: „Mitteilung"; Verständigung untereinander; Austausch von Informationen.

– **interpersonelle K.:** Informationsaustausch zwischen mehreren Gesprächspartnern.

Kommunikationsfähigkeit, die: Fähigkeit, sich schriftlich oder mündlich verständlich zu machen und auf schriftliche und mündliche Äußerungen von anderen angemessen zu reagieren. Kommunikation in der Fremdsprache ist auch ohne fehlerfreie Beherrrschung der Fremdsprache möglich.

- **produktive K.:** Fähigkeit, sich mündlich und schriftlich angemessen (d. h. dem Ziel der gegenseitigen Verständigung entsprechend) zu äußern.
- **rezeptive K.:** Fähigkeit, authentische Hör- und Lesetexte (in der Fremdsprache) zu verstehen.

Kommunikationspartner, der: Der jeweilige Kommunikationspartner beeinflußt, was **wie** von jemandem mündlich oder schriftlich gesagt wird.

Kommunikationssituation, die: (→ Situation).

- **(reale) Kommunikationssituationen:** Situationen der gelebten Realität, in denen Menschen in ihren natürlichen sozialen Kontakten mit anderen kommunizieren, z. B. „jemanden auf der Straße treffen und fragen, wie es ihm geht", „beim Bäcker Brot kaufen und dabei über die gestiegenen Brotpreise sprechen" usw. Im Fremdsprachenunterricht wird die Situation „einkaufen" nur gespielt/simuliert. Eine reale Kommunikationssituation im Fremdsprachenunterricht ist z. B. „nach der Bedeutung eines fremdsprachigen Wortes fragen", sich über das Thema *Wie lernt man die Fremdsprache am effektivsten?* unterhalten usw.

kommunikativ: Im Fremdsprachenunterricht: den eigenen (realen) Mitteilungsbedürfnissen entsprechend sprachlich agieren und reagieren.

- **kommunikativ angemessen:** Den eigenen Mitteilungsbedürfnissen und dem Ziel der gegenseitigen Verständigung entsprechend.
- **kommunikative Absicht, die (= (→)kommunikatives Ziel):** Mitteilungsabsicht, z. B. „jemandem sein Bedauern ausdrücken", „sich rechtfertigen", „sich bei jemandem über etwas beschweren" usw. (→ Sprechintention).
- **kommunikativer Ansatz, der:** Unterrichtsmethode, die (→) kommunikative Lernziele verfolgt.
- **kommunikative Didaktik, die:** Unterrichtsverfahren mit dem Ziel, die Lernenden zu befähigen, sich in Alltag und Beruf in der Fremdsprache sprachlich angemessen zu verhalten. Eine wichtige Rolle spielen dabei die realen kommunikativen Interessen der Lernenden.
- **kommunikative Fähigkeiten:** Summe der (→) produktiven, (→) rezeptiven und (→) interaktiven Fähigkeiten, die es dem einzelnen erlauben, sich den eigenen (realen) Mitteilungsbedürfnissen entsprechend sprachlich zu äußern.
- **kommunikative Funktion (von Sprache), die:** Damit ist gemeint: **1.** Sprache ist nicht nur ein System, sondern Sprache ist bereits darauf angelegt, menschliche (→) Interaktion zu ermöglichen („mit Sprache handeln"); **2.** Sprache ist gleichzeitig das Instrument zum Sprachhandeln, d. h. Sprache wird benutzt, um bestimmte Funktionen (z. B. Sprechintentionen, Sprechrollen usw.) zu erfüllen.
- **kommunikative Kompetenz, die:** Fähigkeit, sich in wechselnden Kommunikationssituationen situationsangemessen und der Mitteilungsabsicht entsprechend sprachlich zu äußern.
- **kommunikative Lehrwerke:** Lehrwerke, die (→) kommunikative Lernziele verfolgen (z. B. *Deutsch aktiv, Themen, Sprachbrücke, Deutsch konkret, Sowieso, die Suche* usw.).
- **kommunikative Lernziele:** Lernziele, die der Vorbereitung der Lernenden auf die Bewältigung realer Kommunikationssituationen im Zielsprachenland dienen.
- **kommunikativ orientierter Deutschunterricht, der (= kommunikativer Deutschunterricht):** Deutschunterricht, der (→) kommunikative Lernziele in den Mittelpunkt des Unterrichts stellt und Unterrichtsverfahren der (→) kommunikativen Didaktik anwendet.
- **kommunikatives Ziel, das:** (→ kommunikative Absicht).

Kontext, der: „enge Verknüpfung, Zusammenhang"; jeder Sprachgebrauch findet in einem Kontext statt. Zum Kontext gehören u. a. die (→) Situation, Ort und Zeit, die (→) Kommunikationspartner, die (→) kommunikativen Absichten, die Beziehung zwischen den Kommunikationspartnern usw.

kontrastiv: Unterschiede in Phonetik, Sprachsystem, Sprachgebrauch und Bedeutung zwischen Herkunftssprache und Zielsprache werden einander gegenübergestellt (kontrastive Übungen, kontrastive Arbeitsbücher usw.).

langue: (→ Saussure).

Lernfortschritt, der: Zuwachs an Können und Wissen.

Lernfortschrittstest, der: (→) Informeller Test zur Überprüfung des Lernfortschritts einer bestimmten Lerngruppe innerhalb eines bestimmten Zeitraums, bezogen auf ein bestimmtes Lernpensum.

Lernschritte: Aufeinander aufbauende Abfolge von Lehr- und Lernaktivitäten.

Lernziele: Was im Unterricht gelernt werden soll; was am Ende des Unterrichts gekonnt werden soll.

Lernzielkatalog, der: Auflistung der Lernziele für eine bestimmte Zielgruppe, für einen bestimmten Zeitraum.

lernzielorientiert: An den Lernzielen ausgerichtet (z. B. lernzielorientierte Unterrichtsplanung).

linguistische Kompetenz, die: Fähigkeit, sprachlich (d. h. lexikalisch und grammatisch) richtige Sätze zu produzieren. Im Sinne von Lado: Beherrschung von Wortschatz und Strukturen.

Lückensätze: Übungssätze mit Lücken zum Hineinschreiben (fehlende Wörter, Endungen usw.).

Lückentext, der: Zusammenhängender Übungstext mit Lücken zum Hineinschreiben (fehlende Wörter, Endungen usw.).

Mehrfachwahl-Aufgabe, die (= (→) Multiple-choice-Aufgabe, manchmal auch Mehrwahlantwort-Aufgabe): Aufgabe mit alternativen Lösungen zum Ankreuzen. Besonders für den Anfängerbereich geeignet, da keine produktiven sprachlichen Leistungen erbracht werden müssen.

Meßfehler, der: Fehler bei der Auswertung von Tests, z. B. durch mißverständliche Aufgabenstellungen, ungenaue Bewertungsanleitung usw.

Methode, die: Weg zu etwas; planmäßiges Verfahren, um ein Ziel zu erreichen.

Mittelstufe, die: Niveaustufe (Kursstufe) in der Erwachsenenbildung; baut auf der (→) Grundstufe auf.

Multiple-choice-Aufgabe, die: (→ Mehrfachwahl-Aufgabe).

mündlicher Ausdruck: (→ freier Ausdruck).

Niveau-Stufen (= Kursstufen): Lerngruppen (Klassen) mit unterschiedlichem (sprachlichem) Kenntnisstand, z. B. Anfängerniveau, Grundstufenniveau, Mittelstufenniveau usw.

Norm, die: „Richtschnur, Regel"; Prüfungsnormen: in einem bestimmten Land geltende allgemeine Prüfungsanforderungen, z. B. Bezug auf übergeordnete Erziehungs- und Bildungsziele.

Normierung, die (von Testverfahren): Standardisierung, d. h. Festlegung auf bestimmte, immer gleiche und deshalb vergleichbare Abläufe.

Oberstufe, die: Niveau-Stufe (Kursstufe) in der Erwachsenenbildung, baut auf der (→) Mittelstufe auf.

objektiv: (→ Objektivität).

Objektivität, die (objektiv): Wichtiges (→) Gütekriterium für (Sprach-)Prüfungen: Eine Prüfung muß so beschaffen sein, daß die Prüfungsergebnisse verschiedener Lerngruppen stets vergleichbar sind und jederzeit von allen Prüfern gleich bewertet werden können. Absolute Objektivität ist allerdings bei Sprachprüfungen nicht möglich, da Sprache/Sprachbeherrschung/Beurteilung von Sprachbeherrschung immer auch subjektive Elemente enthält.

Offenheit, die (von Aufgaben): Kriterium für eine Aufgabentypologie (→ offene, → halboffene, → geschlossene Aufgaben).

parole: (→ Saussure).

Pflichtfach, das: Fach, das zum nicht abwählbaren Kernbestand von Unterrichtsfächern gehört (→ Wahlfach; → Wahlpflichtfach).

Phonetik, die: Teilsystem der Linguistik; untersucht die Gesamtheit der lautsprachlichen Signale einer Sprache im Kommunikationsprozeß (→ Phonologie).

Phonologie, die: Teildisziplin der Linguistik; untersucht das Lautsystem einer Sprache (→ Phonetik).

produktive (Sprach-)Leistungen: Freie (oder relativ freie) mündliche oder schriftliche Äußerungen, z. B. Teilnahme an einem Gespräch, Schreiben eines Briefes oder Aufsatzes.

Redundanz, die: (lat. *redundare* = im Überfluß vorhanden sein); in Texten: Informationen in einer Sprache werden meist durch mehrere Signale gleichzeitig realisiert. Textelemente, die keine neuen Informationen liefern, sind redundant (z. B. *Er schenkt ihr einen goldenen Ring*: Das *t* in *schenkt* wiederholt nur die Information, die schon in *er* enthalten ist, die Information *Akkusativ* ist in *einen* und *goldenen* ebenfalls doppelt enthalten. In der Muttersprache erleichtern Redundanzen (dazu gehören auch Wiederholungen, ähnliche oder ausmalende Formulierungen usw.) das Verständnis eines Textes. Fremdsprachenlerner müssen lernen, Redundanzen in fremdsprachigen Texten zu erkennen und zu nutzen.

Rekonstruktion, die: „das Wiedererstellen, Nachbilden"; Wiederherstellen eines Textes mit Lücken.

reliabel: (→ Reliabilität).

Reliabilität, die (reliabel): Wichtiges Gütekriterium für Sprachprüfungen; betrifft die Zuverlässigkeit der Leistungsmessung, d. h., ein Test ist reliabel, wenn möglichst wenig Meßfehler auftreten; die Reliabilität eines Tests wird mit Hilfe statistischer Verfahren errechnet.

rezeptiv: Bezieht sich auf das Verstehen von (Hör-/Lese-)Texten und das Erkennen von sprachlichen Elementen.

Richtig/Falsch-Aufgabe, die: (→ Alternativantwort-Aufgabe).

Saussure, Ferdinand de: Vertreter des (→) Strukturalismus in der Linguistik; de Saussure beschrieb die Sprache als ein System von einzelnen Elementen (Strukturen) und deren Beziehungen untereinander. Dieser Ebene, der *langue*, stellte er die gesprochene Sprache, die *parole*, und beiden die Sprechfähigkeit (*faculté de langage*) gegenüber.

semantisch: Die Bedeutung betreffend.

selektives Lesen/Hören, das (lat. *seligere, selectus* = auswählen, ausgewählt): Dem Hör- oder Lesetext sollen nur bestimmte, den Hörer/Leser gerade besonders betreffende Informationen entnommen werden.

Situation, die (im Fremdsprachenunterricht: = (→) Kommunikationssituation): Jede sprachliche Äußerung wird primär durch die Situation definiert, in der oder aus der heraus etwas gesagt oder geschrieben wird. Zur Situation gehören die Kommunikationspartner, der Zeitpunkt, der Ort und die Absicht/das Ziel: Wer spricht wann und wo mit wem in welcher Absicht? (→ Kontext).

Sprachstand, der: Stand der Beherrschung einer Fremdsprache zu einem bestimmten Zeitpunkt.

Sprachstandserhebung, die (= Sprachstandsfeststellung, die = Sprachstandsprüfung, die) : Überprüfung des (→) Sprachstands zu einem bestimmten Zeitpunkt, z. B. am Kursende oder Schuljahresende im Hinblick auf ein bestimmtes, vorab festgelegtes Leistungsniveau.

Sprachstandstest, der: Überprüft den (→) Sprachstand einer Lernergruppe im Hinblick auf ein vorab festgelegtes Leistungsniveau (→ Test).

Sprechabsicht, die: (→ Sprechintention).

Sprechhandlung, die: (→ Sprechintention).

Sprechintention, die: Zum Beispiel: „jemanden um Hilfe bitten", „von jemandem Abschied nehmen", „beim Arzt um einen Termin bitten", „in einem Schuhgeschäft nach dem Preis für ein paar Schuhe fragen" usw. Oft wird dieser Begriff mit dem Begriff *Sprechhandlung* gleichgesetzt, obwohl zu dieser auch noch die Hörerreaktion gehört. Beispiel für eine erfolgreich realisierte Sprechhandlung: Sprecher 1: *Mir ist kalt!* – Sprecher 2 macht das Fenster zu. Erfolglos im Sinne der Mitteilungsabsicht: Sprecher 1: *Mach sofort das Fenster zu!* – Sprecher 2: *Ich bin doch nicht dein Diener!*

standardisiert: Festgelegt, immer gleich; z. B. standardisierte Testverfahren.

Standardsprache (gesprochene), die: Die über den Mundarten, lokalen Umgangssprachen und Gruppensprachen stehende allgemeinverbindliche Sprachform.

Stoffkataloge: Listen mit Wortschatz, Themen, Sprechintentionen, Grammatik, Textsorten usw., die der Prüfungskandidat beherrschen soll, z. B. beim *Zertifikat Deutsch als Fremdsprache*.

Strukturalismus, der: wissenschaftliche Richtung, die Sprache als ein geschlossenes Zeichensystem versteht und die Struktur dieses Systems erfassen will. Nach dem Primat des Schriftlichen und der Literatur in der Linguistik wandte sich der Strukturalismus (besonders der amerikanische Strukturalismus) in der ersten Hälfte des 20. Jahrhunderts der Untersuchung und Beschreibung der gesprochenen Sprache zu; Sprache wurde verstanden als ein in sich geschlossenes, zusammenhängendes System von lexikalischen, grammatischen und phonetischen Strukturen. In der audiolingualen Methode verband sich der Strukturalismus mit dem (→) Behaviorismus.

strukturalistische Testtheorie, die: Geht davon aus, daß Sprache sich in einzelne Elemente (Laute, Betonung, Morpheme, Wörter, Strukturen usw.) zerlegen läßt, die isoliert überprüft werden können. Die Summe der isolierten Elemente gibt dann Auskunft über den Grad der Fremdsprachenbeherrschung (→ Strukturalismus).

Test, der: Gemeint ist damit in der Regel ein (→) „informeller Test".

Test der reduzierten Redundanz: Wissenschaftliche Bezeichnung für (→) Cloze-Test und (→) C-Test: (→ Redundanz).

Testinhalt, der (= Prüfungsinhalt): Was ein Test/eine Prüfung überpüfen soll.

Testziel, das (= Prüfungsziel): Kenntnisse/Fähigkeiten, die durch die Testergebnisse dokumentiert werden sollen.

Textmerkmale, die: Charakteristika einer Textsorte, z. B. Brief: Datumsangabe, einleitende Grußformel, abschließende Grußformel; Zeitungsbericht: Schlagzeile, Unterzeile, Kurzfassung des wesentlichen Inhalts (fettgedruckt), Bericht (wer, was, wann, wo usw.); Hörtext: Gespräch zwischen Jugendlichen: Annäherung an die Umgangssprache von Jugendlichen, Merkmale der gesprochenen Sprache usw.

Textsorte, die: Gruppe von Texten mit bestimmten, gemeinsamen ($\rightarrow$) Textmerkmalen, z. B. Brief, Nachrichtensendung, Bahnhofsdurchsage, Vortrag, Werbeanzeige, Märchen usw.

Typologie, die: Systematik, z. B. von (Test-)Aufgaben und Übungsformen.

Übergeneralisierung, die: Falsche Verwendung eines Begriffs oder einer Regel. Dazu kommt es z. B., wenn Lernende eine Begriffskomponente – etwa *Sport treiben* – auf Zusammenhänge anwenden, in denen sie nicht vorkommen kann, z. B. *Musik treiben*, oder wenn sie Regeln der Zielsprache unzulässig verallgemeinern, z. B. *er singte* analog zu *er sagte*. ($\rightarrow$) Interferenz.

Umformungsübung, die (= Transformationsübung): Übung, bei der eine Satzstruktur durch eine andere Struktur ersetzt werden soll, z. B.: Forme die unterstrichenen Satzteile in einen Nebensatz um: *Bei schönem Wetter, gehen wir spazieren.* Lösung: *Wenn das Wetter schön ist, gehen wir spazieren.*

valide: ($\rightarrow$ Validität).

Validität, die (valide): Wichtiges Gütekriterium für Sprachprüfungen; ein Test ist inhaltlich valide, wenn er tatsächlich überprüft, was überprüft werden soll. Das bedeutet: die Schreibfertigkeit kann nicht mit Ergänzungsübungen, das Globalverstehen eines Lesetextes nicht mit Fragen zu einzelnen Details überprüft werden.

Wahlfach, das: Zusätzliches Angebot, (Schul-)Fach zur freien Auswahl.

Wahlpflichtfach, das: Aus mehreren Fächern, die zur Wahl stehen, muß ein Fach ausgewählt werden.

Zertifikatsprüfung, die: = Prüfung zum *Zertifikat Deutsch als Fremdsprache.*

Zuordnungsaufgabe, die: Passende Teile müssen einander zugeordnet werden, z. B. verschiedene Aussagen verschiedenen Personen, Überschriften bestimmten Textabschnitten usw; gehört zum Aufgabentyp ($\rightarrow$) geschlossene Aufgaben.

7 Literaturhinweise

Zitierte und weiterführende Literatur:

AUFDERSTRASSE, Hartmut u. a. (1983): *Themen 1*, Kursbuch. München: Hueber.

AUFDERSTRASSE, Hartmut u. a. (1985): *Themen 2*, Arbeitsbuch Inland. München: Hueber.

AUFDERSTRASSE, Hartmut u. a. (1992): *Themen neu 1*, Kursbuch. München: Hueber.

BALDEGGER, Markus u. a. (1980): *Kontaktschwelle Deutsch als Fremdsprache*. Strasbourg: Europarat (1981; München: Langenscheidt).

BOLTON, Sibylle (1985): *Die Gütebestimmung kommunikativer Tests*. Tübingen: Narr.

CARROLL, John (1986): *The Psychology of Language Testing*. In: DAVIES, Alan (Hrsg.): *Language Testing Symposium – A Psycholinguistic Approach*. London: Oxford University Press.

Das Zertifikat Deutsch als Fremdsprache (1992): siehe DEUTSCHER VOLKSHOCHSCHUL-VERBAND/GOE-THE-INSTITUT (1992).

DAVIES, Alan (1973): *Tests für den fremdsprachlichen Unterricht*. In: SCHRAND, Heinrich (Hrsg.): *Testen. Probleme der objektiven Leistungsmessung im neusprachlichen Unterricht*. Berlin: Cornelsen-Velhagen & Klasing, S. 23 – 44.

DEUTSCHER VOLKSHOCHSCHUL-VERBAND/GOETHE-INSTITUT (Hrsg.) (1992): *Das Zertifikat Deutsch als Fremdsprache*. Frankfurt/Main.

DOYÉ, Peter (1988): *Typologie der Testaufgaben für den Unterricht Deutsch als Fremdsprache*. München: Langenscheidt.

EISFELD, Karl-Heinz u. a. (1983): *Themen 1*, Arbeitsbuch Inland. München: Hueber.

GOETHE-INSTITUT (Hrsg.) (1991 a): *Prüfung Grundstufe I (G I). Prüfungsordnung, Durchführungsbestimmungen, Bewertungsbestimmungen*. München: Goethe-Institut.

GOETHE-INSTITUT (Hrsg.) (1991 b): *Prüfungsmaterialien für Deutsch als Fremdsprache. Abschlußprüfung Grundstufe für Jugendliche*. Informationen für Lehrer und Prüfer. München: Goethe-Institut.

GROTJAHN, Rüdiger (Hrsg.) (1992): *Der C-Test. Theoretische Grundlagen und praktische Anwendungen*, Bd. 1. Manuskripte zur Sprachlehrforschung, Bd. 39/1. Bochum: Universitätsverlag Brockmeyer.

HARRISON, Andrew (1983/1989): *A Language Testing Handbook*. London: Macmillan.

HÄUSSERMANN, Ulrich u. a. (1989): *Sprachkurs Deutsch 1* (Neufassung). Frankfurt/Main: Diesterweg.

HUGHES, Arthur (1989): *Testing for Language Teachers. Cambridge Handboods for Language Teachers*. Cambridge: Cambridge University Press.

HÜLLEN, Werner/ROTHER, Angela (1973): *Glossar zur Testkunde*. In: SCHRAND, Heinrich (Hrsg.): *Testen. Probleme der objektiven Leistungsmessung im neusprachlichen Unterricht*. Berlin: Cornelsen-Velhagen & Klasing, S. 111 – 120.

KLEBER, Eduard (1979): *Tests in der Schule. Instrumente zur Gewinnung diagnostischer Informationen zur Lernsteuerung und Lernkontrolle*. München/Basel: Ernst Reinhard Verlag (= UTB 890).

KLEIN-BRALEY, Christine/RAATZ, Ulrich (Hrsg.) (1985 a): *C-Tests in der Praxis*. Fremdsprache und Hochschule (= AKS-Rundbrief 13 – 14/1985). Bochum: Arbeitskreis der Sprachzentren, Sprachlehrinstitute und Fremdspracheninstitute.

KLEIN-BRALEY, Christine (1985 b): *Reduced redundancy as an approach to language testing*. In KLEIN-BRALEY, Christine/RAATZ, Ulrich (Hrsg.) (1985 a), S. 1 – 13.

KNAPP-POTTHOFF, Annelie (1979): *Fremdsprachliche Aufgaben. Ein Instrument zur Lehrmaterialanalyse*. Tübingen: Narr.

LADO, Robert (1971): *Testen im Sprachunterricht. Handbuch für die Erstellung und den Gebrauch von Leistungstests im Fremdsprachenunterricht*. München: Hueber.

LAMMERS, Hans (1993): *Die zentralen schriftlichen Schulabschlußprüfungen in Dänemark nach Ende der Sekundarstufe 1 („Erweiterte Abschlußprüfung der Folkeskole")*. Kopenhagen: Danmarks Laererhøjskole.

LOWE, Pardee/STANSFIELD, Charles (Hrsg.) (1988): *Second Language Proficiency Assessment: Current Issues.* Englewood Cliffs, New Jersey: Prentice-Hall.

MEBUS, Gudula u. a. (1987): *Sprachbrücke 1.* Stuttgart: Klett.

MORROW, Keith (1991): *Communicative Language Testing – Revolution or Evolution?* In: ALDERSON, Charles/ HUGHES, Arthur (1991): *ELT documents 111 – Issues in Language Testing.* London: The British Council.

NAINGGOLAN, S. u. a. (1983): *Kontakte Deutsch 1*, Lehrbuch. Jakarta: PN Balai Pustaka.

NEUNER, Gerhard (1979): *Überlegungen zur Integration pragmatischer Lehrziele in Abschlußtests für die Sekundarstufe I im Bereich „Lesen/Schreiben".* In: NEUNER, Gerhard (Hrsg.): *Pragmatische Didaktik des Englischunterrichts.* Paderborn: Schöning, S. 206 – 224.

NEUNER, Gerhard u. a. (1979): *Deutsch aktiv 1*, Lehrbuch. München: Langenscheidt.

NEUNER, Gerhard u. a. (1981): *Übungstypologie zum kommunikativen Deutschunterricht.* München: Langenscheidt.

NEUNER, Gerhard u. a. (1983): *Deutsch konkret*, Lehrbuch. München: Langenscheidt.

NEUNER, Gerhard u. a. (1986): *Deutsch aktiv Neu 1 A*, Lehrbuch. München: Langenscheidt.

PERLMANN-BALME, Michaela/SCHULTE-ESCORSIN, Margret (1994): *Handreichungen zum Prüfertraining Zertifikat Deutsch als Fremdsprache. Mündliche Prüfung.* München: Goethe-Institut.

PIMSLEUR, Paul (1967): *Pimsleur German Proficiency Tests.* New York: Harcourt. Brace & World.

RAATZ, Ulrich (1985): *Tests of reduced redundancy.* In: KLEIN-BRALEY, Christine/RAATZ, Ulrich (Hrsg.) (1985 a), S. 14 – 19.

RAATZ, Ulrich/KLEIN-BRALEY, Christine (1983): *Ein neuer Ansatz zur Messung der Sprachleistung. Der C-Test: Theorie und Praxis.* In: *Tests und Trends. 3.* Jahrbuch der Pädagogischen Diagnostik. Weinheim: Beltz.

RÜTTER, Theodor (1973): *Formen der Testaufgabe. Eine Einführung für didaktische Zwecke.* München: Beck.

SAUSSURE, Ferdinand de (1967): *Grundfragen der allgemeinen Sprachwissenschaft.* Berlin: de Gruyter.

SCHERLING, Theo u. a. (1982): *Deutsch hier*, Lehrbuch. München: Langenscheidt.

SCHERLING, Theo u. a. (1985): *Deutsch hier*, Arbeitsbuch. München: Langenscheidt.

UNDERHILL, Nic (1987): *Testing spoken Language. A Handbook of Oral Testing Techniques.* Cambridge: Cambridge University Press.

UNGAR, Günter (1979): *Tests im Englischunterricht. Durchführung und Leistungsmessung.* Düsseldorf: Schwann.

UPSHUR, John (1973): *Das Testen mündlicher Leistungen.* In: SCHRAND, Heinrich (Hrsg.): *Testen. Probleme der objektiven Leistungsmessung im neusprachlichen Unterricht.* Berlin: Cornelsen-Velhagen & Klasing, S. 61 – 80.

VALETTE, Rebecca (1971): *Tests im Fremdsprachenunterricht.* Berlin: Cornelsen. (Engl. 1967: *Modern Language Testing.* New York: Harcourt, Drace & World).

VALETTE, Rebecca (1973): *Lernzielorientiertes Testen.* In: SCHRAND, Heinrich (Hrsg.): *Testen. Probleme der objektiven Leistungsmessung im neusprachlichen Unterricht.* Berlin: Cornelsen-Velhagen & Klasing, S. 45 – 60.

VORDERWÜLBECKE, Anne/VORDERWÜLBECKE, Klaus (1986): *Stufen.* Stuttgart: Klett.

WEIR, Cyril (1993): *Understanding and Developing Language Tests. Prentice International English Language Testing.* London/New York: Prentice Hall.

Zertifikat Deutsch als Fremdsprache (Zertifikat DaF): siehe DEUTSCHER VOLKSHOCHSCHUL-VERBAND/ GOETHE-INSTITUT (1992).

ZIRKEL, Manfred (1979): *Beitrag zu einer Theorie des Testens kommunikativer Kompetenz – Beispiel: Mündliche Prüfung.* In: NEUNER, Gerhard (Hrsg.): *Pragmatische Didaktik des Englischunterrichts.* Paderborn: Schöningh, S. 194 – 205.

8 Quellenangaben

Abschlußprüfung Grundstufe für Jugendliche (AGJ): siehe GOETHE-INSTITUT (1991 b).

Abschlußprüfung Sekundarstufe I Dänemark: siehe FOLKESKOLENS (1993).

AUFDERSTRASSE, Hartmut u. a. (1985): *Themen 2*, Arbeitsbuch Inland. München: Hueber.

BARTELS, Bettina (1989): *Kontakte Deutsch, Übungen + Tests*. Jakarta: Goethe-Institut.

Das Zertifikat Deutsch als Fremdsprache (Zertifikat DaF) (1992): siehe PAS des DVV (Hrsg.) (1992).

DOYÉ, Peter (1988): *Typologie der Testaufgaben für den Unterricht Deutsch als Fremdsprache*. München: Langenscheidt.

Einstufungstest Sekundarstufe II Frankreich: siehe MINISTÈRE DE L'ÉDUCATION NATIONALE, DIREC-TION DE L'ÉVALUATION ET DE LA PROSPECTIVE (Hrsg.) (1993a und 1993b).

EISFELD, Karl-Heinz u. a. (1983): *Themen 1*, Arbeitsbuch Inland. München: Hueber.

Erweiterte Abschlußprüfung der Folkeskole in Dänemark: siehe FOLKESKOLENS UDVIDEDE AFGANGS-PRØVE TYSK (1993) bzw. LAMMERS (1993).

EUROCENTRES, EUROZENTRUM KÖLN (Hrsg.): *Einstufungstest*. Köln: Eurozentrum Köln.

FOLKESKOLENS UDVIDEDE AFGANGSPRØVE TYSK (Mai/Juni 1993). Kopenhagen.

FRANK, Karlhans (Hrsg.) (1985): *Literarische Texte im Unterricht. Märchen*. München: Goethe-Institut.

GOETHE-INSTITUT (Hrsg.) (1991a): *Prüfung Grundstufe I (G I). Prüfungsordnung, Durchführungsbestimmungen, Bewertungsbestimmungen*. München: Goethe-Institut.

GOETHE-INSTITUT (Hrsg.) (1991b): *Prüfungsmaterialien für Deutsch als Fremdsprache. Abschlußprüfung Grundstufe für Jugendliche. Informationen für Lehrer und Prüfer*. München: Goethe-Institut.

GOETHE-INSTITUT (Hrsg.) (1993): *Hinweise zur Durchführung der Prüfungen des Goethe-Instituts. Checkliste für Prüfer*. München: Goethe-Institut.

Grundbaustein zum Zertifikat Deutsch als Fremdsprache: siehe PAS des DVV (1981a).

JUGENDSCALA (ab1989: JUGENDMAGAZIN, ab 1991: JUMA, Das Jugendmagazin). Hrsg.: Redaktion JUMA. Frankfurter Str. 128, 51065 Köln.

LADO, Robert (1971): *Testen im Sprachunterricht. Handbuch für die Erstellung und den Gebrauch von Leistungstests im Fremdsprachenunterricht*. München: Hueber.

LAMMERS, Hans (1993): *Die zentralen schriftlichen Abschlußprüfungen in Dänemark nach Ende der Sekundarstufe 1 („Erweiterte Abschlußprüfung der Folkeskole")*. Kopenhagen: Danmarks Laerererhøjskole.

MAI, Manfred (1985): *Holger und Gesine*. In: FRANK, Karlhans (Hrsg.): *Literarische Texte im Unterricht. Märchen*. München: Goethe-Institut.

MEBUS, Gudula u. a. (1987): *Sprachbrücke 1*. Stuttgart: Klett.

MINISTÈRE DE L'ÉDUCATION NATIONALE, DIRECTION DE L'ÉVALUATION ET DE LA PROSPEC-TIVE (Hrsg.) (1993 a): *Évaluation à l'entrée en seconde générale et technologique: Allemand, Cahier de l'élève*. Paris: Ministère de l'Éducation Nationale (Zentraler Einstufungstest beim Übergang von der Sekundarstufe 1 in die Sekundarstufe 2, Schülerheft).

MINISTÈRE DE L'ÉDUCATION NATIONALE, DIRECTION DE L'ÉVALUATION ET DE LA PROSPEC-TIVE (Hrsg.) (1993b): *Évaluation à l'entrée en seconde générale et technologique: Allemand, Document à l'intention du professeur* (Lehrerheft). Paris: Ministère de l'Éducation Nationale.

MORROW, Keith (1991): *Communicative Language Testing – Revolution or Evolution?* In: ALDERSON, Charles/ HUGHES, Arthur (1991): *ELT documents 111 – Issues in Language Testing*. London: The British Council.

PAS des DVV (Pädagogische Arbeitsstelle des Deutschen Volkshochschul-Verbandes) (Hrsg.) (1981 a/1984): *Grundbaustein zum Zertifikat Deutsch als Fremdsprache*. Frankfurt/Main: Deutscher Volkshochschul-Verband.

PAS des DVV (Hrsg.) (1981b): *Test Grundbaustein zum Zertifikat Deutsch als Fremdsprache*, Erprobungsfassung. Frankfurt/Main: Deutscher Volkshochschul-Verband.

PAS des DVV (Hrsg.) (1981 c): *Grundbaustein zum Zertifikat Deutsch als Fremdsprache. Modelltest.* Frankfurt/ Main: Deutscher Volkshochschul-Verband.

PAS des DVV/GOETHE-INSTITUT (Hrsg.) (1992): *Das Zertifikat Deutsch als Fremdsprache. Lernziele, Modelltests, Wortliste, Wortbildungsliste, Syntaktische Strukturen.* Frankfurt/Main: Deutscher Volkshochschul-Verband.

Prüfung Grundstufe für Jugendliche: siehe GOETHE-INSTITUT (Hrsg.) (1991 b).

Test Grundbaustein zum Zertifikat Deutsch als Fremdsprache: siehe PAS des DVV (Hrsg.) (1981 b).

Zertifikat DaF (1992): siehe *Das Zertifikat Deutsch als Fremdsprache* bzw. PAS des DVV (Hrsg.) (1992).

Angaben zu den Autoren

Hans-Georg Albers, Jg. 1950, Marketingbeauftragter für Sprachkurse Deutsch als Fremdsprache bei den Carl-Duisberg-Centren in Köln. Studium der Germanistik, Wissenschaftlichen Politik und Islamwissenschaft in Marburg und Gießen; erstes Staatsexamen in Deutsch und Sozialkunde, Magister in Germanistik und Politik. Sprachlehrer für Deutsch als Fremdsprache in Marburg; DAAD-Lektor an der Deutschen Abteilung, Faculté des Lettres der Université Rabat/Marokko; Wissenschaftlicher Mitarbeiter (mit einem DAAD-Reintegrationsstipendium) im Fachbereich Germanistik (Fachgebiet Deutsch als Fremdsprache) der Universität Gesamthochschule Kassel (GhK), Arbeitsschwerpunkte: Linguistik, Pragmatik, Textverständnis, Fachsprachen; Veröffentlichungen zu interkulturellen Aspekten des Textverstehens und Fachsprachen. Fachleiter für Unterrichtsmaterialien, Medien und Prüfungen am Eurozentrum Köln.

Sibylle Bolton, Jg. 1941, Leiterin der Geschäftsstelle Deutsches Sprachdiplom und Referentin für Prüfungen in der Zentralverwaltung des Goethe-Instituts München. Studium der Germanistik und Romanistik an der University of London, England. Lehrerin für Deutsch als Fremdsprache und Französisch an einem Gymnasium und einem College of Further Education in London. Lektorin an der Universität Frankfurt/Main: Lehrtätigkeit in den DAF-Studiengängen sowie Erstellung der PNDS-Prüfung und der Einstufungstests. Assistant Professor an der Indiana University (German Department) in Bloomington, USA. Promotion über das Thema *Die Gütebestimmung kommunikativer Tests* sowie Veröffentlichungen zum Thema *Testen*.

Das Fernstudienprojekt DIFF – GhK – GI

In diesem Projekt werden Fernstudieneinheiten zur Fortbildung von ausländischen Deutschlehrern in den Bereichen Methodik/Didaktik Deutsch als Fremdsprache, Landeskunde und Germanistik entwickelt. Insgesamt sind etwa 50 Fernstudieneinheiten geplant.

Für weitere Informationen wenden Sie sich bitte an eine der folgenden Adressen.

Deutsches Institut für Fernstudien-forschung an der Universität Tübingen Postfach 1569 72072 Tübingen	Universität Gesamthochschule Kassel FB 9 (Prof. Dr. Gerhard Neuner) Postfach 10 13 80 34127 Kassel	Goethe-Institut München Referat 41 FSP Helene-Weber-Allee 1 80637 München